手把手教你做专业生产经理

黄娜 ◎ 著

信息流，物流，资金流，让生产经理管理有抓手。

掌握先进的生产管理方法，做最专业的生产经理。

中国青年出版社

侵权举报电话

全国"扫黄打非"工作小组办公室　　　　　中国青年出版社

010 -65233456　65212870　　　　　　　010 -50856057

http://www.shdf.gov.cn　　　　　　　　E-mail: bianwu@cypmedia.com

图书在版编目 （CIP） 数据

手把手教你做专业生产经理/黄娜著 .—北京：中国青年出版社，2019. 1

ISBN 978 -7 -5153 -5481 -1

Ⅰ.①手… Ⅱ.①黄… Ⅲ.①企业管理—生产管理 Ⅳ.①F273

中国版本图书馆 CIP 数据核字（2019）第 010714 号

手把手教你做专业生产经理

黄娜/著

出版发行：中国青年出版社

地　　址：北京市东四十二条 21 号

邮政编码：100708

责任编辑：刘稚清

封面制作：久品轩

印　　刷：河北宝昌佳彩印刷有限公司

开　　本：710 × 1000　1/16

印　　张：17. 25

版　　次：2019 年 7 月北京第 1 版

印　　次：2019 年 7 月第 1 次印刷

书　　号：ISBN 978 -7 -5153 -5481 -1

定　　价：98. 00 元

导读

　　我在一家成长型化工企业工作了十多年，主要从事生产和供应链领域的工作，伴随着这家企业的快速发展，经历了从新员工到业务骨干、经理、总监的职业历程。

　　十多年前，我接触一些生产经理时就一个感觉——"木讷"，为什么这样说？客观地讲，是因为生产经理在组织中的地位相对较低，为什么出现这样的情况？从运营角度分析，生产部分相当于下游环节，上游的"压榨"导致问题在下游环节集中爆发，同时企业的生产经理一般表达能力相对较弱，多数情况下只能默默地"挨板子"。

　　我当时不能很好地理解上述一些实际情况，随着工作经验的不断丰富，渐渐理解了"只关心自己的一亩三分地"是不可能将工作做好的。生产管理是供应链管理中的一个环节，它不仅仅是一个单方面的管理工作，生产制造环节的上下游互动更是一个管理系统。

　　十多年过去了，如何让生产经理们少"挨板子"的经验是我想跟读者分享的。书中所介绍的一些观念和技巧，是我基于过去十多年的生产实践管理经验提炼而成的，当然也是我基于多年来阅读借鉴不同生产管理专家的经验总结而成的。

信息流、物流、资金流是企业供应链的核心模块，体现了从供应商处进原料到产品的生产，以及产品到达客户处的一个循环过程。生产经理如何在这三大流中开展工作，从而保质保量、保安全地完成生产交付任务，如何把这三大流的关系理清，并抓住重点去梳理与解决生产制造过程中的问题与矛盾，是本书论述的核心价值。

在整个生产管理过程中，复杂度是生产管理中普遍存在的大问题。因此，本书将围绕生产经理的一系列强弱关联工作进行分析，他们在管理中如何利用信息流、物流与资金流这三大流的特点及关系开展工作，如何从这三大流上把复杂的问题简单化，从而有效地解决生产制造管理中存在的实际问题。

本书的阅读对象广泛，不仅仅限于生产经理，还包括车间主任、仓储主管、生产计划人员、业务助理、设备主管、采购主管等。

以我的看法，目前国内的原创性管理类书籍应该主要来自两个人群：一个是有学院背景的管理研究者群体；另一个是从事企业管理咨询或管理培训的职业顾问群体。也有在企业内部直接从事管理工作的职业经理人撰写的管理书籍，但是相对于前面两个群体，数量还是偏少。

一个人从事一项工作久了，未必就是专家，比如，大部分人写了一辈子的字，也不能成为书法家，关键是要看这个人对事情的精神投入度及自身悟性，或者说"行不著、习不察"的做事者，资历再深也很难成为专家，而能知行一体地进行深度思考的做事者才有可能真有所得、真有所悟。幸运的是，我发现黄娜女士就是一个能够做深度思考和总结的实干者。

于是我鼓励黄娜写一本关于生产经理方面的书，把自己一个年轻职业经理人比较成功的职业生涯中对专业工作的所得所悟都写出来，分享给更多的人。一开始她是犹豫的，一是本职工作比较繁忙，余暇不多；二是从来没有写过书，心里打鼓。我不断地鼓励她，认为恰恰是她的这种经历与处境，能给处境相似的同业者以更无阻隔、更接地气、更有温度，仿佛邻家之言的阅读体验和启发，于是她终于下定决心。

　　这个一边在工作上管理着全国各地的七八个制造基地，一边在生活上每日陪女儿做作业、做阅读、做运动的"虎妈"式经理人的办事效率是惊人的，仅仅用了三个月左右的时间就完成了18万字的写作任务，此举令人赞叹。

　　读完书稿之后，我有几点感触比较深的看法与大家分享，或有助于读者朋友们对这本书的阅读。

　　第一，本书是从生产经理为更好地胜任本职工作，应该要了解和掌握的知识、方法、技能及经验的角度架构铺开的。

　　第二，本书架构层次比较清晰，分别从信息流、物流、资金流三大维度展开，每一维度下面的章节分离、业务分离也非常清晰且有聚焦，主要围绕生产主要环节的核心业务运作、管控模式及经验分享展开。

　　第三，场景化、实操化的表述风格朴素而实用，仿佛"带着泥土的芬芳"，仿佛作者坐在一个圆桌的旁边与同桌的人娓娓交谈。

　　第四，案例全部是作者亲身经历的案例，有别于一般管理著作多是从各种途径得到的间接案例。

王春强

2019 年 1 月

目录

第三部分　资金流

引　言

1. 生产经理是谁

生产经理的一切活动都可以归结为管理。为了有效地履行管理职责，生产经理必须掌握先进的生产管理方法，用超强的管理能力对生产进行计划、组织、指挥、协调与控制。拥有良好的工作计划，工作效率才会大幅度提升。计划工作的内容包括：确定工作方针，拟订实施方案；决定工作的方法；改善工作的编排及方法等。作为生产经理，必须具备为本部门制定工作计划的能力，必须明确制定工作计划的方法、一般流程及生产部门主要工作计划的制定要求。计划一旦确定，生产经理就必须组织相关人员实施计划，协调部门内部人力资源和物力资源，促进部门工作效率，以达到预定的管理目标。具体内容包括：设定生产部门职责，建立组织，适当授权；明确生产部门各岗位的工作范围及任务；生产管理资源的配置与利用；与其他部门的合作等。

作为一个中层管理人员，生产经理必须懂得接受任务后，或接管一个部门以后，需建立起一个科学合理的组织机构，完成部门设置，为下属的每个单位设计出工作职责。为每个单位充填岗位，为每个岗位整理出一篇完整的、准确的岗位描述或职业说明书。同时，还需掌握工作分配的方法，通过分配把岗位描述上所有的工作交给适当的人员，并能根据实际情况做出调整。

　　生产人员是落实生产任务的主要角色，生产经理在用人上必须形成自己的一套方法，才能把生产一线人员的积极性调动起来，共同完成生产任务与目标。生产经理在人事管理上，要学会挑选员工、了解员工、与员工沟通、激励员工，并与员工共同工作。在生产工作上，要懂得如何指挥众多下属开展工作、如何下命令、如何督办工作、如何汇报工作、如何主持会议等。

　　在日常管理工作中，生产经理相当于一个区域的"包工头"，他不可能独自处理所有事务，必须带领和协助员工完成工作。指挥和影响下属不只是发号施令，还要训练及激励。具体内容包括：带领员工为公司的利益而工作、评价员工表现、维持工作纪律、解决员工思想问题等。作为生产经理，要知道自己需要解决的是什么问题、该建立哪些工作程序，并推动这些程序运转起来，检查程序是否得到落实，并对程序进行调整，让程序为生产管理服务。

　　此时，笔者都觉得生产经理这个角色太难胜任了，简直就是"万能胶"。在实际工作中，生产经理远比书中写的还要难胜任，但是胜任了生产经理这个角色，毫不夸张地讲，就没有你干不了的事。

　　与生产经理最直接的挂钩人员就是计划人员，经常有计划、生产、采购的人诉苦，诉的都是最后一分钟的变更如何害苦了他们。其实，这根本就不是最后一分钟的事情，许多偶然造成必然。业务员一定在某个节点就考虑到有多大的可能会变动，他们只是不愿意主动说，因为业务员有担心、有顾虑。可是计划人员主动问了吗？没主动说的就"打板子"，没主动问同样需要"挨板子"。同理，计划与生产、计划与采购之间的关系亦是如此。

　　虽然大家天天都在高喊客户至上，但是在实际操作时却往往忘记了应该生产出高品质的产品才是硬道理！

制造企业的通病。压力都给了学历、能力较低的生产车间。

采购。买过来的原料就不合格，我有什么办法。这种原料很难买到的！

研发。不合格，不能用。配方就是这么敏感！

销售。我们要高标准的原料，否则客户投诉！

品质。让供应商赶紧给出原因。反正不关我的事！

工艺。我找研发看下问题。配方不是我弄的，我也不懂！

设备、电仪……

生产。到底现在怎么办，能给一个靠谱的方案和时间吗？

是的，生产怎么办？交付不了肯定少不了"挨板子"，谁让生产基本是最后一环。因此，生产经理们不能只关注自己的一亩三分地，需要主动问、主动提醒，必要的时刻还需要使用"上告"的方式。什么意思呢？通过邮件或者电话、微信问一下，到点不回复的就再提醒一下，还是没答案就找双方的上级。生产经理们往往不太喜欢找上级，尤其是找对方的上级解决问题，很多企业的生产经理在链条的最后环节，本身的"地位"确实没什么话语权。可是这个讲究时间、效率的时代，作为生产经理，你认为重要的事情得不到解决，就应该提交给更高的管理层，而不是坐等失败。不作为是对自己不负责任，也是最大的失败。

生产经理作为供应链最核心的成员，除了对生产车间的生产熟知外，更重要的是对与自己关联的部分要有充分的了解，如图 1 所示。只有互动了解才能跟相关各方说上话，自己的话语权自然也产生作用了。

2. 生产经理的基本素质

生产经理，顾名思义就是生产部门的主要负责人，主要任务就是保质保量、保安全地完成各项生产交付任务。具体来说，生产经理需要依据制造成本、产品数量与质量的规划来计划、指导和协调产品生产活动和原材料的供给。生产经理依制度行使对公司产品生产过程工作的指挥、指导、协调、监督、管理的权力，并承担执行公司规程及工作指令的任务，主要对其分管的生产管理工作全面负责任，对影响生产的一切外在因素做沟通与协调，确保生产进度正常并使产品质量得到稳定。

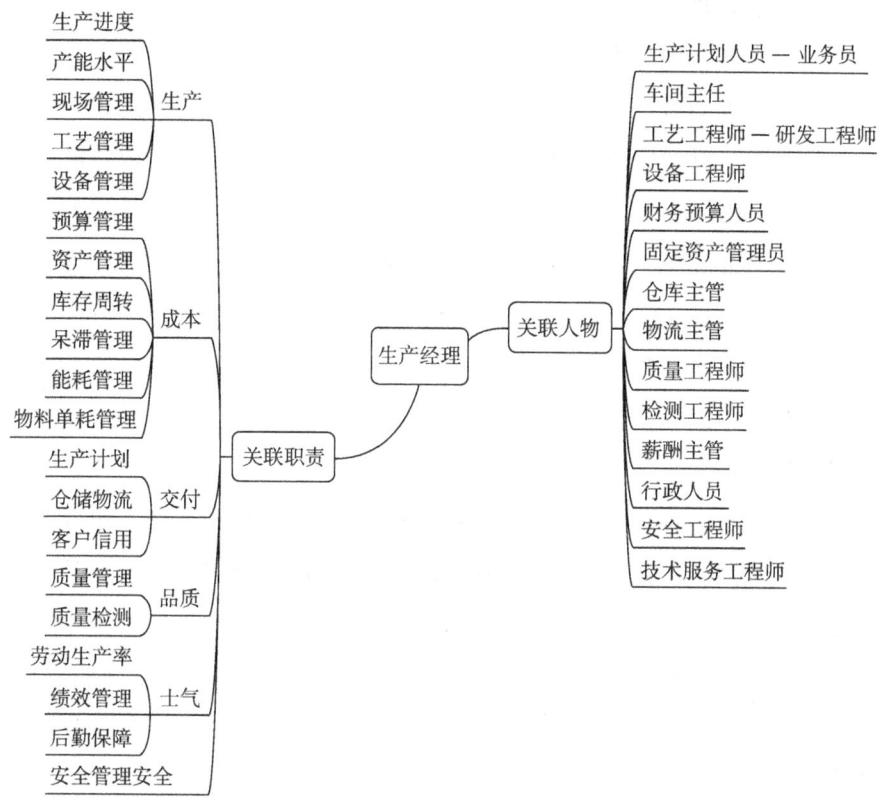

图 1　生产经理关联人物图

生产经理作为生产部的负责人和领头人，他的管理理念和行为将直接影响生产现场的每一位员工。一个优秀的生产经理必须具备以下五个方面的素质：

（1）过硬的专业素质。

生产经理必须掌握公司产品的相关知识、生产车间的设备、设备的主要参数、技术流程、产品的性能标准和各项技术要求，以及产品的生产过程、产品包装方面的知识、生产异常应急处理知识等，当然在实践中必不可少地是向以往的经验学习，比如，通过了解近年来该类产品的质量情况、曾出现过的质量与安全问题、前辈们的解决方法等来丰富自己的处理方式。一般来说，生产经理对产品方面的知识一方面来自在校期间学到的理论知识；另一方面是在工作过程中对产品知识的积累。

（2）**科学的管理素质。**

关于生产管理的专业知识、内容有许多，比如，生产管理的发展历史、生产管理的方法、生产管理的重要术语、生产安全管理知识、法律法规的要求、日常管理工具的使用、产品质量控制知识、企业资源计划（Enterprise Resource Planning，简称 ERP）、物资需求计划（Material Requirement Planning，简称 MRP）、制造企业生产过程执行系统（Manufacturing Execution System，简称 MES）的知识、生产体系建立方面的知识、生产成本方面的知识等。管理作为一门实践学，需要在日常的工作中结合理论不断地总结、提炼，形成一套自己独有的管理风格才是生产经理之管理根本。

生产经理要根据市场需求来安排和组织生产，把市场作为出发点和落脚点。同时，生产经理要合理配置和利用资源，以最少的劳动消耗和资源占用，尽可能多地生产出适销对路的产品。在生产管理过程中，要利用先进的生产管理制度和方法，使生产活动有计划、按比例地进行，克服前松后紧等现象。时代在不断前进，随着高科技设备对传统生产的冲击和企业对生产的高效要求，生产经理不能墨守成规、因循守旧，要善于捕捉市场变化的信息，探索变化的规律，不断地开拓创新，提高生产效率。**生产经理要做到向管理要安全、向管理要效率、向管理要效益。**

（3）**坚韧的心理素质。**

很多生产经理跟笔者讲：自己就像是一个"保姆"，员工少发 1 元钱都要给我打电话；自己就像是一个"过街老鼠"，无论什么原因，订单没交付，几乎所有人都出来"指点江山"；自己就像是一个"面团"，财务部一会儿说盘点了、人力资源部要求员工培训了、业务部要求客户接待了、研发部要求试验新产品了，错综复杂、应接不暇。更苦恼的是24小时×365天手机不关机，生产经理最怕的就是"半夜凶铃"，为什么？因为可能生产出安全事故了。

（4）良好的道德素质。

根据自身的知识给员工提供优质的培训，使设备处于良好的工作状态，确保安全的工作环境。对自己所负责生产的产品能做到质量保证，对用户的人身及财产不造成危害，对环境危害降至最小。同时拥有质量第一的信条，避免质量隐患的存在。时刻尊重员工权利和尊严，能公正、客观地解决员工反映的问题。

（5）强健的身体素质。

生产经理对全厂的生产车间负责，所以，走访现场是每天必做的工作。生产经理要有超常的精力和强健的体魄，能够胜任经常到生产第一线指导工作和应对生产管理中烦琐的情况，并能有条不紊地进行决策。在遇到问题或困难时，时刻保持清晰的思路和清醒的头脑，运用科学的管理方法，使问题得到圆满的解决。

3. 生产经理六大工作职责

制造供应链管理有六大要素，分别是生产、品质、交付、成本、安全、士气，如图2所示。作为生产经理，需要全方位地负责六大要素的具体内容。

（1）生产。

生产经理需要充分发挥各生产线的生产能力，用标准的生产工艺及产能去衡量各自的标准产能，调动系统数据对产能利用率进行分析。把产能利用率高的产线进行再优化或升级改造。对于产能利用率低的生产线，对其要做出深入的分析，确定是订单不均衡的原因引起的，还是生产设备故障率高引起的？是换线频繁引起的，还是其他对接因素不顺畅导致的？

同时，牵头对产能利用率低的生产线进行整合或改造，敢于向业务

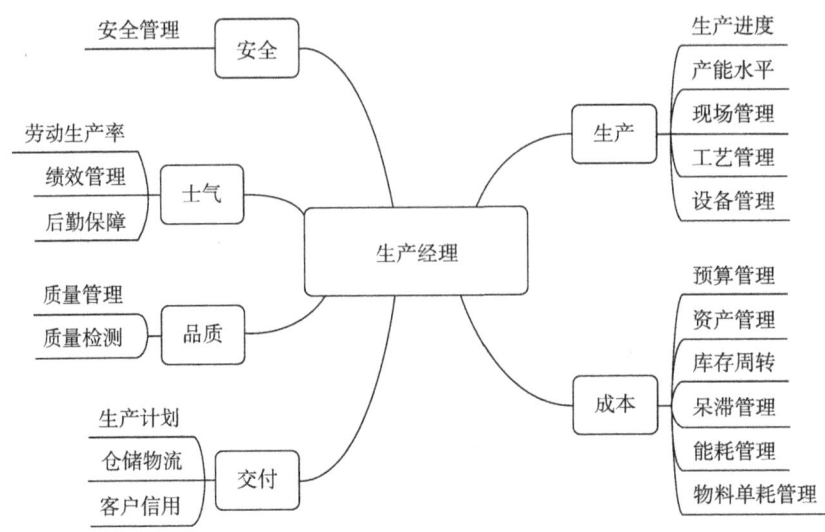

图2　生产经理工作职责主干图

部人员争取产能利用率低下的产品订单，从而提升整个工厂的总体产能利用率。在提高生产效率，除前面所说的提高产能利用率外，还包括设备运转率。设备是生产得以实施的基础，设备得不到适当的维修与保养，对生产效率的影响是非常大的。因此在日常的生产过程中，设备部门要针对不同的设备制定不同的维护与保养时间和措施，车间自身做好日常的点检与保养工作。这些都是跟生产制造有直接关系的因素，而一些辅助部门的配合也是生产经理必须了解并去规范的工作，比如配送、供应商的供应能力等，它们都是直接关系原材料的供应、直接影响生产效率的因素。总之，生产经理要想尽一切办法，让生产在正常、有序进行的前提下提高生产效率。

（2）品质。

生产经理首先要做好的是与研发工艺的对接。任何一个产品从研发向生产转变，必须完全根据"小试到中试，中试到大试"的一系列过程及结果的验证来跟踪，以及转交过程中对所有的资料：工艺、配方、操作作业指导书、关键控制点、安全要求等一系列的收集。其次，让工艺部门人员对工艺技术进行改善、优化、提升，并做好工艺技术操作作业指导书。在生产过程中做好关键控制点的参数设置与监控，收集数据和生产过程中容易出现的问题，通过系统的分析后制定解决措施或优化方案。生产经理要定期对现场进行审核与监督整改，同时要不断地引进适合工厂质量体系的标准并做好培训工作。生产的所有原料及生产现场的管理，按体系文件要求落实并按要求做好日常的记录与检查。日常通过产品的生产一次合格率作为绩效考核指标不断提升产品的质量情况，以便全员参与到质量管理与监控的工作中。

（3）成本。

生产经理在控制和节约成本上，生产过程中所用到的原材料是一个节约的重点。可以从不断优化的工艺上对配方进行调整来获得原材料配比的标准化，以减少对非标件的浪费。同时对现场原料的使用上，做好现场 5S 管理可以有效地控制原材料的浪费。在生产辅助性原料（水、电、汽、油）上，对现场多检查与发现，解决"跑冒滴漏"，可以有效地节约生产成本。而在设备上，除了做好生产设备的选型外，还需要每年与生产计划人员制定年度的设备保养计划，培训生产现场员工日常做好设备维护与保养，能有效地降低设备不停地更换或维修带来的成本上涨和对生产的影响。全员参与是一个很好的方式，可以引入品管圈（Quality Control Circle，简称 QCC），发动员工自觉自发地发现改善点，让生产现场员工的一切操作都变得有价值，充分体现能手在民间这个状态。

（4）交付。

不能仅仅理解为给客户的交货期，还要理解为产品生产过程中各个工艺环节的时间管理。给客户的交货期是一个结果，而生产过程中时间的管理是一个过程。这样，交付可以理解为从订单接收那一刻起，到产品准时交付到客户手中全过程的监控。首先，产品交付期是指生产一件产品，从开始直至结束所需要的时间。所以，生产经理要对每一批产品的生产周期有一个比较固定的时长认知，只有这样，生产计划人员所制定的生产计划才是有效的，才能与业务部人员做好交付的对接。

除此之外，对于客户的异常订单和新项目订单，生产经理在必要时参与到紧急事件的处理中，经过系统地分析再向业务部反馈交付的时间。它是对生产稳定所交付出产品的一个时间承诺。要实现这一承诺，必须对生产过程中各个工艺环节进行时间管理，其实就是在生产过程中做好生产监控及对异常情况的及时处理，对每一个工艺环节都用精准的时间来控制。若生产时间出现异常，随之而来的反应就是生产出现了异常，交付时间也会出现问题。此时，过程监控将有助于及时针对问题做出适时的方案调整或资源的整合调配，快速做出一系列动作，以满足交付的时间承诺。

（5）安全。

安全生产是所有生产管理活动的前提。安全源于责任，源于防范，源于细节。人只有在安全的环境下才能安心地工作，才能给予企业创造利润的空间。没有设立安全组织，安全泛泛而谈，只喊口号，没有实际行动是很危险的。在企业内部，推行安全可以说是一项"重大且专业"的工程。它讲究的是来料卸料的安全、物料的存储安全、物料的转移安全、物料的使用安全、设备的操作安全、物料的反应安全、管道的走向安全、安全配套设施设备的配置安全、安全规章制度的设置齐全、动火安全、产成品的存储与运输安全等，几乎在生产的每道流程工序或设备上都涉及到安全问题。生产经理应该在工厂内部设立一个安全组织，由专业人组成并"执政"，每天以"排除、预防、控制、杜绝不安全事故的发生"为目标，向企业内部所有人员进行宣传安全知识与理念，提高员工对安全的重视程度。

把事故扼杀在萌芽状态，并能在不断的经验总结中提前预知事故并进行防范，让企业时刻在一个安全的状态下运行。为保证安全生产落实到位，生产经理还要动员企业高管投入一线安全工作中，起带头作用、以身作则，制定安全承诺书，以实际行动鼓励全员参与到安全生产中。除此之外，生产经理还要带动生产部主管人员根据车间的生产工艺及生产环境，制定一系列安全操作规程，对于安全行为时刻以最高的警觉性去对待，定期对生产现场人员做安全宣传与教育。对于发生过的每一次安全事故均组织事故小组成员采用安全分析工具，如 PHA（Procese Hazard Analysis，工艺危害分析）、PSSR（Pre-Start-up Safety Review，启动前安全审核）等对事故进行详细地分析，以防止事故再次发生。

（6）士气。

员工积极高涨的士气与团队和企业文化的建设是生产经理职责所在。首先，深入了解员工的需求，可以通过平时的沟通、会议、员工的情绪、分发调查问卷等形式。只有深入了解下属的需求，才能有效地激励他们，充分调动他们的工作积极性。其次，创造良好的工作氛围，因为谁都不愿意在这样的工作氛围下工作，干活就出错，一出错就被指责；大事小事都要请示；办公/现场环境乱七八糟；周围人聊天、打私人电话、吵架、不干活；团队成员相互拆台、不负责任；人际关系复杂；上司总是板着脸。所以，日常要制造宽松、和谐自由的气氛；办公/现场整洁温馨；团队成员相互帮助，精诚合作；人际关系简单明了；敢于尝试，不会受到指责；微小的进步和成绩都获得上司和同事的认可和赏识。掌握当前人员的特点，大胆地认可与赞美员工，但是在批评员工时也要适当注意技巧，不能伤害员工的自尊，一般状况下批评尽可能私下进行。在工作中不断得到成长，是绝大部分员工的期望，所以帮助员工不断成长也是生产管理人员的一项重要工作职责。

如果员工不稳定，上面谈到的生产、成本、交付、安全都是空话。因此，稳定员工队伍是生产经理的一大工作，除了在员工身上做出努力外，还需要让员工看到希望，那就是实实在在的薪酬激励与员工的发展前景。一个有效的激励机制需要进行设计和实施，激励机制设计重点包括奖励制度的设计、职位系列的设计、员工培训开发方案的设计和其他激励方法的设计，包括员工参与和沟通等。设计好一套激励机制后需要实施，以检验激励机制的有效性。在员工内部还需要建立技能库存，设立技能评定考核机制，让员工时刻感受到自己的技能受到重视和提升的价值。而在实际生产活动中，生产经理必须深入一线，当发现员工操作上有安全隐患或者近似违规的时候，站在员工的立场上和员工对一个问题进行不同维度的分析，这样才能理解并纠正员工的做法，同时也鼓舞员工的士气，并从中寻找技术改进的机会，切忌以一副高高在上的姿态压制员工。

4. 生产经理职责"三流化"

生产经理的日常工作职责是围绕"生产、品质、成本、交付、安全、士气"六个要素开展的，如图3所示。生产作为生产经理首要的工作职责，它的一切来源可以说是一纸"订单"。为了满足订单上的交期，必须提高一次合格率、控制生产成本，在安全的生产环境下激发员工鼓足干劲开展一系列生产活动。在接收订单的那一刻起，无论是对业务部信息的反馈，还是生产过程中对生产信息的确认，都是生产经理必须重视的内容。总的来说，整个制造供应链就是物流、信息流和资金流的集成。整个生产过程就是一个物流过程，而在这个物流过程中，对于订单的扭转及生产信息的一系列反馈，又是一个信息流的过程。企业通

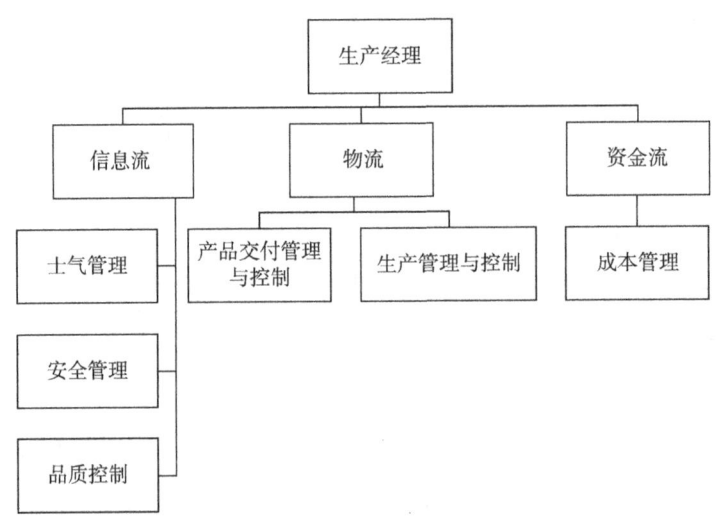

图3　六大职责与三流关系图

过成本的核算和客户资金的回笼，才能让企业继续生存和运营下去，这些都是资金流的过程。针对生产经理的六大工作职责，我们可以把他的工作分为物流、信息流和资金流三大部分来展开分析，如图4所示。

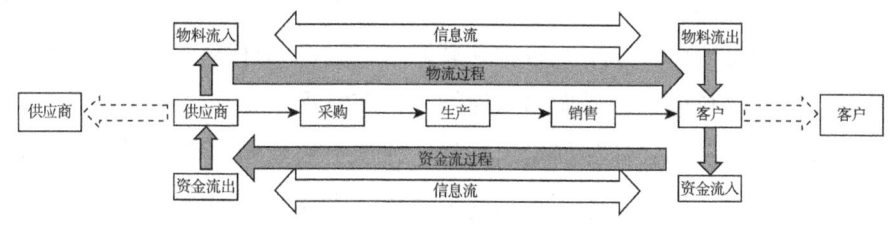

图4　信息流、物流、资金流流转图

（1）在信息流中，生产经理要关注的问题。

订单该如何接收与处理？在整个订单的接收与处理过程中，它所产生的生产计划应该是什么样的？生产计划该怎样传递与执行，以及提高订单的处理能力所沿用的信息系统。另外，如何得知生产计划的执行情况，以及采取什么措施能有效地进行生产过程控制。对外如何关注客户的需求及如何做好客户服务，都是生产经理在处理信息流时的一些主要工作。如果一个信息流在工厂得不到准确的传递或消息失真，它所产生的"牛鞭效应"将非常严重。比如，销售预测需求信息沿供应链传递时失真、放大或缩小，会导致生产计划跟着失真、放大或缩小，进而使整条供应链过量生产、过度扩张、库存积压，从而导致资金也造成积压；采购方因为商业原因故意隐瞒市场数据，或为担心供应商的产能不足而故意提高预测，还会导致供应商也生产过度、库存积压。

所以，资金流的问题往往取决于信息流的解决方案。"拿信息换库存"也和拿信息换现金的道理一样，即通过鼓励供应链及时、准确地共享信息来减小"牛鞭效应"、减少库存、减少资金积压，从而盘活整个供应链。信息流来自信息的流程，而信息则来自数据，生产经理要在企业所使用的信息系统中收集准确的数据，并从中提炼出合适的信息并加以利用分析，有效地利用信息流在工厂做出正确的判断与行动，促进供应链的发展。

（2）在物流工作中，生产经理的主要职责。

从职责出发，生产经理应考虑以下问题：如何让工厂的实物流更加顺畅？寻找什么样的信息系统能辅助工厂的物流流向效率更高、更准确？作为物料供应，以及物料转移的仓储，采用什么样的手段和措施能有效地提高整个运行效率？对于仓储的实物应该怎样储存才能有利于周转？工厂的物料应该怎样做出入库管理？在实现实物交付的过程中，所用到的运输配送方式该如何做出选择，才能更快地满足客户的需求，提高订单完美交付率？总之，在物流工作中，讲究的是如何让工厂的实物在它的"供应商"与"客户"中流转顺畅。在整个物流工作中，虽然讲究的是实物的流动，但在流动中如何保证效率与准确性，信息流也在其中起作用。因此，在实物流的实际操作过程中，信息流是不可缺少的一个辅助性的有效渠道。总的来说，三流中任何一个"流"都不是独立存在的，都是在实际操作中有相互作用关系的。

（3）在资金流活动中，生产经理需要关注的内容。

作为资金流，它是企业继续生存下去的资本，它在供应链里应该如何流转并流通，是生产经理要关注的问题。首先，明确在供应链里，资金流包含哪些内容，它的流通与运转方式是怎样的？对于资金流产生的主要方面——客户，日常应该如何加以控制与维护。其次，在进行供应链活动前，要有针对性地对生产制造做出预算，评估企业所制造的产品能否带来利润。在利润中如何才能准确地定位成本的产生与可下降、控制的空间，怎样才能进一步让工厂、企业盈利？只有资金流在不停地流动，整个工厂才能得以延续，实物流和信息流才能发挥它的作用。

除此之外，作为新时代的生产经理应力求"创新"。虽然说生产是追求"稳定、均一、可靠"的产品，但是生产经理切不可原地踏步，尤其是"90后"乃至"00后"员工不断进入生产一线，许多传统的管理理念已经与新时代脱节。比如，上一代人踏实肯干，注重工资收入，而"90后"更偏向于工作环境、舒适度、趣味度等，反而不太注重工资收入。因此，生产经理需不断思考新方法，促进不同年龄层的员工的融合，发挥他们最大的潜力，及时克服"老一辈看不起新一辈，新一辈嫌弃老一辈"的苗头。归根结底，生产经理要做到一个"活"字，不仅要使各种信息流、物流、资金流"活"起来，还要让手下员工的工作热情"活"起来，更要将自己的思维"活"起来。如此一来，整个生产活动就"活"起来了。

手把手教你做专业生产经理

第一部分
信息流

信息流贯穿于整个制造供应链的运行过程，是构成供应链的神经系统，它与实物流、资金流结伴而行，支配着实物流和资金流的运作。信息流的流通依靠主体部门对各种数据的收集、整合；信息流的流通依靠先进的信息处理系统进行分析；信息流的流通依靠共享平台（反馈机制）来避免信息传递的失真，信息流最终作为高层决策的重要依据。

信息流采用双向平行流动的方式，从客户到企业、从企业再到客户不断地双向流动。订单在下达过程中双方需要通过多轮互动确认才能最终形成正式订单，比如确认产品名称、价格、交期、数量等。订单一旦确认后，企业内部围绕订单的交付目标展开生产计划、生产排产、生产制造、产品储运等一系列活动，最终保证满足客户的交付使用，从而实现信息流的双向闭环流转。

本部分将从信息的流入（订单接收）到信息处理过程（计划、控制系统），再到信息的流出（订单交付）等几部分展开分析，在这几部分的流转中信息不断双向回流，在订单的接收、实现、交付、售后等一系列活动中充分体现了信息畅通传递的重要性。

第一章

Chapter 1

订单处理系统

1. 订单类别

我们所说的订单，是指客户向企业下达的订货单，是企业与客户之间签订的一种销售协议。实现企业与客户之间的沟通，满足客户对企业待售货物的一种请求，同时也是企业对客户的一种销售承诺。根据不同的性质订单可以分成不同的类别：

（1）按客户大小分类，可以分成大客户订单和中小客户订单。

这种分类方式取决于业务部的营销策略，按销售额和客户的发展潜力来定义客户，对大客户和中小客户设置不同的对接人员及订单处理程序。大客户订单的处理不是一个人可以搞定的，一开始是区域经理或业务员直接对接，并召集生产计划人员、仓储人员以及物流对订单的处理和出货程序进行模拟，把程序固化后转成标准作业程序（Standard Operation Procedure，简称SOP）并落实到指定的销售助理对接。按大客户的要求，一般在接收订单时，销售助理均与生产计划人员对接确认交货期，及时回复客户。对于中小客户订单，一般是客户以电话或传真的形式发送至销售助理，由销售助理转换成系统订单向生产计划人员下达。它一般会按订单要求的日期交货，如不能交货时，由销售助理与客户直接协商处理，必要时需要业务营销人员跟客户沟通。

（2）按订单的紧急程度分类，可以分成常规订单和紧急订单。

常规订单是走正常的订单下达与发货程序，根据库存及正常的生产交付周期进行处理。紧急订单则不同，是需要马上反应的订单，它需要充分调动现有资源转化到产品生产的各个环节，以达到紧急订单如期完成、让客户满意的目的。一般在接到紧急订单时，销售助理的第一反应是向生产计划人员咨询能否按时交货。如不能交货则由生产计划人员进入紧急处理程序，召集生产、工艺、采购等人员进行会议沟通，重新确认最快的生产时间与交期或寻求调货资源。

（3）按产品类别分类，可以分成规模化产品订单与小品种产品订单。

每个企业都有自己的特色产品，规模化产品具有生产量大、生产频率高、销量大、质量稳定的特点。对于此类产品，往往会因为季节或行业的不同有不同的需求，甚至会出现波动性很大的情况。它往往被关注得最多，因为它一旦出问题，影响甚广。对于小产品订单，因为生产的频率比较小，生产间隔周期长，需要靠安全库存来支撑，因此在出现销售波动时，销售人员或销售助理应第一时间向生产计划人员反馈，并把更新的需求信息传达下去，以便提前做出应对措施。

随着智能化水平越来越高，即工业4.0时代的到来。工业4.0实际上是市场的需求提出来后，我们用大数据解读并传导到生产，生产根据需求及标准生产，达到供给到市场的目的。这样不仅缩短了销售的距离，还降低了压仓费，从而提升了价值链上的周转，同时避免市场的不稳定造成产能过剩。工业4.0不仅是自动化，自动化是第三次工业革命时代的产物，工业4.0是四化结合的有机整体。传统的订单模式是建立一大堆库存，销售在等待订单或根据库存去向客户"讨订单"。在当今定制化市场越走越兴盛的时代，如果客户突然变更一个配方，很大程度上意味着库存要"报废"了。工业4.0的订单模式是企业根据订单的形式与类别进行生产计划与实际生产操作，它要求企业的业务部对市场有比较灵敏的嗅觉，以及生产部门对订单有较强的反应能力和柔性制造能力。工业4.0时代，订单发生了重大变化：

（1）订单前置了。

正如前所述，建立了库存，待订单来了就可以马上发货，提高订单的响应度。这样的操作在满足市场需求的同时牺牲了企业的成本资金，把机会用金钱"堆起来"。随着工业4.0的到来，智能化程度越来越高，自动化操作越来越发达，给制造供应链带来的是生产效率不断提升。因此，订单模式与库存模式趋向匹配性发展，即订单与生产同步，甚至是订单通过不同的渠道做了前置，使得整个生产计划完美地与生产过程相匹配，进一步提高订单的适配性。

（2）订单的接收形式更多元化。

接收订单的形式不局限于员工对订单信息的传输，还可以通过各种信息系统实现订单的自动传送，甚至是通过一些开放性系统平台，企业根据与客户建立的账户信息自动获取订单。这样，就会更有效地实现订单的及时与配送的准时性。

工业4.0的智能化，推动着整个企业无论是订单还是生产的加速发展，它给企业的提示是要时刻关注订单及市场动态，时刻做好计划管理，提高整个计划的效率，改变固有的传统思维。从接收订单的那一刻起，生产就已经做好了一切准备，针对生产所配套的无论是人员还是设备，都定期做好培训与设备维护，以便时刻接收订单，应对订单的生产交付。

工业4.0的智能化时代，如果企业不能随着智能化一起发展，生产技术不提升，它将与订单失之交臂。因为大环境的变化，订单的传递模式与市场信息的传递速度加快了，整个市场的转变与效率越来越快。如果生产不跟随时代的发展而做出变革，做出一些应对智能化技术越来越高的措施与设施设备，它将一步步落后于市场，最终被市场淘汰。加上当前市场，私人定制化程度越来越高，订单的精准度与模式越发多样化。如果企业不做出一些对应订单模式多样化的形式，它最终会因自身产品，以及订单接收模式的落后而失去交付的能力，一步步地失去订单。

2. 订单处理

订单的处理涉及多项活动内容，它从客户处传递，亦从客户处收回，如图 1 - 1 所示。

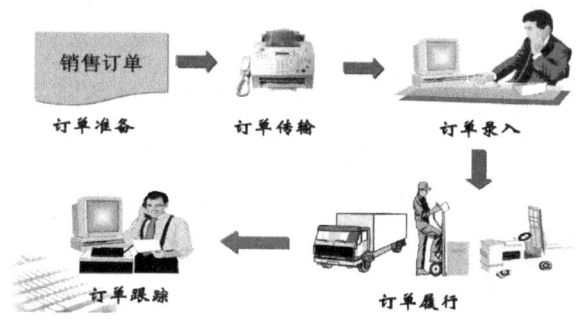

图 1 - 1 订单处理过程图

订单准备是指收集所需产品或服务的必要信息和正式提出购买要求的各项活动。订单准备包括确定合适的供应商，由客户或业务员填制定单，通过信息系统向实施部门通报订单信息。电子化为订单的准备提供了很多方便，如现在很多企业都拥有自己的网站，可以在网上提供很多产品信息，只要客户选定供应商，进入网站便可一站式选购想要的产品。越来越多的战略合作伙伴会双方开放自己的对接端口，比如，利用 ERP 系统进入企业内部下达订单，从而减少人员对系统订单的处理时间，降低订单准备的成本。这些新技术的应用，使人们在传递订单信息的速率大大提升的同时，精准度更高。

订单传输是指把订单的内容和信息通过某种方式传送至供应商处，即涉及订货请求从发出地点到订单录入点的传输过程。订单传输有两种方式：人工方式和电子方式。人工方式在当今高效的社会里越来越少，因为它的响应速度比较慢。电子方式有传真、QQ、微信、E-mail、电话和网络平台等，这些方式具有高效、高可靠性、高准确度、高追踪性等特点，几乎可以瞬间完成订单信息的输送，降低了成本，提高了安全性，逐步取代了人工传输的方式。这两种订单传输方式所需要的时间可以说是相差很大，直接影响后面订单的处理，以及一系列的到货时间。

订单录入是指由业务员或销售助理把收集的订单信息录入企业订单系统中，以便跟踪与审核电子订单。一个企业它所开发的客户层次与层级是不一样的，每个客户都有它的特点。中小客户或伴随着企业发展的老客户，他们对订单的重视程度相对没那么高，可能仅仅是一张 A4 纸上面写清楚产品要求、数量、价格及交货期，盖上公章后传送至供应商；或是在微信上与销售助理沟通完订单信息后就等同于订单已传输至供应商处。这样，接收订单信息的人员就需要把订单里的有效信息转换成系统语言录进系统，同时把订单转换成企业的标准订单模板加盖公章后回传至客户处，订单方可生效。

在录入系统前，销售助理要做到：核对订货信息的准确性；检查订单内的商品是否为我们销售的产品；保留双方加盖公章的订单；核实订单是否通过信用评估。当前大多数企业的订单录入还是人工完成的，不过现在已有大客户陆续实现了让供应商进入自己的 ERP 订单平台上获取订单，这对转换订单的人员来说要求更高了，也许多一个 0 或者少一个 0 对企业的影响都是巨大的。先进的 IT 系统是一把双刃剑，IT 系统日益发展，以后都可以是双向系统。客户随意在供应商系统上选择产品下达订单，大大减少了订单的录入时间，提高了工作效率。

案例 1-1

小数点的故事

××公司一直使用纸质化的办公方式，随着公司的不断发展，公司开始启用电子化的订单信息系统。因各种内外原因，跟外部合作伙伴之间的信息传递还是采用电话、传真、纸质等方式，某一天在接收老客户的纸质传真订单后，按正常流程把订单内容转换成企业内部的系统订单，用于信息传递。

销售助理把客户的传真订单转换成内部系统订单的过程中，把小数点的位置不小心往后移了两位，即把 100.00kg 处理成了 10000kg，导致在系统中所下达的订单数量为客户需求量的 100 倍。这给企业带来的直接影响是：原材料过剩、生产过剩、产能损失、产品库存过剩，甚至造成库存积压、配送过剩而产生二次运输。

类似的事情在订单处理中可能都会遇到，在笔者看来，这个案例中除了造成很多损失外还隐含了以下几个问题：

（1）无论是纸质的订单系统还是电子化的订单系统，难道没有信息复核机制吗？

（2）既然是老客户，难道没有订单信息定期回顾机制吗？

（3）任何一个客户的订单都不会无缘无故突增或者突减，难道这个老客户之前一直是 10000kg 的单次订单？

（4）销售助理当日工作状态是不是不太好？

电子化信息是一把"双刃剑"，当收到无论何种方式的订单，销售助理录入后，主管都必须进行信息的二次审核，而不能因为是电子系统处理就放任自流。

订单来得相对集中且数量大时，销售助理处理订单的先后顺序至关重要。此时企业需根据自身的销售策略制定订单处理的规则，需要兼顾提高订单处理效率、确保重要订单处理及时，同时尽可能合理满足所有客户的需求。对于不同区域的业务员来讲，都很关注自己的订单是否被第一时间处理，但是企业的资源毕竟是有限的，如何在大平台上进行合理有效的订单处理非常关键，一般可参考的原则有以下几点。

（1）先来后到原则。

先收到，先处理。前提必须是当天收到的订单必须在当天完成，否则会变成没了主次，使订单履行的时间被忽略了。

（2）先易后难原则。

从简单到复杂订单，订单品种少、数量少为简单的，依此类推。但对于订单实物的履行部门，这种操作模式会导致分工不均的情况出现。

（3）**先急后缓原则。**

按交货期的先后顺序来处理。这样对准备订单履行的部门和人员来说是一个比较好的规则，它也可以提高客户满意度。但如果盲目地选用这个规则，在分货时将会出现先来先得的情况，最终导致客户流失。

（4）**先大后小原则。**

先处理大客户的，再处理中小客户的。

不管企业选用的是哪个订单处理规则，都要把握一个原则：与销售策略要吻合，能够快速、准确地处理完手头所接收的所有订单。

订单履行可以简单地理解为把订单的信息转换成利用实物去满足客户的过程。**产品的生产过程、包装过程、出货过程、运输过程、随附单据资料准备过程等，都会对订单履行时间的长短造成影响。**很多企业并没有意识到订单履行时间的长短对客户造成的影响，从而没有就订单履行初始阶段订单的录入和处理方法做出正式的规定。因此，企业应该对订单的履行，以及操作细节都以文件的形式做出操作说明与规定，制定订单管理控制程序，应详细规定订单从接收那一刻起，整个操作流程应该是怎样的，以及每一个节点的评判标准及异常情况的处理措施。**在订单履行过程中，要做到"一查看、二确定、三计算、四整理"：**

（1）**查看是否有产品库存**

主要是确定该订单是直接发货还是需要安排生产或调货，从订单接收那一刻起，它已经是被跟踪的对象。订单的第一接收人是业务员或是销售助理，他们都可以第一时间通过系统或仓储人员查询订单内容是否有库存实物，能否在订单要求的时间内交货。如果不能，他们第一时间要做的是与生产计划人员沟通，最快的货源什么时候补充或该订单安排在什么时候生产，根据生产计划人员的回复与客户沟通并更新交货期。如出现客户不接受的，立即进入紧急订单启动程序，召集各方讨论并满足订单的生产，必要时采取外购的形式去满足订单的履行。

（2）**确定该产品的运输方式。**

主要是确定该货物采用哪种运输方式，是否对包装有特殊的附加要求。每个企业都有自己的物流资源，如自有车辆、第三方物流或物流外包等。订单进入发货程序，仓储人员根据订单的地址选用合适的运输方式。运输方式不同，对包装的附加保护措施也不同。这些都不仅是企业单方面去考虑的问题，其中还会体现客户的要求，前提是这些都必须进入产品的成本核算且能形成标准化的操作模式。

案例 1-2

配送方式的选择

企业位置：开发区。

运输资源：自有车辆和第三方物流两种方式。

订单地址有：白云区、天河区、东莞、深圳、中山、珠海、江西、上海、杭州。

问题：（数量暂且忽略）它的配送方式的选择及包装附加是什么？

根据上述订单地址的分布，自有车辆的配送可以以开发区为中心或起发点，送货区域可以覆盖珠三角；其他订单地址选用第三方物流来满足需求。自有车辆的配送按路线的统一性与方向性去做规划，考虑到货量的问题，在一个方向上的实行线路上的派送，提高配送效率与降低配送成本。对于不同的路线及运输时间的长短，需要考虑包装的附加形式。按例子上的配送区域，应该规划（如表1-1所示）的路线。

表1-1　规划路线

序号	线路	备注
1	白云区	白云区涉及范围广，实际操作视客户方向而定
2	天河区	天河区涉及范围广，实际操作视客户方向而定
3	东莞、深圳	虽两地相隔，但实际操作视两地客户距离而定
4	中山、珠海	虽两地相隔，但实际操作视两地客户距离而定

以上线路均可采用自有车辆配送，按送货地址的先后顺序装车一路派送，因为距离不是很远，产品的配送都能在当天完成。因此，只要不是易破的包装，均采用原有产品包装，不需要附加其他保护，只要在装车时按产品的包装特性来排装车顺序即可。

以上线路因距离与成本原因，均采用第三方物流来履行订单的配送如表1-2所示。包装的附加形式应首先考虑客户的要求，其次，根据产品自身的包装特性评估能否经得起长途运输的考验来确定。一般的附加方式：地台板、打塑料条、缠绕膜、防撞泡沫等，选材还要考虑产品特性。

表1-2 第三方物流配送

序号	线路	备注
1	江西	省外客户
2	上海、杭州	省外客户

（3）计算配送的时长。

不同的配送方式需要的时间长短也不同，如上述例子，自有车辆的配送一般在一天内到达。第三方物流的配送时间，在筛选供应商的时候就已经有一个全国各地配送的时间表。仓储物流系统应该掌握这个时间表，建立数据库备查，以便能快速准确地回复产品到达时长。特殊情况下，需要考虑自然灾害及恶劣天气等因素的影响。

（4）整理配送订单需要随附的单据资料。

配送单据除了作为配送的资料外，还是兑现资金的凭证。一般来说，企业配送产品附带自身的盖有企业专用章的送货单据和质量保证凭证即可，但有些客户为了内部管理或出于保密等原因，需要采用他们的单据模式或质量保证凭证，此时需要仓储系统按客户要求做出定制化的模板。不管怎样，配送需要附带的资料或单据是企业与客户沟通的信息之一，双方确定模板后应该进入系统设计与管控，以防出错。

订单跟踪是对订单处理的全程追溯，是企业与客户沟通的桥梁、纽带。产品到货信息需要实时向客户反馈，并在订单交付过程中出现任何异常时第一时间与客户沟通，确保优质的客户服务。它是一项监控活动，并不会对订单的处理时间造成影响。**订单的跟踪不仅仅是一个结果的反馈，要求是订单从下达开始至产品到达客户手中这个过程的监督与管控**。在这个过程中，如遇到客户咨询订单，能第一时间向其反馈情况，同时能在订单处理进度与时间上出现任何问题时及时与客户沟通信息，以确保客户在异常情况下也做出正确的应对措施，保证不受影响，达到提高客户满意度的结果。

订单跟踪对于客户与企业来说，业务员是一个纽带，一旦货物出厂后业务员需要通过内部仓储物流人员了解订单的流向进程，以便第一时间告知客户进展。大家都知道业务员经常在路上或者就在客户的会议室沟通新的订单或者推广新的产品，不断地通过电话跟内部要信息是多么痛苦的一件事情，因此 IT 化的订单跟踪系统尤为重要，无论何种信息化的系统基础流程信息是本源，这里介绍工业品制造业所用的一款基础订单跟踪信息系统：

利用条码系统扫描出库单录入每天每个物流、每台车所配送的产品。因为产品的配送方式和路线都是有规律的，只要在系统上建立每个物流的基础资料（如自定义物流或车辆代码、司机代码等），把该物流或车辆所装载的订单条码扫描进去即可做记录。每天只需要在分派好装车任务后按系统要求扫描即可向业务员公布订单的配送明细，实现了第一次订单跟踪。在约定好的配送时间内到达即可默认为订单按要求完成，对超出时间要求的物流进行第一时间反馈或制定跟踪规则进行订单跟踪。最终订单的完成是以送货单据签收回到企业内部才叫第一阶段订单跟踪正式结束。

订单跟踪环节完成后再一次形成循环回路，使客户与企业之间的良性互动在一次次的磨合中不断提升。但在订单履行的过程中，总会由于一系列的原因，比如产能不足、产品不合格、物流配送异常等造成一部分未按照客户需求交付的订单。对于这一部分已经下达到系统又未完成的订单，我们需要做出响应，也就是订单再处理，此刻业务部需要利用系统对不同类别的未交付订单进行分类，针对不同类别的未交付订单建立一个系统的数据库，每天进行回顾，以确保未交付的订单得到及时的跟进并交付。

对超越交付期订单的追踪。即交期已到，但未交付的订单，需每天通过系统刷新订单，并要求生产交付部门对订单未实现正常交付的原因进行说明，重新核算交付的日期。如产能不足，即每天的生产量不足以满足订单的交付，此时，生产交付部门应该与业务部进行产能分析并开展分货，根据每天的产能对未交付的订单进行匹配，再次更新确认订单的准确交期。同时，业务部人员应该根据此订单未能及时交付，第一时间与客户沟通协商并向客户更新能交付的时间。

对分批交付订单的追踪。很多情况下，销售助理为了方便及节省财务审批流程，往系统里下一个大订单，备注交付日期为"××月××日××数量"或"等通知发货"，这种做法非常不利于系统对订单交付的管控。因此，销售助理应该根据实际的交付日，把分批交付的大订单进行拆分，分成不同交付日期的订单明细分别在系统上下达，生产计划人员才能准确进行生产计划排程及原料的准备，仓储物流部人员才能毫无遗漏地对订单进行物流运输配送。

案例1-3

业务员高兴，却苦了助理与仓库人员

某企业在2017年实施产品促销活动时，客户纷纷向企业下达大订单，并口头与此企业业务员、助理约定按通知发货。业务员为了取得订单，肯定是满口答应。此时，业务助理提出："如果没有准确的交付时间，订单怎样下到系统，让仓库发货呢？如果是收到客户要求发货了才下订单，那岂不是订单的审核流程又要重新走一遍？到时候的价格跟现在的价格肯定不一样，岂不是还要打报告申请？"面对如此多的问题，业务部为了尽可能多地争取订单，最终他们一致讨论的处理方案是：客户所下达的订单都按同一天交付日在系统上下达，但在备注上注明"按通知发货"。

按这个发货模式，每次仓库都是接到业务助理通知说此订单发××数量，就安排发货。直到有一天，业务员收到客户投诉："通知业务助理安排发货了，为什么交付日都过2天了，还没收到货？"此时，业务员向助理了解情况才得知，在收到客户通知发货时，因为手头忙别的事情，忙完事情后又参加会议，因此，没有在第一时间向仓库传递发货信息，导致仓库没有做到"按通知发货"。除了助理苦闷外，仓库人员也很苦恼，因为订单一日未完成所交付的数量，就要一直挂在"未交付订单"列表里，影响仓库人员在系统上的数据处理。

对未交付的合同订单追踪。汇总出清单并分列其意向交期。所谓合同订单，相当于客户跟企业签订了一个合作意向协议，交期并未在合同里面体现，体现的只有产品名称，以及数量和价格。对于此类订单，业务部人员要把此类订单汇总，分析订单的预交期并把此信息传递给生产计划人员，利用所汇总的清单进行日常跟进。对于由合同订单转向正式交付的订单，及时在系统上下达并更新清单中未交付的数量，此时唯有信息核对准确并及时传递下去，未交付订单的跟进才能准确，并且能让生产计划人员准确地做好一切生产的准备，订单的交付才能准时、没有遗漏。

总之，未交付的订单跟踪也是订单跟踪的一个重要环节。利用信息系统对企业的订单进行传递、追踪是企业不可或缺的工具，目前在信息进入系统之前的处理大多数是需要经过不同部门的人员对信息进行获取与审核，如果订单的具体信息不够明确与细化，将会带来一系列复杂的跟踪。因此，所有向系统下达的订单都务必保持清晰与细致，保证输入是正确的。随着计算机时代的到来，由于人工获取信息的不对称而导致的问题将会逐步得到更好的解决。

3. 订单系统维护

信息化的订单系统需要实时动态，系统的基础资料要根据实际的物流情况做出更新，它还可以扩散抓取更多的信息，比如，自动呼叫物流上门提货、联网物流网络、只要客户签收即可发回动态信息等。

业务员跟客户在初期接触时，需要及时获取客户的一些基本信息（如客户名称、注册信息、产品意向、联系方式、明星产品、年销售额等）并纳入企业信息化系统中作为客户信息资源，它可以通过系统的大数据分析得出客户的采购意向及市场趋势，系统会通过交易信息做出全面的客户等级分析，企业可以利用分析数据对客户进行分类管理并针对不同等级的客户实施不同的销售策略，有助于提高销量。既然客户信息如此重要，我们在日常的客户信息系统维护中制定了以下"四大机制"。

（1）制定客户变更通知机制。

客户因自身发展需求、当前安全环保压力等问题，自身的一些基础信息（如地址、注册资金、联系方式等）会发生变更，此时客户应就协议规定向合作伙伴发起变更通知，企业在收到变更通知后马上在系统中变更客户资料。有人可能有疑惑，毕竟是单方面行为，这种变更信息的通知往往会被忽略，此时可以留意送货物流对客户信息的反馈。

（2）制定定期走访客户机制。

根据客户的层级分类制定不同客户的现场回访频率，通过现场的走访与沟通了解客户的动态信息。同时，利用微信、QQ等平台与客户进行日常沟通来获取客户资料的变动信息。

（3）制定客户订单综合分析机制。

通过对客户采购信息的变动（如采购量突增、突减，回款时间变长，信用额度调整频繁等）分析，有针对性地了解客户，以确认客户信息是否有变动。

案例 1-4

订单信息综合分析

有个企业的××客户，一直以来订单都很稳定，每个月基本维持 A 产品 1000kg 的订单量。然而 9 月的订单却只有 100kg，大家也没太注意，11 月的某一天发现此客户失联，货款也未及时收回。

事情发生后才引起业务员及销售助理的注意，损失已经发生，为了避免以后再出现类似事件，该企业制定了一系列措施。

首先，销售助理要对客户的订单信息进行定期（3~6 个月）的分析，将数据反馈给业务员，尤其是业务量波动很大的。其次，业务员要根据销售助理提供的数据分析，对所负责的客户进行分类回访跟踪。

除此之外，业务员敏锐的市场嗅觉也起着关键作用。敏锐的嗅觉也不是凭空就有的，业务员需要通过客户了解同行业其他客户的信息，通过一些专业的网站、技术层面的交流会与论坛获取市场新动向及客户未来的具体动向。

（4）制定客户信用管理机制。

客户信息维护除了对基础资料的维护外，还需对其信用额度进行监督管理。信用额度的大小或可用度，直接影响订单下达的效率，也可以说信用额度的管理直接影响与客户之间的合作关系。因此，企业应该制定信用管理与额度调整的制度，当客户的销售额或销售策略发生变化时，应该触发此客户基本信息的变更。

客户信息管理的关键在于关注客户信息的变更管理。任何信息来源都必须经过系统的分析，做好客户信息资料的归档，及时在企业共用的信息管理平台上更新可用资料，确保最准确的信息被各服务部门使用，这样才能真正有效地提高企业效率与客户满意度。

对于订单信息的维护与管理，企业应根据自身的管理特点，制定订单回顾机制。为了保持订单的有效性，特别是对于一些使用系统进行

MRP Ⅱ（Manufacturing Resources Planning，制造资源计划）核算的企业，应该在每天下班前对系统上未交付的订单进行一次盘查，确认未交付的订单：是否需要取消、是否需要更新数量、是否需要更新交期、是否进行多次发货等。把订单最准确的信息维护到系统订单中，以确保产品配送的准确性与生产计划制定的准确性。

利用系统对订单的产品特点及客户的产品需求进行分析，如系统自动通过统计与核算，定期把时间段内订单量排在前列的产品名称做出统计，并分析其波动范围，供业务员对产品的销量做出预测。同时，利用系统所分析的一些关于销量与成本的关系等，用于销售策略的制定与调整。系统根据业务部的需求，制定不同数据分析表及对版本进行升级，让系统真正在发挥数据统计核算、信息的整合和指导操作决策上发挥作用。

第二章

Chapter 2

生产计划系统

　　订单在履行的过程中，如何有效地将订单信息传递给生产部门去进行生产排产是非常重要的。有效的生产计划管理需要设立计划部门，统筹订单及库存情况，根据产能实施以交货为目的的生产计划，这样才能最大效率地满足客户的需求，从而占领市场，实现企业盈利。**有计划的生产是达到稳定、可靠和高效益的最有效的方式。**只有可落实的生产计划传递至生产车间，生产车间才有生产的依据，才能根据生产任务合理安排自身的资源和对资源进行整合，整个工厂才能进入一个良性循环的过程，所有的生产任务才能得到落实并且产生相应的效益，如图2-1所示。

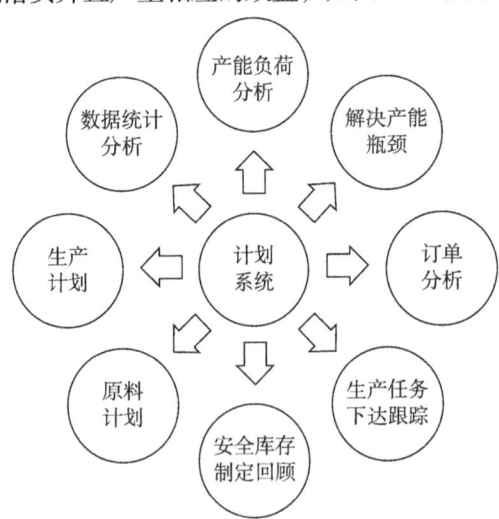

图2-1　计划系统工作关联图

1. 生产计划必备信息

生产计划是根据订单或库存的需求，最大限度地、合理地利用工厂的资源制定出来的可执行的计划。每个生产计划都会涉及生产车间的每条生产线，它的单次产量与订单或库存存在最直接的关系。因此，在制定生产计划前，生产计划人员必须清楚与制定生产计划有关的信息，从而做到生产计划是有效的、可执行的。**在做生产计划前，需要掌握以下七大方面的信息：**

（1）**车间的产品分布。**

要有一份清单，如表 2－1 所示，标明所有生产车间的产品明细。因为生产计划是车间执行的，只要有产品需求，第一时间确认的是该产品是自产的还是代工的，抑或是外购的。如是自产的，生产车间是否处于生产状态或是否有停线的情况存在，最基本的是拿到订单或生产需求时能确认该产品能否正常生产。代工产品或外购产品走采购通道，再确认采购是否正常，以及供应商能否按约定的时间交付。

表 2－1　车间产品分布表

序号	生产车间	产品名称	自产	代工	外购
1	A	P1	√		
2	A	P2	√		
3	B	P3		√	
4	C	P4			√
5	D	P5	√		

（2）**产品的生产产能。**

产能是单个产品从投料到产品生产出来（含包装）需要的时间及其数量。产品的生产周期直接影响交付的时间；产品的生产产量直接影响交付的数量及核算生产的批次。因此，产能是制定生产批次和回复交付时间的基础资料，如表 2－2 所示。

表 2 - 2 产能分析统计表

序号	产品名称	单批产量	生产时间	包装时间	检测时间	备注
1	P1	5t	24h	2h	0.5h	
2	P2	10t	12h	1h	1h	
3	P5	20t	48h	3h	1h	

（3）BOM（Bill of Material）① 表。

BOM 表，表示的是单位量产品生产所需要的原材料（含包材）。正所谓"巧妇难为无米之炊"，没有原材料也就无法正常生产。BOM 表则是核算特定产品数量所需要的原材料。生产计划人员通过 BOM 表确认原料的数量是否达到生产的需求和是否需要采购，如表 2 - 3 所示。

表 2 - 3 P1 产品 BOM 表

原料名称	单耗（kg/t）	理论产量/kg
A	100	
B	40	
C	39	
D	95	
E	80	15000
F	150	
G	3	
H	4	

（4）原料采购及生产准备周期。

原材料什么时候开始下订单采购？什么时候能到货？一个车间所生产的产品作为另一个车间生产的原料的，它的生产应该在什么时间可以开始？这些问题会直接影响生产的起始时间与产品交付时间。在外采购的原材料，采购周期与起订量可能通过约束与跟踪供应商来达到准时准量的效果。对于自主生产的"原材料"，它的生产起始点是根据下一道

---

① 物料清单。

工序的开始反推出来的。

（5）**产品补充策略。**

每个企业都会根据产品的特点或自身的运营策略制定不同的产品补充策略，如表2-4所示。按订单生产？按安全库存量生产？按订单+安全库存量生产？这个策略直接影响触发生产的时间点。按订单生产，订单的交期就必须根据生产时间及排期确定；按安全库存量生产，安全库存量的制定必须是与销售部共同制定的数量，只要库存数量触及库存量的最低位，马上触发生产；按订单+安全库存生产，即两者结合，在遇到生产相冲突时，则实施分货或与销售沟通确认生产顺序。

表2-4　产品补充策略表

序号	计划模式	策略	操作方法
1	订单	见单生产	按订单交付时间要求安排生产时间
2	安全库存量	实际库存量触到安全库存的警戒线	安全库存按要求月度做小调，季度与业务共同调整
3	订单+安全库存	安全库存为首要保障；两者相冲突时，视安全库存量确定是否先满足订单的生产，或与业务共同商讨确定	时刻关注订单交付时间与安全库存量，一旦出现冲突，生产计划人员必须第一时间做出协调

（6）**支持性系统的供应。**

生产支持性系统是指除了生产车间自身的配套设施外，还需要用到其他资源，如蒸汽、水、油、机电仪、仓储等。确认这些系统的供应是否正常、是否对生产造成影响，这些都是生产计划需要考虑的因素。除了这些做生产计划最基本的信息确认外，生产计划的制定还需要根据这些支持性系统的特点进行规划与调配。如水电一般在夏天处于使用高峰，这个高峰无论是日常生活用电还是工业用电，都会有错峰的情况出现。在制定生产计划时就务必提前考虑到此因素，让生产计划的高峰尽量避开水电使用高峰，以减少水电使用高峰带来的影响。另外，在生产的内部进行分析，综合评估各车间各产品的生产过程与支持性系统的使用特点，把生产过程中各产品使用水、电的高峰期统计出来，在制定生产计划时，有针对性地通过生产的起始时间进行调整来规避高峰期的出现，既可以保障生产的顺利进行，也能有效地使工厂的资源得到合理的调配。

在实际的工作中还需要考虑支持性系统的二次使用问题，如蒸汽的再利用。当生产过程中需要用到蒸汽来加热和利用蒸汽进行升温反应的，它所产生的热能除了能满足自身的生产需求外，还可以通过其余热进行水温的调节，以加快生产的前期预热准备或用于生产清线。

（7）生产整合计划表。

设定一个在生产计划周期内能直观显示订单数量、产品明细和快速核算即时库存的生产计划表。前面所提到的安全库存量，在这个生产计划表上的作用等同于一个指示性数据，只要即时库存能按照订单量与生产计划量核算出来，即可判定生产计划是否再继续进行。表2-5所示为生产整合计划表，它能直观了解生产计划及库存情况，对于库存量的消耗及生产计划的制定能起到"风向标"的作用。

表2-5　生产整合计划表

需求	2/1	2/2	2/3	2/4	2/5	2/6	2/7	2/8	2/9	2/10	2/11	2/12	2/13	2/14	2/15
国外A客户															
天津A客户															
上海A客户															
广州A客户															
B客户															
C客户-1															
C客户-1															
C客户-1															
D客户															
生产安排	2/1	2/2	2/3	2/4	2/5	2/6	2/7	2/8	2/9	2/10	2/11	2/12	2/13	2/14	2/15
1车间A客户产品															
2车间A客户产品															
1车间B客户产品															

续表

生产安排	2/1	2/2	2/3	2/4	2/5	2/6	2/7	2/8	2/9	2/10	2/11	2/12	2/13	2/14	2/15
2车间B 客户产品															
1车间C 客户产品															
2车间C 客户产品															
2车间D 客户产品															
即时库存	2/1	2/2	2/3	2/4	2/5	2/6	2/7	2/8	2/9	2/10	2/11	2/12	2/13	2/14	2/15
A客户产品															
B客户产品															
C客户产品															
D客户产品															

生产计划人员掌握了这些信息后，方能根据业务部提供的年度销售预测、月度销售预测、周销售预测、订单信息等，制定可执行的生产计划。唯有如此才能全面地核算订单的交期并回复业务部，让物流和资金流得到有效流转。

首先，生产计划人员要对各产品分布的产能负荷进行分析，如表2-6所示。预测未来，未雨绸缪。把企业所销售的每一个牌号的产品，生产车间能生产的数量根据产能核算出来。利用业务部提供的周期性（年度、月度、周、日）销售预测量与产能做出对比，确认是否有不能满足销售需求的产品牌号。如果有，则对牌号进行筛选，再组织生产、销售、技术、品质去共同探讨解决措施。

表2-6　某工厂产品产能核算分析表

序号	产品名称	标准产能（吨/天）	生产设备
1	A	60	3个反应釜，每个20吨/天
2	B	60	同A共线生产，能生产A就不能生产B
3	C	5	反应釜1号生产

序号	产品名称	标准产能（吨/天）	生产设备
4	D	10	反应釜1号、2号生产
5	E	15	单一产线生产，有优化空间

其次，与采购部、生产车间两大"巨头"的对接，因为生产计划得以实施，离不开这两大部门的大力支持。采购部需要对物料的采购负责，提前做好供应商开发及供应商审核，对于日常供应商送货是否及时、质量是否有保障、数量是否足够、所配送的物料是否达到企业的要求等做出监控，遇到供料异常时第一时间做出沟通协调，进而保证生产计划得到落实。生产车间主要的职责是生产计划的执行，整个生产是否顺利及产品质量直接影响订单的交付。因此，利用生产计划制定必备的信息，生产计划人员才能很好地对接生产来料及生产计划的进度。

生产计划部是信息枢纽，生产计划人员一定要熟悉与了解产品的生产信息，以及相对应的业务信息。无论是正常的产供销信息还是异常的信息，作为中心枢纽都会第一时间收到反馈。因此，计划人员必须利用这些信息进行共享，跟生产和销售时刻沟通有关交付的一切信息，确保信息及时更新，保证交付的顺利进行。

根据掌握的信息，收齐所有关于交付的信息，如订单、安全库存、销售预测等，制定可执行的生产计划。根据每个生产车间所能生产的产品类别及生产产能，利用前面介绍的生产整合计划表，制定一个合理的、可执行的生产任务指标供车间执行。**具体的生产任务以生产任务单的形式向生产车间下达生产指令**。一旦生产计划制定并签批执行，相对应的原材料的采购计划可以根据BOM表中的原料使用量、采购周期及采购批量进行采购。原料量根据生产计划来确定，生产计划与原料的使用与采购，形成一条链，不断循环，物流和资金流不断流转，使企业得到持续发展，如表2-7所示。

表2-7 ××公司生产任务单

生产任务单号条码：

生产车间：　　　A车间生产线：　　　P1产品线计划开工时间：　　　计划完成时间：

生产任务单号：　　销售单号：　　　　客户简称：

产品名称：　　　产品代码：　　　　生产数量：

工艺序号	作业编号	作业名称	作业编号条码	物料代码	单位	应发数量	实发数量	检测否

制单人：　　　　　　　　审核人：　　　　　　　　　　车间签收人：

生产批号：　　　　　　　　　　　　　　　　　　　　备注：

要实现物流的流转更加顺畅，最重要的一点是：跟踪订单的整个交付过程。即从接收订单那一刻起，到产品到达客户手中结束这个过程。它需要进行跟踪的有订单什么时候下达？要求什么时候到货？送到哪里？订单是直接收安全库存出货还是需要另安排生产？如要生产，生产所需的物料是否齐全？所欠的原料什么时候到货？当前的生产线在做什么？什么时候能完成？此订单的产品什么时候能开始生产？预计什么时候能完成？根据到货地点，应该使用什么物流？物流所需要的时间是多长？订单能否按时交付？整个订单的生产过程是否顺利？物流配送过程是否正常？

最后，用事后跟进的方法，对影响生产计划的一切因素进行分析并要求相关部门做出相对应的调整。如统计原料到货及时率，让采购部门清晰供应商的供货服务，对于一些达不到服务要求的供应商提出整改的要求，以确保原料到货及时，进而保障生产的正常进行。统计车间对生产工单的完成准时率，让生产车间分析工单不能准时完成的原因，对于生产工艺的优化及生产过程的控制提供数据支持。只有工单完成准时率高，生产计划的落实才能更高效；统计订单不完美交付率，才能更直观地排查清楚在交付环节自身存在的问题，才能有针对性地将影响订单完美交付的问题一一消除。工单准时完成率统计表如

表2-8所示。

表2-8　工单准时完成率统计表

项目	总数	A车间	B车间	C车间	D车间	备注
7月工单审核总数	506	53	189	86	178	
及时完成工单笔数	255	25	105	36	89	
提前完成工单笔数	150	19	36	33	62	
延时完成工单笔数	101	9	48	17	27	
及时完成率	50.40%	47.17%	55.56%	41.86%	50.00%	
未及时完成率	19.96%	16.98%	25.40%	19.77%	15.17%	

　　总之，要掌握一切制定生产计划的信息，并利用一些智能化的信息系统，对生产计划进行跟踪和分析，不断提高制定生产计划的技巧与相关的专业知识，以满足交付和降低成本之目的。不断地梳理在制定生产计划过程中的流程，简化操作手续，最终达到计划制定的智能化和完美。

2. 生产计划制定方式

　　现代工业生产是社会化大生产，企业内部分工十分精细，协作非常紧密，任何一部分生产活动都离不开其他部门单独运行。因此，需要统一的计划来指挥企业各部分的活动。企业里没有计划，就好比交响乐队没有指挥，是无法进行任何生产经营活动的。上一节里的生产计划必备信息是制定生产计划的基础资料，而为了生产计划能更好地执行，以及作为生产车间生产的方向性指导，生产计划又分为年生产计划、月生产计划、周生产计划与日生产计划。而在每个计划模式的制定下，还包含计划本身所有的特点及其物料计划需求。计划制定流程如图2-2所示。

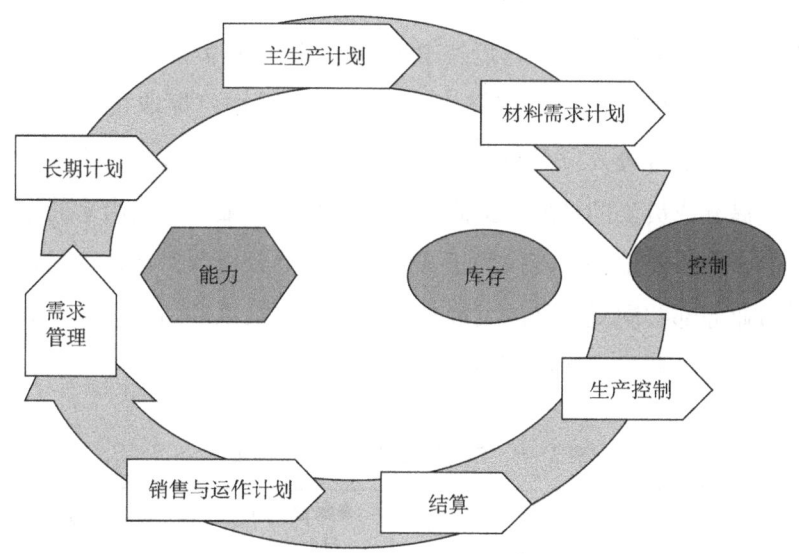

图 2 - 2　计划制定流程图

（1）年度生产计划的制定方式。

年度生产计划数据来源一般是销售预测，销售预测属于市场预测范畴，是一种比较长期的，以一个企业作为基本出发点的宏观预测。业务部在制定销售预测时需要分清该产品是线性趋势还是季节性变化，是独立需求还是从属需求。另外，还要选择比较经济、准确的预测方法，如图 2 - 3 所示。

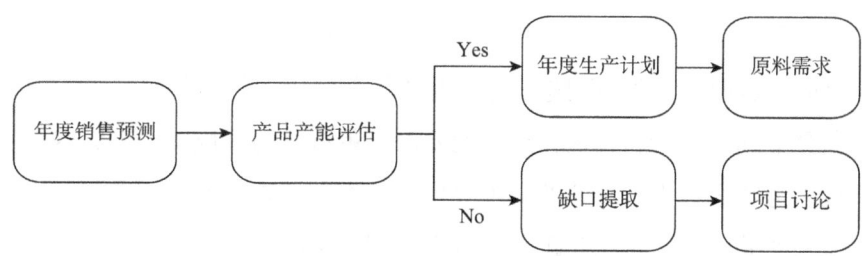

图 2 - 3　年度生产计划制定流程图

业务部每年第四季度就会根据公司的经营目标制定下一年的年度销售预测，一般销售预测经过财务的最终审核后会向生产计划部门下发。生产计划部门需要根据每个产品的销售预测量与产能进行对比，如核算出来的产能与销售预测量相平衡或大于销售预测量的，按销售预测量进行年度生产计划的制定，然后按 BOM 表推算原料需求。产能与销售预测量存在差异的，生产计划部门人员则需要把缺口提取出来，召集生产、工艺、设备等人员对缺口进行讨论，确定能否通过工艺改善、设备效率的提升或员工的排班来提高产量补充缺口。最终讨论出来的结果是否定的，则需要把缺口转换为正式的诉求，把分析数据与结论呈报业务部，与业务部共同就产品的发展与市场态势决策该产品是否需要做扩产或寻求外加工源如表 2 - 9 所示。

表 2 - 9　年度销售预算与产能匹配表

序号	产品线	牌号	产地	车间	年销量预测 （吨/天）	车间年产能	差异	备注
1	A 线	A	广州/上海	A	25000	26500	1500	
2	S 线	S	广州	S	3000	5000	2000	
3	C 线	C	广州	C	1200	1000	-200	
4	D 线	D	广州/上海	D	5000	10000	5000	
5	E 线	E	上海	E	12000	6000	-6000	
6	F 线	F	广州	F	2500	2200	-300	

从表 2 - 9 可以看出，车间年产量是指该产品线的总产能，它不仅仅是单一工厂的产能，还包含不同基地的产品线的产能总和。生产计划部门应该用此数据与提销量预测数据进行对比，当年产量大于年销售预测量时，表明生产供应理论上是满足市场的。需要注意的是，产能应该如何分配到各个所属基地？这个就要以订单覆盖的区域、运输成本、生产成本与客户对生产基地的要求等作为基本条件来考虑。

当产品的总产量比年度销售预测量大 30% 时，业务部需重新对市场进行再一次分析与客户开发、挖掘，对该产品的销售预测量进行重新调整并进一步促使产品销售与生产相平衡。

如车间年产能比年销量预测量少，通常情况下缺口在 30% 以内的，可以作为一个产能短缺预警信息，让车间主管与工艺人员做好生产线的优化方案以弥补缺口。大于30%的，则需要由生产计划部门人员牵头，组织业务部、工艺技术人员、工程部人员、车间主管对产品数据进行详尽地分析，把缺口的实际数据分析出来，再由业务部确定此需求数据的时效性（短期还是长期）。如果是短期的缺口，可以考虑外购或代加工的方式补充缺口，此时采购部需要同时介入；如是长期需求，则当成是扩产项目或新增设备项目向工程部提出，在需求调研报告出具后，制定一系列的项目计划书向公司申报，通过后按时间要求完成并达成产量的增长，与销售预测量相匹配。对于产量比销售预测量大的产品线，生产计划部门可以向业务部提出增加销售的诉求，让业务部重新审核销售计划和就产品做出提升销量的策略。产能平衡方法表如表2-10所示。

表2-10　产能平衡方法表

序号	项目	处理方法	备注
1	产量≥销售预测量（30%以内）	以产能富余信息向业务部反馈，业务部作为销售波动的预算	
2	产量≥销售预测量（30%以上）	业务部重新对市场进行再一次分析与客户的开发和挖掘，对销售预测量进行重新调整	
3	产量≤销售预测量（30%以内）	以产能短缺预警信息的方式，让车间主管与工艺人员做好生产线的优化方案以弥补缺口	
4	产量≤销售预测量（30%以上）	1. 如果是短期的缺口，可以考虑外购或代加工的方式补充缺口 2. 如是长期需求，则做扩产或新增设备	

　　总之，年度生产计划是计划期的总产量计划与进度计划。因为年度生产计划的期间是一年，而它主要目的是合理利用企业生产资源，在计划期内从整体上统一考虑生产资源的合理使用，以期获得最佳效益。有些企业年度生产计划跨度还有一年以上的，在这段时间内，对企业决策者而言，市场需求是不确定的。企业可能已经得到部分订单，但还没有达到企业的生产能力，企业也没有完全掌握市场对各种不同品种的需求，为了充分利用企业的生产资源，企业应该就此做一个计划。可想而知，这个计划不可能是十分详尽的，至少它不可能安排详细的品种计

划。它只能依据部分订单和市场预测的信息，对企业一年内的生产总量做计划，并做生产资源优化条件下的进度计划。

某产品的生产预测 = 销售预测 × 30% + 前三个月实际销售平均值 × 70%

公式使用说明：销售预测及实际销售平均值所占百分比根据各企业实际情况来定，销售预测的比例使用最好不超过 60%。

需要指出的是：既然销售预测这么不准确，为什么还要使用销售预测的数据来进行生产预测呢？

（2）月度生产计划制定方式。

月度生产计划对比年度生产计划，它的精准性可以说是往前跨了一大步。月度生产计划是根据未来一个月或多个月需交付的销售订单进行安排的生产计划，是针对具体的客户订单是否可以满足的生产计划安排。其目的是为保证产品供应和物料库存备货能否满足客户的具体订单，确定当月的实际设备产能和人员状况是否有问题，并具体地进行相应的产品、原料、辅料的库存控制和采购。这里说的月度生产计划不一定是死死地定义为一个月的，它可以是两个月的甚至是多个月的。这个月份数怎么选择是根据产品所对应的原料的采购周期来确定的，但最少是做一个月，这样与生产计划相关的部门才会有缓冲的时间。**特别需要说明的是，月度生产计划是滚动的，可以设置为 5 天、10 天或 15 天滚动一次，比如 1 日对应次月 1 日，如若是 5 天为一次滚动，那么 5 日就需要对应滚动到次月的 5 日。**月度生产计划制定的流程图如图 2 - 4 所示。

月度生产计划的大数据来源仍旧是销售预测量，区别的是它是滚动的销售预测，即每月都更新后面 1 + N 个月的销售预测。如果订单交付时间长，它还包含未交付的订单量。它的制定方式跟年度生产计划的思路是一样的，不一样的是月度销售计划是做到"月、周或日"。当月度

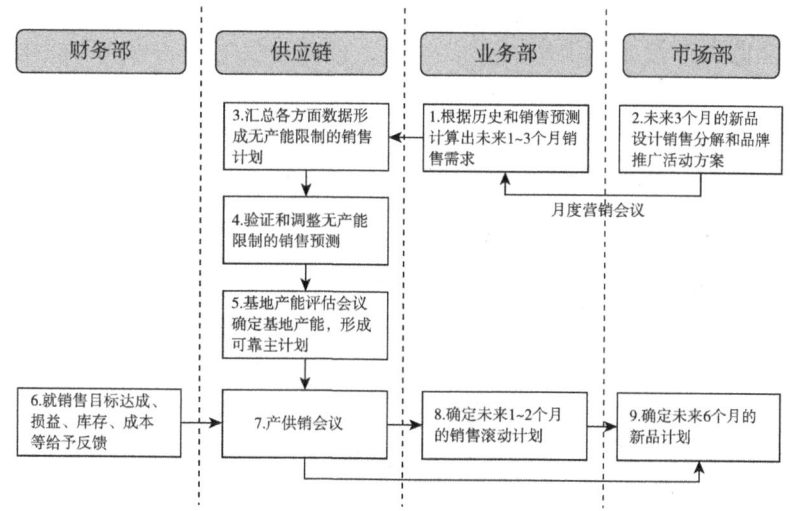

图 2 - 4　月度生产计划制定的流程图

销量提供后，由生产计划部门就各基地的产能进行评估与分配，制定每个工厂的月度生产计划，如表 2 - 11 所示。

表 2 - 11　同一车间产品的月度生产计划模型表

牌号	销售预测量（吨）			计划生产量（吨）		
	12 月	1 月	2 月	12 月	1 月	2 月
A	20	19	15	18	18	15
B	3	2	2	2	1	2
C	2	2	2	0	0	2
D	0	0	0	0	0	0
E	6	0	0	6	0	0
F	15	15	8	13	13	8

生产计划一旦确定下来，哪些产品产能有剩余，哪些产品产能有缺口就一目了然了。此时，需通过产供销会议来解决产品剩余与缺口问题，会议上确定月度生产总量后，生产计划人员就根据计划生产量制定详细的月度生产计划，如图 2 - 5 所示。在月度生产计划的制定过程中，产供销会议是月度生产计划的重点，它的主要作用是使销量与产能平

衡，最大限度地利用与发挥所有生产资源来满足销售，提醒销售提高销量以降低生产资源的浪费。

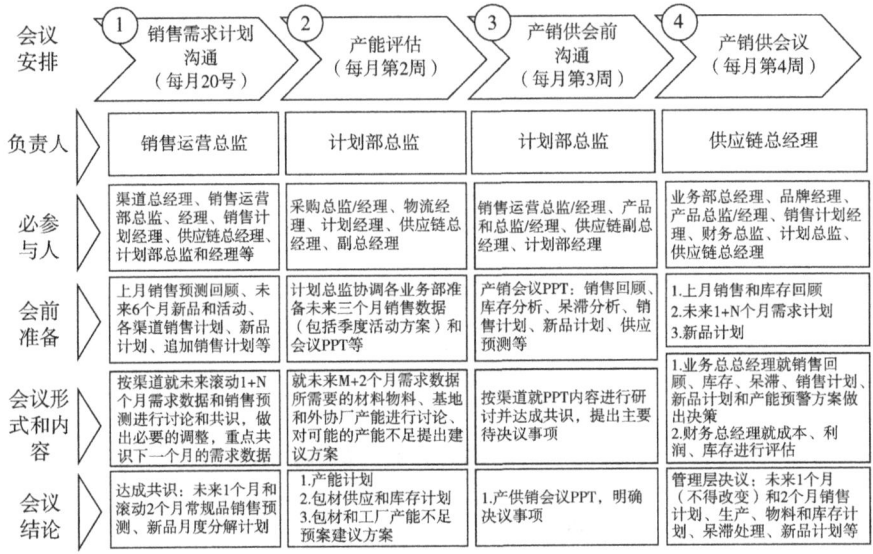

图2-5 产供销会议的形式和内容图

案例 2-1

工厂内部"产供销会议"

某企业厂长为了工厂内部的信息流更顺畅，他把参与公司级的产供销会议模式转换成工厂内部的"产供销会议"。提供一个信息沟通平台，让参与和生产工作的所有相关人员都能在第一时间知晓信息并做出相应的处理。

他规定每周一为"工厂内部产供销会议"的时间，参与部门及人员有，业务部、采购部、公用工程、调度、EHS、机电仪、车间主管、工艺技术部、仓储物流部、质量保证部、HRBP。

会议采取"轮流传递式发言"的方式进行。每个部门的与会代表必须把他们正在开展的、对生产进度造成影响的和未来的计划在会上通报，需要协调的事项在会议上提出并解决。业务部在接收到生产供应上的情况时，向业务员反馈并调整接下来的接单、交付策略。

自从"工厂内部的产供销会议"召开后，减少了很多以"我不知道"为借口影响交付信息的传递现象，客户的不满意投诉减少了80%。

轮流传递式发言是指与会人员每人都必须发言，而且不能解释前面人员对你所辖部分提出的问题。

思考：为什么要在工厂管理中采取这种方式召开会议？

产供销会议作为一个平衡生产与销售的信息沟通平台，参会人员必须是与生产、销售有关并且是能做决定的人。因为这个平台的信息是用于计划生产什么、生产多少、销售什么、销售多少、库存的处理情况、销售趋势是怎样的，只有这些信息明确了，生产和销售才能对接得更好。所以，产供销会议的参与人员必须包含销售部相关产品线销售负责人、采购负责人、计划部负责人、物流部负责人、制造供应链负责人和财务部负责人。其他人员按会议的工作需求由企业自行安排。

产供销会议要明确的是未来1个月和滚动2个月的常规品销售预测和新产品月度销售计划。由销售部运营负责人统筹，通过对上个月实际销售与预测数据的对比分析，以及对新产品和活动等的销售计划进行再一次回顾与确认。对上述两个数据资料重新与产品线销售负责人确认是否有计划做进一步扩大销售或有新的市场动向，是否会引起需求量的新增或下降，进而对产品的销售预测做全面的调整。它最终的要求是向产供销会议提供一份可参考的、比较可靠的、未来1个月和滚动2个月的常规品销售预测和新产品月度分解计划。

生产计划部负责人对上述销售部提供的未来1个月和滚动2个月的常规品销售预测，以及新产品月度销售计划进行产能评估。它的重点在于考虑所有生产基地的产能并对其进行生产分配，对于生产所需要用到的材料，采购部负责人确定能否满足，特别是对于外购的和外加工的产品。另外，根据销售提供的销售预测分析出来的产能分配，提取不能满足的部分，从生产、工艺、设备、材料、销售等方面提出解决方案。总之，就销售部提供的销售预测进行产能分配和分析，对生产计划所用到的原料及其库存情况与采购部确认，并对上述不能满足的问题提供建议与方案。

生产计划部负责人与上述相关问题的责任人做一次沟通，确认问题所在，以及问题的基本处理方案和建议。对上月销售进行销售预测与实际销售回顾，把差异度大的产品类别做重点讨论，并且确定未来的销售动向与趋势。同时确定是否有新的产品销售计划，新产品销售相对应的生产是否存在问题和困难。向销售呈现仓储现有的库存情况及呆滞品，确定库存的下一步销售计划和呆滞的处理计划。就上述几点，把所有的问题及建议，和与各产品线经理沟通后存在的问题与待解决的事项列举出来，作为产供销会议的主要商讨内容。

利用上述内容汇总出来的资料作为产供销会议的重点资料，有针对性地再对未来 1 个月和滚动 2 个月的销售预测作回顾确认。对现有的库存情况让业务部提供一个销售策略；对工厂（无论是生产出来的还是销售退货造成的）的呆滞品进行分析并确认处理方案和时间；对销售部想开拓的新产品及其市场动向进行生产计划分析和产能评估；对于按销售计划所核算的原料采购计划和库存进行确认，让财务部核算库存成本；对于整个销售计划及库存进行成本核算，评估利润效益。

总的来说，产供销会议是生产与销售沟通的平台，它的作用是及时协调、解决企业产、供、销各个环节中出现的各种问题及制约生产的各种因素，保证月度计划安排的生产经营指标如期完成。

案例 2-2

业务员的苦恼

一个企业的业务部有 4 名业务员。1 月 10 日，生产计划人员向业务员发出春节期间订单收集的需求。各业务员对各自的订单需求信息汇总如表 2-12 所示。

表 2-12　业务员对各自的订单需求信息汇总

业务员	产品	数量	交期
A 业务员	P1	20 吨	1 月 15 日
B 业务员	P2	10 吨	1 月 13 日
	P3	20 吨	1 月 13 日
C 业务员	P4	10 吨	1 月 14 日
	P5	10 吨	1 月 14 日
D 业务员	P6	5 吨	1 月 15 日
	P7	3 吨	1 月 15 日
	P8	2 吨	1 月 15 日
E 业务员	P9	1 吨	1 月 13 日
	P10	1 吨	1 月 13 日

生产部门拥有 2 个 5 吨反应釜、1 个 10 吨反应釜、3 个 1 吨反应釜。每个产品的生产周期为 24 小时。按产能计算，上述的订单均能在约定的时间内进行交付。但在实际操作中，出现了以下问题：

（1）产品 P1 在生产过程中设备出了问题，导致产品未能在 1 月 15 日（交期日）及时生产出来。车间主管在预知问题的出现会导致交付不能如期时，并没有正式向生产计划人员反馈，生产计划人员未能及时告知业务员信息，导致 A 业务员在 1 月 15 日询问产品 P1 是否已发货时才得知产品未生产出来。

（2）当 B 业务员在提出订单需求时，A 业务员的订单需求已转化成生产任务单交生产部生产。加上临近春节放假，生产车间出现人手不足的情况。因此，生产计划人员在接收 B 业务员订单时，向 B 业务员反馈说准时交付有难度。

（3）面对 C 业务员的订单，生产计划人员说 A 业务员先下的订单，已在生产，无法生产其他订单的产品。

（4）D 业务员的订单为特殊订单，在做产品需求预测调查时，D 业务员并没有做此预算，因此产品所需的原料出现短缺。临近放假，供应商不能及时提供该原料，所以无法正常开展生产。

（5）E 业务员的订单生产安排比较顺利，人员、原料、设备都确认没有问题。当生产计划人员向车间开具生产任务单时，发现系统中不存在 E 业务员的订单，无法开具生产任务单给车间开展生产。经调查，该客户没有在账期内回款，导致订单的信用审核通不过。

（3）周生产计划的制定方式。

年度生产计划与月度生产计划更多的是考虑与评估产能与销售预测量的平衡问题，而周生产计划是基于企业对库存方式的策略，针对订单交期制定的详细的生产计划，它的计划以日为单位进行细分。而周生产计划的设定是 1 周、2 周或 3 周，则需要由对应的产品所用到的原料采购周期确定。**企业的生产计划策略一般分为：按安全库存量生产、按订单生产、两者结合生产。**

第一，按安全库存量生产。

所有需要交付的订单都用安全库存来满足，由生产与业务按 100% 客户满意的交付量来设定一个安全库存量。当产品库存量触及安全库存数量时，立即触发生产补充，让库存量始终处于安全库存量的水平。这种生产计划模式完全依赖安全库存量做指导，生产计划人员只需要把即时库存与安全库存做对比，即可做出生产计划。它的缺点是：导致企业的在压资金庞大，因此该生产方式并没有太多企业使用。按照安全库存制定生产计划的流程图如图 2-6 所示。

在按安全库存生产的计划模式中，安全库存量只是起到为订单交付提供快速或缓解交付压力的缓冲作用。它并不能很完美地满足每一个订单的销售需求量。因为销量是由客户的采购量决定的，客户的采购量是由它自身的产品生产需求或销售策略所决定的，这些因素不一定能完整地向企业反映。因此，订单量可能会在一个时期内发生比较大的波动。此时，企业所定的安全库存量很有可能不能满足所有的订单需求，进而出现分货。分货是企业的销售策略之一，它可以通过对客户生产的了解，把暂时满足客户生产需求的量给客户配送，把安全库存量分配给更多的客户，以维持与更多客户的长久合作关系。

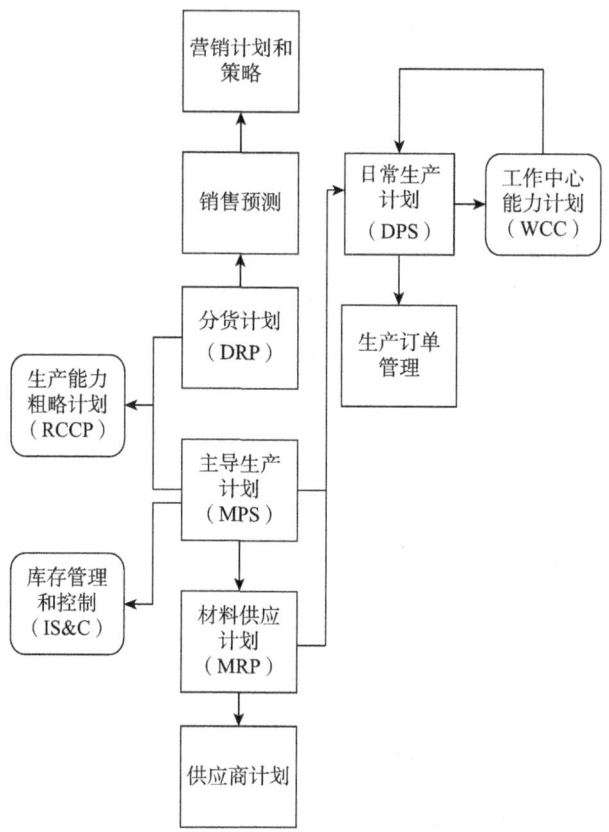

图2-6　按照安全库存制定生产计划的流程图

案例2-3

有舍才有得

某企业的生产线P1出现了严重的设备问题，设备工程师对生产设备进行维修时告知，配件采购时间需要1个月，在配件未到货前，生产产量只是原来的1/3，即400千克/天。当前的产品P1只有库存1000千克和在线生产的1200千克，而业务部已接收订单并要求未来45天内发货的产品数量达10000千克。

在了解此计划后，生产计划人员与业务部进行分货讨论。业务部让所负责每个订单的业务员去向客户咨询与确认，能否把交期延后或者是分批次交付订单？最终，还有 8000 千克的订单需要在规定的时间内发货。订单分别是：A 客户 4000 千克、B 客户 1000 千克、C 客户 700 千克、D 客户 500 千克、E 客户 800 千克、F 客户 1000 千克。

在分货过程中，要求 A 客户的业务员所负责的订单先发出 1500 千克，但该业务员不肯让步，非要等到产品数量达到 4000 千克才发货。这样一来，其他客户的交货期也已经到了，且都不能满足客户的所有订单需求，这让其他客户的业务员非常不满。此时，生产计划人员说："如果 A 客户的业务员不让步，就不仅仅是 A 客户的货发不出去，其他客户的货也发不出去。"这样，A 客户的业务员才勉强答应，这样其他客户也能用先发一部分的分货方式维持客户关系。

第二，按订单生产。

顾名思义，是订单来了才开始生产。企业根据客户订单的需求量和交货期安排生产，其宗旨在于降低库存，不做任何库存存放，有订单才安排生产，无订单则调整生产。它对生产及采购的反应要求特别高，因为它对订单交付时间要求比较高，一般是一生产出来就马上发货。由于是按订单生产，就意味着客户有自己的定制化要求，这样会导致产品的种类越来越多，有时还会出现单个订单对产品的需求数量越来越小的现象，产生"量少样多"。对于排产计划来说，复杂度在一定程度上增加了许多。它的特性对生产制造的柔性度要求非常高，如柔性度没有把握好将不利于生产效率的提高，进而影响其他产品的及时生产与交付。这些按订单生产的产品，一旦取消订单、把交期提前或延后、产品数量的增加或减少，都可能导致整个生产计划的变更甚至造成库存积压。为了更快地响应订单，按订单生产有一个最大的特点是会利用原料库存的预测来增加库存量，这样订单的变更或量的增减对原料库存的冲击比较大。

按订单生产还有一个最麻烦的特点是，每个业务员都想自己的订单一下达就可以以最快的速度生产和发货，或者是有些生产周期比较长的产品，它的交期超出了客户的期望，此时业务员和客户会通过各种方式（如联系公司高层）提升订单的优先级，让交期提前。一旦企业选择了订单生产的计划模式，则需要大家一致遵守规则，尽量减少紧急插单对生产计划造成的影响。如确实是紧急订单，也必须通过评估与衡量后转为正式需求向生产计划部门下达，以便生产计划部门人员综合评估后全方位调动资源满足。

按订单生产不一定是追求完全没有库存的，只要与客户签订订单协议，协议规定订单不能随意取消和变更；只要是确定了的订单；只要订单交付时间在企业可以接受的库存资金在压周期内，生产计划人员都可以合并计划生产，这样有利于生产效率和设备使用率的提高，降低生产成本。

第三，按"订单＋安全库存生产"的计划模式是很多企业沿用的。

因为它的灵活性比较强，实现订单及时交付的同时，也能应对订单外的需求；使生产得到延续的同时，又能满足更多的客户需求。不过这种计划模式在实施过程中会出现比较多的冲突。比如，订单与安全库存的补充相冲突的时候该如何处理？紧急订单插入后应该怎样调整生产计划？为什么一会儿生产很紧张，一会儿很闲？信息不对称对生产计划的影响为什么那么大……这些问题可以通过一个例子介绍一些通用的做法。

案例 2 - 4

生产计划人员的纠结

产品 A 的现有库存量为 2000 千克，安全库存量为 2000 千克，产能为 1200 千克/批，生产周期为 2 天。它的现有订单：10 月 23 日交付 300 千克、10 月 25 日交付 400 千克、10 月 26 日交付 800 千克、10 月 28 日交付 700 千克、10 月 29 日交付 400 千克、11 月 1 日交付 400 千克，每日订单交付量还会有额外的约 500 千克。它的排产计划应该是什么样的？它的差异问题应该如何解决？如表2-13所示。

表2-13 产品A的排产计划

产品A	10/20	10/21	10/22	10/23	10/24	10/25	10/26	10/27	10/28	10/29	10/30	10/31	11/1	11/2
需求（千克）	500	500	500	800	500	900	1300	500	1200	900	500	500	900	500
限时库存（千克）	1500	2200	1700	2100	1600	1900	600	1300	100	400	-100	600	-300	400
产品A生产计划（千克）		1200		1200		1200		1200		1200		1200		1200

把所有需求汇集在需求数据中，每天的即时库存=前一天的库存量+当天生产量-需求量。如果前一天的即时库存量是大于安全库存量的，则可以不安排生产；如果即时库存量少于安全库存的，生产延续。**在这个生产计划的制定过程中，需要注意的问题和可能遇到的问题如下：**

设计好表格与公式，需求汇总清楚，如果有不确定的需求，可以向业务部求证或按推理预测数据来定需求；产品的生产计划数量取数应为产品产出日的数量。

如果在排产计划表中，即使库存量出现超过安全库存量的，需要测算后面几天是否都是连续性超出，如果是单一一次的，建议还是安排生产而不是选择停产。因为重新开产对生产部门的人员及设备的使用来说，都不是一件容易的事，会导致开产不顺利，进而影响后面的订单交付，连续性能更好地节约生产成本。

同一生产线、不同产品类别的生产均要做清线处理。生产计划人员在做生产计划时需考虑此因素，尽量考虑多方面因素，必要时与业务部人员确认销售计划，尽可能安排产线连续性生产，以减少频繁清线对资源的浪费和减少产能的损失，如图2-7所示。

如果安全库存量处于负，意味着生产量不能满足需求量。如表2-13中的10月29日的生产，因为前一天的库存量只有100千克，未达到安

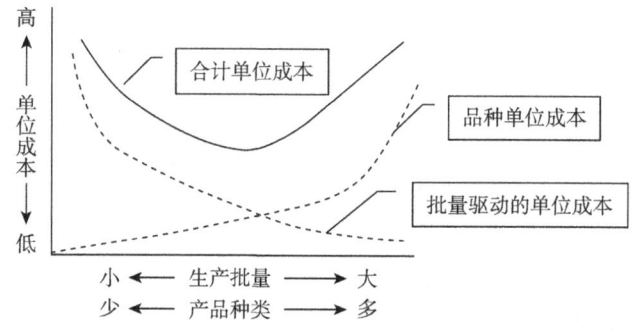

图 2 – 7　单位成本是由批量和品种驱动的

资料来源：Stalk 和 Hout，Competing Against Time，Free Press，1992.

全库存数量，而 10 月 29 日的产出（1200 千克）在交付完 29 日的需求后剩余 400 千克不足以满足 10 月 30 日的需求。此时，生产计划人员就应马上向业务部反馈，通知业务部对 30 日交付的订单进行分货，同时在接收订单时就告知客户 30 日当天的交付不能满足并协商修改交付日期。

对于表 2 – 13 中 11 月 1 日后连续性出现即时库存为负数的，计划人员要及时向业务部发出这个时间段会出现欠货的预警，让业务部自己决定当天生产的数量、先满足哪些已有的订单、多少数量作为安全库存进仓备用。

产品的供应不仅仅是生产部门的事情，还涉及其他公用部门的支持，因此每周应该设定一个供应链内部的产供销会议平台，以便信息共享，减少因信息流出现问题导致的供应不顺畅。

（4）日生产计划制定方式。

日生产计划实际是每天在复核周生产计划里设定的每天的生产是否需要重新调整，是否有紧急订单需要调整，以及对生产工单的进度监控。日计划清楚下达任务告知生产部门或车间做什么、做多少、什么时间可以生产完进仓。日计划的制定是在周计划的基础上进行的，一般来说，它是根据每天不确定那部分（靠安全库存来支持）和新增的订单来调整的明确的生产计划。一般计划的模式如表 2 – 14 所示。

表 2 – 14　日生产计划表

日期	星期一			星期二			星期三		
车间	11 月 27 日			11 月 28 日			11 月 29 日		
一车间	1 批产品 A	1000 千克	11 月 27 日 17：00 进仓	1 批产品 A	1200 千克	11 月 28 日 17：00 进仓	1 批产品 B	1200 千克	11 月 30 日 8：00 进仓
	1 批产品 B	1200 千克	11 月 28 日 8：00 进仓	1 批产品 A	1200 千克	11 月 29 日 8：00 进仓	1 批产品 C	800 千克	11 月 29 日 17：00 进仓

日生产计划的制定更贴近需求，它还包含很多跟生产有关的活动。在制定日生产计划时，重点需要注意以下七个方面的事项。

第一，订单封冻期。

为了生产计划稳定，在对生产进行排产时，需要设定一个订单封冻期，即多少天内的订单不允许变更。所以，生产计划应该根据这个特点来设定排产周期。对于有化学反应的工业品制造企业来说，一般都使用未来 3 天作为一个周期来排日生产计划。

第二，生产过程信息管理。

排产计划需要一个看板式的管理来保证车间生产人员都能看到实际的生产任务，一个完整的工单详细注明了开工日和完工日及它的产出量，甚至还应该附带整个生产过程的投料顺序。这些信息都应该是让生产人员清楚的内容，以便跟踪。

第三，生产进度追踪。

生产计划人员除了对每天的工单进行开立外，还要关注生产进度。对于生产异常，生产车间有责任第一时间通报，而生产计划人员第一时间组织人员处理并判断此异常对交付的影响，最后与业务部人员反馈并沟通。

第四，紧急插单的处理。

虽然前面谈到了订单封冻期，但不代表订单就不会发生变更或增减，只是把订单的严肃性与严谨性提升到一个恰如其分的高度，但遇到紧急订单通过评审后还是要处理的。此时，生产计划人员就需要对生产排产计划做出调整，并告知影响的内容，以及其他支持性系统要变更的工作事项，确保紧急订单能得到及时处理。

第五，代加工产品及外购产品的到货跟踪。

对于此类产品，企业应有严格的流程控制。生产计划人员需要监控好安全库存，注意在采购周期内补充库存并跟踪到货。

第六，生产异常品的处理。

密切关注工厂的不合格品与呆滞品，按技术人员评审的处理方案安排相关车间处理。

第七，生产过程资源的合理调配。

整个工厂的生产计划只有生产计划人员最清楚，如某一车间生产任务特别重且紧急，生产计划人员可寻找生产任务比较轻的车间人员做支援，或根据各车间的生产任务的紧急程度来协调其他支持性系统保障生产。

无论是做年计划、月计划、周计划还是日计划，它们的制定都要做到有理有据，计划要以切实可行为目的，可以说计划实际上是经过物控、车间、仓库三方确认的结果。如何保证三方在一个有机的整体中做好衔接工作，从而实现有效良性循环回路，我们需要根据实际情况制定一些规则。

制定生产总量时，生产部门应保留5%左右的空间作为业务部紧急订单追加时备用。

在制定周生产计划时，必须经由物控人员确认后才可安排生产。

周生产计划要发送到各相关部门，估好生产前的人员、机器、材料、生产方法、品质管控等各方面的准备工作。

在计划的实施过程中，无论遇到什么问题，只要是影响了生产进度的，生产计划人员都必须第一时间评估影响的大小，如影响到交付的，都必须第一时间与业务部人员通报与沟通。

无论是年度生产计划、月度生产计划、周生产计划还是日生产计划，都是企业生产计划部门最常用的计划方式。对于当前越来越定制化需求的市场，利用库存的准备来提高订单的快速反应能力，将给企业的资金带来巨大的挑战，甚至威胁企业的生存。因此，越来越多的企业开始沿用"拉式生产"的计划制定模式。拉式生产的主要特点是一切从市场需求出发，根据市场需求生产产品，对于有半成品或上一道工序的产品，利用此特点来拉动整体的生产。在拉式生产的计划模式下，生产计划部门只制定最终产品的计划，其他部门或其他工序的生产是按照后面的部门和工序的生产指令进行的。根据"拉动"方式组织生产，可以保证生产在适当的时候进行，并且由于只根据后向指令进行，因此生产的量也是合适的，从而保证企业不会为了满足交货的需求而保持高水平库存而产生浪费。而拉式生产的计划模式是如何制定的呢？它的制定需要什么数据和工具呢？

拉式生产计划讲究的不是计划层面，重点是执行层面。它是实时响应实际需求或消耗来执行，一种由下游向上游提出实际生产需求的生产控制方法。它的特点是能做到分散控制，灵活和便于操作的适应性，关注物料的流动。

案例 2-5

如何同步调生产

某企业工厂的生产原料有一种是自给自足的，即 A 车间生产的半成品是 B 车间生产成品 P1 的原材料。

每次 B 车间接到 P1 生产任务时，均第一时间向 A 车间提出领取半成品的需求，但每次都会被 A 车间拒绝："没有库存，等我领料生产，1 天后才能提供。"就这样，P1 成品从未在接到生产任务时第一时间就能开始生产，每次的订单交付均要推迟一天。

这件事情引起了 A、B 两个车间主管及生产计划人员的思考：什么样的计划才能让 A 车间及时将半成品给 B 车间生产？利用什么方式使两个车间的生产步调一致呢？

拉式生产的制定方式如同看板管理。看板分为补充看板、一次性看板和临时看板。补充看板应用于重复生产环境；一次性看板用于订货型生产（Make To Order，简称 MTO），按单生产环境；临时看板用于应急情况。把库存分别使用不同的单位看板数量，每天根据看板减少的数量来确定生产量。如某一产品的需求量及其库存等发量为 500，那就转换为现场的 5 个看板，每个看板的数量为 100。如果当天现场的看板还剩下 1 个看板，就意味着生产需求的数量即 400，而不是 500，即按实际的消耗量来定生产计划与生产任务量。让生产现场的人能通过简单易懂的方式开展生产任务，保证生产的量更贴近市场的需求。

准时制生产方式（Just In Time，简称 JIT）可以说是拉式生产的代表。 很多企业为了保证产成品的 JIT 得以顺利进行，往往会在原料库存或半成品库存上做好准备。这不是真正的 JIT 模式，只为满足订单而不顾需求平衡地扩张生产能力似乎毫无意义。**对于操作更广阔的拉式生产，它更讲究保证"适时适量的生产"。** 通过生产同步化和生产均衡化两种手段保证"适时适量的产出"。生产同步化是要保证生产的各个工序和其他生产部门间的速率协调，以保证减少在制品的库存。如当天后端生产只消耗了 100 千克的半成品，半成品车间就只能补充 100 千克的生产量。而在生产均衡化上，要求生产制造与需要相适应，避免生产过早或过多而产生浪费。如当天销售了 100 千克的产品，证明市场的需求量就是 100 千克，生产量就应该定在 100 千克的量上，必须按市场的需求量来制定生产量，不能多也不能少，避免产生过多的库存。

拉式生产讲究的是"适时适量"和"生产的协调、同步性"。 因此，它对后方支持性系统的服务要求特别高，所有生产资源必须以生产现场为中心，以生产工人为主体，以车间主任为首。实行生产所用设施、设备、备品备件定置集配，定期维护保养与更换。机电修人员现场驻守，巡回检查、快速修理。对于现场用于拉式生产指令的看板，数量与实时操作一致，不能存在任何时差。只有这样，拉式生产才能得到保证顺利进行，所生产的产品数量才会准确。

拉式生产（看板/适时供应计划）与以库存供应计划对比如表 2-15 所示。

表 2 - 15   拉式生产（看板/适时供应计划）与以库存供应计划对比表

对比因素	看板/适时供应	以库存供应
库存	一项负债，必须不惜一切努力减少库存	一项资产，保护生产不受预测误差、设备损坏与供应商延迟交货的影响，库存越多越安全
生产批量采购量	满足即时需要即可。无论自制品还是购置品，只需达到最低的补货数量，该数量由经济订货量公式决定	生产批量、采购量由规模经济或经济订货量公式决定，不需要改变生产启动成本来实现更小的生产批量或采购量
启动成本	大幅降低启动成本。这就需要极其迅速地生产转换以尽量减小对生产的影响，或者有已启动的额外设备。迅速转换可以实现小批量生产，也使企业可以生产种类繁多的零部件	不做优先考虑。通常的目标是产出最大化，因此启动成本是第二位的考虑内容
在制品库存	消除这些库存。各个工序之间库存积累得很少，就要求尽早发现问题、确定问题	一项必要的投资。在各个工序间积累库存使生产在物料供应出现问题时仍能持续下去。同时，由于有若干种可供选择的工作岗位，工厂管理层更有机会调配具有不同技能的操作人员来操作不同性能的机器，从而更高效地组织生产运作
供应商	视供应商为合作伙伴。供应商关注客户的需要，客户把供应商作为其工厂的延伸。供应商的数目很少，但供应中断的风险可能会增加	与供应商保持一定的距离，仅限于业务关系。奉行货源多元化原则，典型的做法是利用供应商的互相竞争来实现最低价格
质量	追求零缺陷。如果产品不是 100% 合格，就会危及生产分拨	允许存在一定的缺陷以维持产品的流动，避免为保证过高的产品质量而产生的额外成本
设备维护	保护性维护或额外的生产能力至关重要。没有存货做缓冲，一个工序停产会危及下游生产	按要求行事。由于维持一定水平的库存，设备维护并不太重要
提前期	提前期保持在很短的时间，这样增加了整个供应配送渠道的反应次数，减少了不确定性和对安全库存的依赖	由于可以通过额外的库存来弥补，即使提前期很长也不会有严重后果

资料来源：Ronald H. Ballou，Bussiness Logistics Management，P336.

3. 物料供应计划

物料供应计划是企业在计划期内，为保证生产任务的完成，确定各种物资需要量而编制的计划，是企业进行订货采购工作和组织厂内物资供应工作的依据，是确保生产正常进行的重要手段，如图2-8所示。

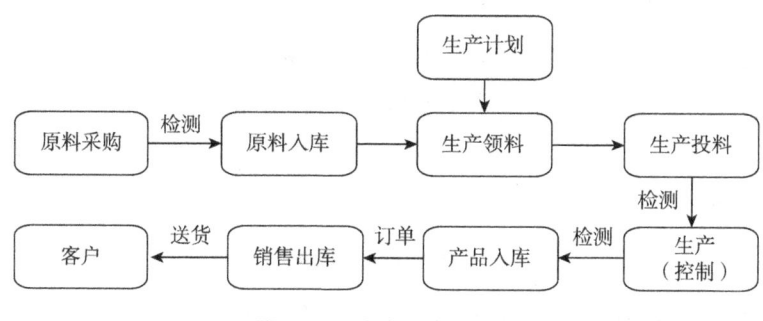

图2-8　生产供应流程图

生产计划出来了，到领料时才发现原料不够。相信很多人都遇到过这种情况，而且非常恼火。究其原因，80%的原因集中在生产计划变化太频繁、物料计划没有逻辑、安全库存设计不合理、采购部门不给力等方面。无论是年度生产计划、月度生产计、周生产计划还是日生产计划，都必须制定出相对应的物料供应计划，思路是一致的。一个好的物料供应计划，必须是在以下资料的基础上做出来的：

第一，清晰的物料清单。

一份清晰可靠的物料清单，包含物料名称（原料代码及中文名）、物料采购周期（天）、采购批量、对应的采购人员。

第二，一份稳定的产品生产计划。

生产计划要处于一个相对稳定的状态。生产计划要稳定，它的基础是订单不随意变更或增减，由于与客户至上理念相矛盾，所以这就要企业规范订单的变更程序，对订单的变更做出一系列规定，只要规则做好了，慢慢地大家（也包含客户）会主动遵守，只有这样，生产计划才能稳定运行。

一份稳定的产品生产计划（根据原材料的采购周期确定生产计划的长短），是物料计划的基础资料。原料采购周期在2周内的，生产计划按日安排，它对应的物料采购到货计划可以精确到天；大于2周的，按销售预测排周计划或月计划，物料采购计划相对应做到周或月，这部分需求只需要提前告知采购通知供应商备好原料，待生产计划落实后通知供应商到货即可。

第三，物料 BOM 表。

把生产计划与物料 BOM 表建立逻辑关系，只需把生产计划做出来，通过反推的关系即可得出生产所需要的物料数量。

案例 2-6

BOM 表的维护

2016 年 10 月 15 日，仓库在盘点库存的原料周转状态时发现，原料 A 已经 3 个月没有用过了，这引起了仓管员的注意。他打电话询问生产计划人员："物料 A 所用到的产品是否 3 个月都没有安排过生产？"生产计划人员查询该物料所对应的产品时发现，该产品在此 3 个月内曾经生产过 3 次。这样生产计划人员有疑惑了：生产过 3 次，仓库的原料居然没领出过？

对车间的原料库存做了一次查询，发现车间也没留有此料；当车间生产人员到生产计划部门领取工单时，生产计划人员询问车间："原料 A 所对应的产品都生产 3 次了，为什么仓库的料没有领出去？"车间人员说："生产这个产品早就不用原料 A 了。"生产计划人员上系统查询，才发现这个产品的 BOM 早在 3 个月前就已经更新了。而物料计划人员所用于物料计划的 BOM 表资料还是旧的 BOM，完全没有更新，这才导致不需要的原料还在采购，采购回来就一直放在仓库没动，一批损失的物料又产生了。

思考：BOM 表维护后的信息需要同步到哪些部门？

第四，设立合理的物料安全库存。

它的设计原理是该原料在一个采购周期内所用到的量，保障生产能正常运行。

物料需求计划无论做得多么完美，最终依赖的还是优秀的合作伙

伴，**如何对供应商进行有效管理是采购部的核心职责之一。** 开发供应商是采购部对供应商管理的一项重大任务，它必须通过不同的供应商不断地送样测试及审核评估来获得后备供应商做保障的。供应商开发是保障物料供应计划的一个维度，实现尽可能地减少独家供应商的存在，如图2-9所示。

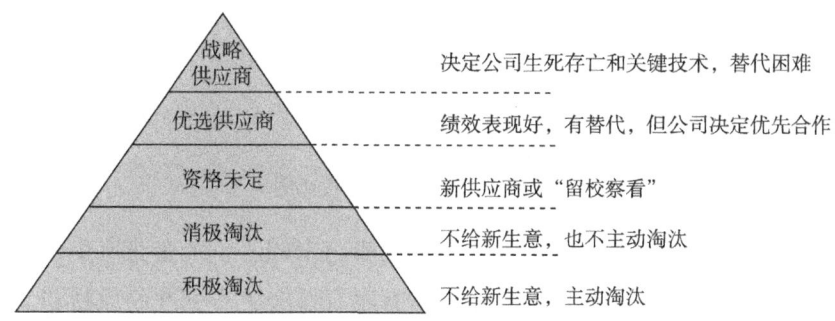

图2-9 基于绩效的供应商分类

资料来源：《采购与供应链管理》，刘宝红。

零库存是每个企业所追求的库存策略。对于供应商的开发与合作，除了考虑原材料的价格外，侧重于考虑供应商的"软实力"，即供应商对其客户的反应和服务能力。如果一个供应商只有价格优势，每次送货都出现产品质量不合格、不按时交货等现象，生产计划则无法顺利进行，企业内部所有的物流和资金流更是无法得到正常周转。考虑供应商的"软实力"，才能有效降低公司的库存成本。

如何让供应商保质保量、准时地交付材料？除了靠协议与合同的约束外，还需要生产计划人员对采购订单的到货跟踪，企业内部品质部门对质量的监控及对供应商的考核体系。采购部门是落实整个采购计划的主要操作者，首要目标是"以最低的成本准时把工厂生产需要的原料采购回来"。采购部所制定的供应商考核制度能有效对供应商来料的准时性、准确性、单据完整性有所约束，实际操作中要通过仓储人员对供应商的日常考核，使原料供应商的对接更能满足企业的需求及企业的规章制度。对供应商的考核维度一般有以下几个方面，针对不同的维度根据企业的绩效目标制定不同的考核条款，有效防范原材料缺货的风险，如图2－10所示。

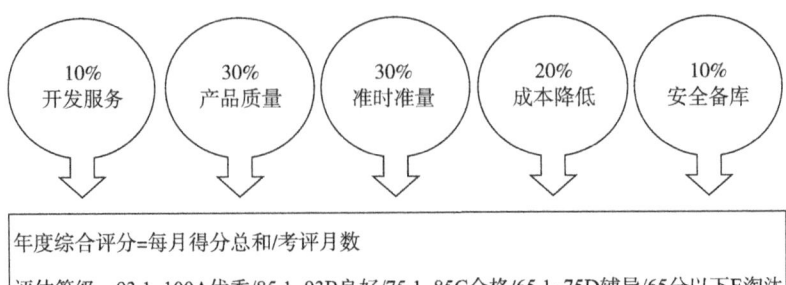

图2－10　供应商考核占比图

产品是设计和生产出来的，不是检测出来的。一个企业所生产的产品，它所依靠的除了工艺技术外，还需要有符合生产标准的原材料。如果原材料的质量不达标，其所生产出来的产品必定会存在质量风险或隐形质量问题。对于特采原料的管理是至关重要的，需要制定严格的控制程序。

原材料价格是采购部与供应商谈判的重要指标之一，特别是对于用量比较大的原材料。这里的价格可以说是直接影响企业产品价格的一个重要指标，要想在产品销售中占有优势，除了生产工艺和设备对成本的影响外，最大的一个影响因素就是原材料的价格。

剩余的供应商考核指标，企业根据自身对原材料的一些特殊需求来制定。通常情况下，供应商是否存有安全库存，能否在企业有紧急需求时及时反应并满足客户，成为企业的另一个考核维度。而在开发供应商与供应商的关系维护中，供应商的服务与态度也是体现一个供应商是否有意愿供货并能否保质保量的供货的一个体现。因此，企业也会把开发服务作为供应商考核的指标之一，如表2－16所示。

表2-16 日常考核供应商的条款

供应商名称：				考评年/月：	
主要产品：					
到货总批数：	合格批数：		不合格批数：	准时交付批数：	未准时交付批数：
考评项目		权重	绩效目标	得分	说明
产品的符合性	质量水平	20	根据入库合格批数与总批数的比例关系		
	质量投诉反馈及改进	5	收到质量投诉后及时反馈并整改，直至达到我司的质量标准		
		25	小计：		
考评部门：考评人/考评日期：					
环境/安全管理	产品环境	5	严格按照相关环境要求提供合格的货物，产品中是否含有有害物质		
	包装情况	5	外包装及标签是否符合我司要求		
	报告是否及时有效	5	确保所送货物检测报告随货或提前，且第三方报告在有效期内		
	环境安全	5	送料状况及装卸过程中是否有影响本公司行为		
		20	小计：		
考评部门：考评人/考评日期：					
交货期	按时交付	15	严格按订单确认到货时间送运货物		
	准确交货	5	确保送货内容和送货数量与我方采购订单的一致		
		20	小计：		
考评部门：PMC&原料仓库考评人/考评日期：					
价格/供应	价格水平	20	与市场相同或相似产品的价格及账期比较		
	供应能力	5	对于我司订单下达的响应及交付满足度		
		25	小计：		
考评部门：考评人/考评日期：					
配合度	文件配合	5	包括订单确认、发货通知，并随货附着相关的文件和标识		
	其他配合	5	其他配合情况，如拜访接待、调查函回复等		

	10	小计:		
考评部门:		考评人/考评日期:		
	100	合计:		
本季度考核结果:		判定等级: 级		
A 级	85 分以上	A. 优秀（加大采购量）		
B 级	70～84 分	B. 合格（正常采购）		
C 级	60～69 分	C. 仅为合格（需进行辅导，必要时需减量采购或暂停采购）		
D 级	小于 60 分	D. 不合格（需进行辅导，必要时需减量、暂停采购或直接淘汰）		

4. 生产计划系统

本章前 3 节讲述的是生产计划，以及制定物料计划的操作方式和注意事项。随着系统使用得越来越广泛和工业时代的发展，企业已经开始启用 MRPⅡ、ERP 等系统工具来做生产计划与物料计划，它能更精准地运算所有数据，排出符合系统逻辑的计划。

它的设计原理其实是把前 3 节的内容的逻辑关系设计在系统中，系统通过关系运行得出生产排产计划及物料计划，如图 2 – 11 所示。生产计划系统一定要有准确的基础资料及清晰的规则作为基础，这些都必须是经过业务部及其他相关部门（财务、采购、技术等）审核通过的。通过 MRPⅡ系统，可以清晰地进行以下操作。

第一，计划监控系统。

MRPⅡ是 ERP 的一个计划监控系统，而整个 ERP 是操作"从来料到产品出货"整个流程，其中涉及的部门有采购部、仓储、计划部门、生产车间、质量保证部、销售部和物流，如图 2 – 12 所示。

每一个部门都有自己的"供应商"和"客户"。在实现产品销售的过程中，这个过程中的部门已经是一个组织。它是一环扣一环的，上一道"工序"的完成情况会直接影响下一道"工序"的进行，直至目标的达成。同时，每一个部门的职能都很明确，采购部的目标是能采购到

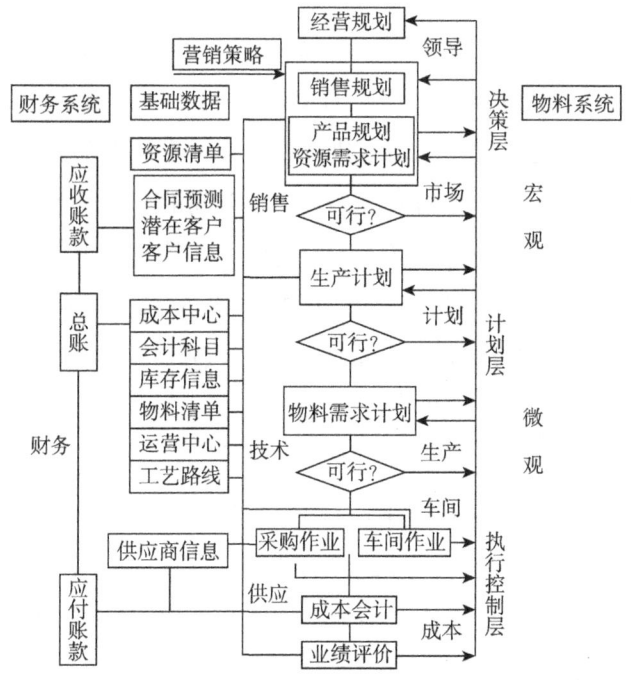

图 2 – 11   MRP II 的逻辑流程图

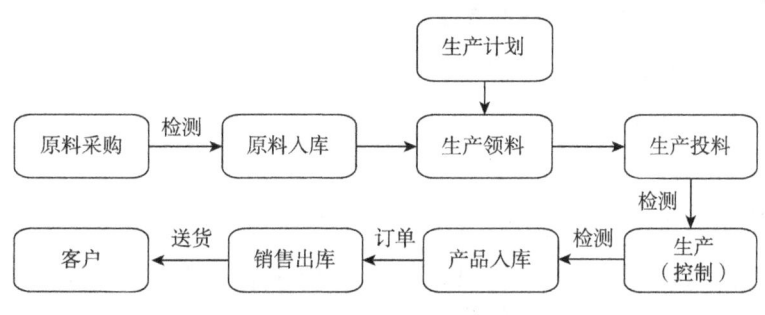

图 2 – 12   生产供应流程图

适合生产、达到生产标准的原料。只有符合标准才能向生产转移进而去
实现产品的产生。在这个过程中还需要有品质部门的支持，它的出现将
会在接下来的生产环节中体现出质量保证的功能。然而，在产品生产出
来后，则需要物流的流转，此时仓储及物料流做最后一道"工序"，把
它送到客户手中。整个过程都离不开各个部门的协调及支持，如一道工
序出现了制约性困难时，还会出现部门之间共同努力解决的情景。

第二，系统数据的核定。

MRPⅡ对于生产计划来讲，系统的运行不能考虑到所有条件的组合，所有通过MRPⅡ制定的生产计划，必须还要经过生产计划部门的人员去确认。一旦生产计划确定执行并已开具生产工单，就不能轻易允许被更改或撤销。生产计划人员必须了解车间的产能及生产能力，对于一切影响生产计划执行的因素，无论是生产主管还是生产计划人员都必须清楚。如遇不可抗拒因素导致的停产，务必在确定调整生产计划后，把受影响的库存、订单等一系列受牵连的问题一一通报并制定接下来的措施，以保证生产的有序性。

第三，工单的开立。

通过MRPⅡ开立相对应生产计划的工单，生产计划人员再根据工单配置相对应的发料单。通过这样的操作，可以让车间的生产投料行为更精准，生产计划人员更能清晰地掌握原料的库存情况。同时，生产计划人员对生产计划的复核能清楚库存状态，对于紧急插单或紧急生产的产品信息掌握得更加全面与到位。

第四，对订单进行准时完工率分析。

每个订单从投料到产出入库都是可以通过MRPⅡ进行记录的，而订单是作为执行MRPⅡ的一个基础资料。如果已经生产完的工单不能及时结案，将会一直作为在制品列入数据核算，因此工单准时完工率对于执行MRPⅡ起关键作用。工单准时完成也是对交付的承诺兑现，因此生产计划人员和车间主管可以通过MRPⅡ系统对工单进行准时完工率的分析，根据分析数据不断地制定提升与优化措施和方案。

第五，产能负荷分析。

MRPⅡ是经系统记录的生产计划（MPS）与物料计划（MRP）的总载体，每个车间、每条产线、每台设备生产什么产品，生产所用的时间与空闲时间都是有记录的，可以通过此系统把产能负荷率/设备运转率分析出来，利用分析数据做产能整合，或对设备的日常保养与维护提供基础数据参考，提高生产效率。标准工时与实际生产时间对比表，如

表2-17所示。

表2-17　标准工时与实际生产时间对比表

序号	实际情况	操作方法	备注
1	标准工时≥实际生产时间	表明生产过程有优化的空间,工艺人员带队重新审核与制定标准工时	
2	标准工时=实际生产时间	定期对工单准时完成率做统计,监控标准工时的准确性与实际生产的标准化	
3	标准工时≤实际生产时间	调查实际生产过程中是否有不合理环节和流程 对每一个生产工序进行拆解、分析,对影响生产进度的因素——列举并优化 工艺人员参与实际的标准工时核对,必要时调整标准工时	

第六,安全库存的回顾。

如生产计划模式是"安全库存+订单"模式的,安全库存将是执行 MRPⅡ的基础数据。安全库存的制定与回顾应做好系统管控的基础数据,除了制定合理的安全库存外,还需要制定回顾机制,一般采用一季度回顾一次的频率进行,以确保安全库存是随着市场变动而变动,而不是一成不变的。它一定是以业务部的销售意向确定的,而不是闭门造车出来的。

第七,工单的完成分析。

通过 MRPⅡ系统,可以监控工单的完成情况。一般工单,直接通过工单及时完工率作为车间的考核数据即可,而对于紧急订单和特殊订单,则生产计划人员或车间主管可以直接在系统上时刻查询工单的完成情况,及时发现一些异常的信息,及时调配各方资源以保证订单的准时完成。

第八,对原料的到货与品质状态进行实时跟进。

生产计划与原料计划最完美的状态是往 JIT 方向靠近,它可以使企业的库存周转加快,提高资金的周转率。通过 MRPⅡ系统,除了有计划的生成外,生产计划人员还可以实时地在系统上查看来料状态及它的品质状态，在与生产的对接中起了最直接的作用。对于成品的交付，生产状态可以通过系统监控与跟踪，同时也可以随时掌握品质状态。除了生产计划人员可以及时了解订单的完成情况外，还有利于工艺技术人员对产品品质的监控，对于生产的异常可以随时做出工艺调整，以提高产品合格率和保证交付的及时性。

第三章

Chapter 3

生产控制系统

1. 生产控制手段

一个生产控制系统的首要任务是控制基本库存和流量库存，即平衡输入和输出。在平衡的过程中必然需要使用精确控制的方法减少控制库存，从而实现新的平衡。

生产控制贯穿于生产系统运行的始终。生产系统凭借控制的方式，监督、制约和调整系统各环节的活动，使生产系统按计划运行，并能不断适应环境的变化，从而达到系统预定的目标。

生产系统运行控制的活动内容十分广泛，涉及生产过程中各种生产要素、各个生产环节及各项专业管理。内容主要有：生产进度控制、对制造系统硬件的控制（设备维修）、库存控制、质量控制、成本控制等。

生产进度控制是对生产量和生产期限的控制，其主要目的是保证完成生产进度计划所规定的生产量和交货期限，这是生产控制的基本方面。其他方面的控制水平，如库存控制、质量控制、维修等都对生产进度产生不同程度的影响。在某种程度上，生产系统运行过程的各个方面问题都会反映到生产作业进度上。因此，在实际运行管理过程中，企业的生产计划与控制部门通过对生产作业进度的控制、协调，沟通各专业管理部门（如产品设计、工艺设计、人事、维修、质量管理）和生产部门之间的工作，以达到整个生产系统运行控制的有机协调与统一。

对制造系统硬件的控制是指对机器设备、生产设施等制造系统硬件的控制。其目的是尽量减少并及时排除物资系统外的各种故障，使系统硬件的可靠性保持在一个相当高的水平。如果设备、生产设施不能保持良好的正常运转状态，就会妨碍生产任务的完成，造成停工损失，加大生产成本。因此，选择恰当的维修方式、加强日常设备维护保养、制定合理的设备维护检修计划是十分重要的。

库存控制是使各种生产库存物资的种类、数量、存储时间维持在必要的水平上（通常所说的安全库存）。其主要功能在于既要保障企业生产经营活动的正常进行，又要通过规定合理的库存水平和采取有效的控制方式，使库存数量、成本和占用资金维持在最低限度。

产品质量控制涉及生产的全过程，质量控制是对产品研发、物料采购、制造过程、存储管理及销售使用等产品形成全过程的控制。其目的是保证生产出符合质量标准要求的产品，将产品顺利移交到客户手中并被安全使用。某种程度上来说，产品的质量是设计出来的，产品的质量取决于研发技术实力。

成本控制同样涉及生产的全过程，包括生产前的控制和生产过程中的控制。生产过程前的成本控制，主要是在产品设计和研制过程中，对产品的设计、工艺、工艺装备、材料选用等进行技术经济分析和价值分析，以及对各类消耗定额的审核，以求用最低的成本生产出符合质量要求的产品。生产过程中的成本控制，主要是对日常生产费用的控制。其中，包括材料费、各类库存品用费、人工费和各类间接费用等。实际上，成本控制是从价值量上对其他各项控制活动的综合反映。因此，成本控制，尤其是对生产过程中的成本控制，必须与其他各项控制活动结合进行。

生产管理的发展历史上，对于生产控制方式最初出现的是事后控制。随着生产的发展，事中控制应运而生。事后控制和事中控制都是已经造成了一定的后果才采取的控制方式，浪费相对严重。为了更有效地使生产一次成功，人们越来越意识到在准备阶段就做好风险控制是多么重要，事前控制就这样伴随着生产管理的发展而出现。

这是一种从时间维度定义管理活动的方法。事后控制与事中控制都是使用负反馈控制原理，事前控制则使用前馈控制原理。

生产控制的事后控制方式是指根据当期生产结果与计划目标的分析进行比较，提出控制措施，在下一轮生产活动中实施控制的方式，从而提升生产活动的有效性。它利用的是负反馈信息实施控制，**控制的重点是总结过去的经验与教训，从而指导今后的生产活动，使今后的生产活动更加有效**。经过不断的反馈控制，可以把事情做得越来越好。有人称它为负债管理，意指今天的管理是为昨天欠下的债所做的。这种方式在我国企业中有着广泛的使用，比如，在质量控制与成本控制中到处可见。特别是成本控制，大量沿用了这种方式。

事后控制的优点是方法简便，控制活动量相对较小，控制费用偏低。但其缺点是不良结果一旦发生，损失已经造成且无法挽回。

事后控制方式的控制要点有以下几点。

（1）**以计划执行后的信息为主要依据**。

抓住重点，从需要研究与分析的计划开始，把整个执行后出现的问题或结果作为研究的起点。如一个产品的生产时间不确定，但又急着交付，生产计划人员或生产经理往往会在产品产出后那一刻才知道生产用了多长时间、产量是多少、能否满足交付的要求。只有知晓了这些信息，生产经理或工艺人员才会利用这些信息与标准做出对比，分析在哪些方面出现了问题，才会针对出现的问题制定一系列的整改措施以达到他们想要的目的。

（2）**要有完整的统计资料**。

这就需要在执行计划过程中做好每一项目或动作的信息记录。如要统计当前的产能是否利用充分，就需要把每批产品生产时所用到的设备、时间、人员等信息详细记录下来。总之，就是把你想得到的分析结果的整个过程信息做好记录。

(3) 要分析内外部环境的干扰情况。

要用系统的分析方法，把影响整个过程的所有问题都分析到位，无论是客观的还是主观的，无论是主要的还是次要的等。

(4) 计划执行情况分析要客观，控制措施要可行，确保下一轮计划执行的质量。

以目的为出发点，往上一个操作程序找出问题的原因，再制定有效的措施，以确保所采取的行动是目标导向的。表 3 - 1 所示为提高产能利用率的分析及行动计划。

表 3 - 1　提高产能利用率的分析及行动计划表

目标	影响的原因	下一步计划措施	责任人
提高产能利用率至90%	订单量不足	向业务部争取订单	生产经理
	转线频繁	同种类产品集中生产	生产计划人员
		工艺技术人员整合产品换线程序	工艺人员
	设备损坏率高	盘点设备年龄，对于超龄设备做更换处理针对设备做好明确的设备维护与保养措施	设备主管
	工单开立不及时	生产计划人员按标准的生产时间开立工单时刻通过 ERP 系统关注上一批产品的生产状态	生产计划人员
	产品检测时间长	优化检测项目，专人对接产品检测	品质主管

生产活动的事中控制方式是一种对进行中的生产系统做日常性控制的控制方式。事后控制方式可以起到"亡羊补牢"的作用，难免有些为时已晚的缺陷，能否在生产活动中对其实施有效的控制？质量控制图法在质量管理中实现了这个想法，标志着事中控制的问世。

事中控制方式是利用负反馈信息实施控制的。通过作业核算和现场观测获取信息，及时把输出量与控制目标进行比对分析，做出纠正偏差的控制措施，不断消除由干扰造成的不良后果，确保计划目标的实现。事中控制活动是经常性的，每时每刻都在进行中。显然，它的控制重点是当下的生产过程，要把生产活动置于严密的控制之中，保证计划的顺利执行。有人形象地称为消费管理，意思是对今天所花费的人力、物力所做的管理。

事中控制方式的要点如下：

（1）以计划执行过程中获取的信息为依据。

在生产过程中往往有不同的控制节点，每个控制节点都设置有相对应的参数，以及该节点应该出现的结果。因此，在事中控制过程中，要针对过程选定合适的节点作为收集信息的时间点，以便收集的数据可以通过一系列及时的措施来"纠偏"或"纠错"。通常情况下，一般会用"一次合格率"来考核车间，以驱使生产人员在生产过程中注重每个细节及异常情况的处理能力。

（2）要有完整的准确的统计资料和完备的现场活动信息。

数据要求是实实在在的，正在发生的事件所产生的数据。它从一开始生产（或投料）起直至产品产生，这个过程不仅仅是生产现场的数据，还包含产品的检测数据，以及根据产品的生产、反应特性推理的一些趋向性数据。

（3）要有高效的信息处理系统。

当今企业要对生产过程实施实时的监控，DCS 或 ERP，甚至是更厉害的 IT 系统是首选。企业可以根据系统的实时数据观察和监控整个生产过程的任何数据，每一个控制节点的详细信息都可以通过系统采集数据，对于一些异常的或涉及产品质量的信息做重点关注，并及时向生产人员做出指导，通过这个方式能有效减少不合格品的产生。

（4）决策迅速，执行有力，保证及时控制。

事中控制就是根据那一时刻或某个关键控制点的数据做出判断，根据那一刻的数据快速做出调整策略/方法，并保证策略/方法及时实施。因为对产品的质量控制，往往就在那一个时间点做出调整有效，过了那一个点，整个产品可能就无法挽救了，甚至会因为这个点没有得到及时调整而发生安全事故。

生产过程中的事中控制，是根据实时的生产数据作为决策依据的，它能有效提高产品的一次合格率和安全性。正因如此，事中控制会导致整个生产过程变长，不利于生产计划的准时执行和订单的准时交付。同时，它对质保部门的挑战比较大，因为除了生产过程的实时数据外，它还是针对产品的检测数据做出调整的。但总体来讲，事中控制是一个过程控制，能有效帮助企业解决不合格品的大量产生的问题，同时还能让技术人员对现场生产过程详细了解，以至于不断地对生产工艺做出优化和紧急预案的制定，有利于产品生产的稳定。

生产控制中的事前控制方式是在生产活动准备阶段就进行调节控制的一种方式。生产控制依次出现了事后控制、事中控制以后，人们自然提出了是否可实行事前控制，防患于未然。人们从目标管理中得到启示，创造了事前控制方式。

事前控制方式是利用前馈信息实施控制，重点放在事前的计划与决策上，即在生产活动开始以前，根据对影响系统行为的扰动因素做种种预测分析，制定出控制的方案。比如，在产品设计和工艺设计阶段，对影响质量或成本的因素做出充分的评估与测算，采取必要的措施，可以控制60%的质量或成本要素。有人称它为储蓄投资管理，意为抽出今天的富裕为明天的收获所做的投资管理。

事前控制方式的控制要点有以下几点：

（1）**将扰动因素的预测作为控制的依据。**

它是一个目标导向型的问题，可以理解为根据实际情况推想什么东西会导致生产落后？根据这个问题，再结合生产现场的实际情况，会得出结论，生产现场脏、乱、差，不符合6S的管理规定，将影响整个生产投料进度、物料的识别及产成品的存储；设备"带病"运行，生产过程中出现损坏会导致生产停滞；物料送达不及时，导致生产线的空闲时间过长；人员不到位，生产人员不足导致效率低下等。总的来说，一定是根据生产当时的实际情况做出的分析，并且在出现问题后有针对性地解决。

（2）**对生产系统的未来行为有充分的认识。**

只有对生产系统的未来行为有充分的认识，才能根据实际情况得出生产过程中可能出现的问题。如决定一个产品的黏度，一定是在生产的第二阶段才能添加助剂的。但实际情况是助剂的配送往往不及时，需要生产现场人员催促才能到达，这就需要车间主管就此问题与助剂配送人员做出沟通和约定，制定提前送达助剂的方案。

（3）**依据前馈信息制定计划和控制方案。**

企业的实际操作中，三种控制方式（事后控制、事中控制与事前控制）一般是结合起来使用的，如图3-1所示。事后控制是最基本的、最普遍的方式，但效果不如事中控制和事前控制好，因此需要同时采取事中控制和事前控制两种控制方式。比如，生产计划的制定、设备维护计划、财务预算、产品生产从投料开始进行检测监督等都属于事前控制，结合生产过程中控检测、生产异常及时调整等事中控制方案，有效提高产品生产过程的管控力度。事后控制更多的是数据的积累和分析，为下一步计划的制定提供数据基础和经验参考。

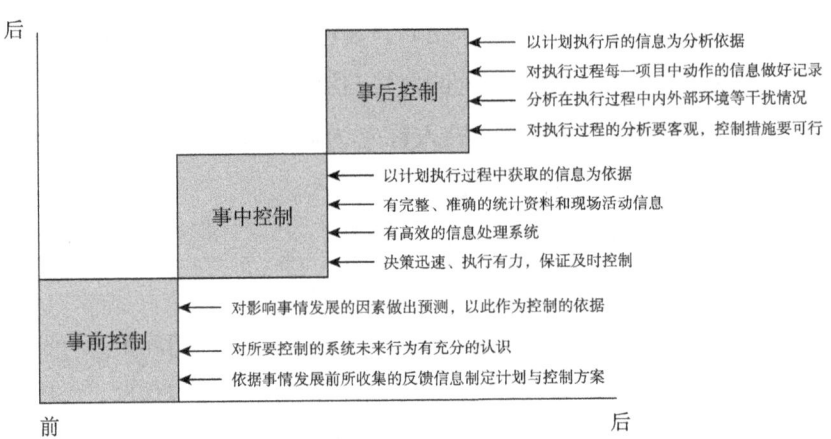

图3-1　事前、事中、事后控制要素图

2. 生产效率提升方式

生产控制内容中，生产过程控制及品质控制是确保生产效率的基础。只有产品生产过程紧密而有序地进行，并且生产出来的产品为合格品才能确保生产效率维持在一定的水平。

生产效率的提升需基于生产管理活动五要素展开，包含人、机、料、法、环。它们始终贯穿于整个产品的生产过程中，可以说是一个系统运行必备的 5 个要求，缺一不可，如图 3 - 2 所示。

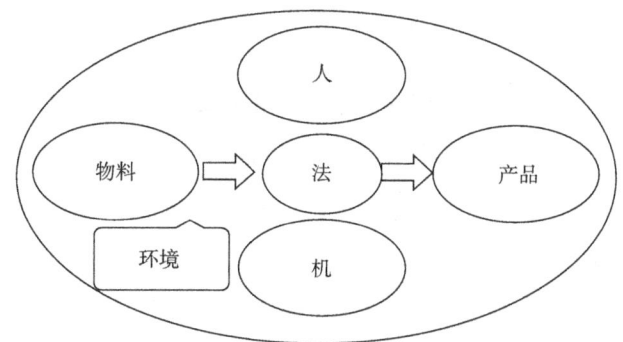

图 3 - 2　生产效率提升的五个因素图

人是生产管理的重点，也是生产管理的难点。 人是事情的组织者、推动者和执行者，因此事情的成与败，人是关键。生产管理者通常从以下三个方面对人员进行管理：

（1）调动人员生产积极性。

首先，车间管理人员要经常鼓舞士气，让员工工作更有动力和激情。定期的团建活动是首选，组织团队拓展等集体项目，增进员工之间的沟通和了解。很多小摩擦和小情绪通常都是在团队活动中自然而然地消除的。

其次，发掘和展现团队成员的优点或业绩，树立团队标杆。班组长是车间这个团队的核心人物，他们的作用不仅仅是维持现场的生产秩序和安全，还是这个团队可以起标杆性作用的人物。日常通过对班组长的培训与技能提升，可以使他们在生产过程的"身体力行"作用于整个团队，以及带领整个车间改善现场问题点、聚拢士气。团队需要仪式感，通过一些有仪式感的小活动或者会议对表现优异的成员进行鼓励和表扬，可以很好地促进团队成员之间相互学习，同时也鼓舞了整个队伍的士气。

最后，参与公司的一些活动，如 QCC 活动。使每一个员工都参与现场问题点的发现与改善，既可以提升员工的参与度，又提升了公司的整体形象与安全度。

案例 3-1

经理们的"头雁效应"

领导率先垂范是调动员工积极性的最好方式之一。2015 年，某生产经理在工厂看到垃圾就会蹲下捡起来扔进垃圾桶，这个习惯影响了一批人，自那以后，工厂的整洁度非常好。

2016 年的夏天，某工厂推行 TPM 活动、设备责任到人机制，经理亲自爬上反应釜带领工人一起对设备进行 TPM 的基础保养管理，以身作则。在组织发展过程中，经理的身体力行就是提升领导力的良好体现，影响了一批又一批的员工。

（2）制定有效的奖惩制度。

很多人都喜欢奖惩分明的领导，车间的管理者尤其要注意做到奖惩分明。生产车间内的工作内容和工作贡献是显而易见的，员工之间也会进行比较和讨论，因此，针对车间员工在其工作职责内的奖惩制度需要明确并尽可能量化。制度制定后执行是关键，既然有法可依就务必严格遵照执行。执行的过程中可能会出现制度意外的情况，这类情况需要进行讨论定夺，并且在有定论后需第一时间知会到团队所有人。

（3）提升人员工作技能。

建立学习型组织是提升团队人员技能的终极解决方案。学习型组织的建立需要关注以下几点。

一是建立团队人员技能水平库，先对团队人员的技能水平进行摸底，建立团队技能水平库，对不同技能水平进行定义和确定标杆。

二是对不同技能级别的人员进行培训和工作指导，引导员工向更高级别水平晋升。可定期开展技术比武或者技能鉴定工作，为技能提升提供平台和机会。

三是实施过程中需注意发掘和推出积极分子。对于团队中的积极分子和进步飞快的优秀分子进行表扬和宣传，激励团队的其他成员参与，形成你追我赶的学习氛围。

四是向员工提供外出参观学习的机会，让员工也能与一些先进的知识、理念匹配，有利于员工把知识应用于生产车间，带领其他员工共同进步。

机即装置、设备，指生产中所使用的设备、工具等辅助生产用具。生产中，设备是否正常运作、工具的好坏都影响生产进度，因此，设备是产品质量的又一要素。企业发展除了人的素质有所提高、企业外部形象在提升，企业内部的设备也在更新，好的设备能提高生产效率和产品质量。工业化生产，设备是提升生产效率的另一有力途径。信息化时代，智能化是工业生产的发展趋势，生产管理者本身需要花更多的时间和精力投入自动化、智能化技术的学习和引进，提高生产操作的便捷性和可控度。生产经理也要促使生产自动化的过程，利用对生产工艺及生产现场操作的了解，向公司提出有效的提升生产效率的自动化设备建议，并做出可行性分析报告。生产自动化是制造业的一个趋势，但当前现场使用的设备也不能忽视它们的作用。因此，每年需要根据销售预测及年度生产计划，制定全厂的设备管理方案，日常定期做好设备维护和保养工作，如表3-2所示。对于设备的维护与保养，很多制造企业会推行TPM，系统地对待生产现场的设备，以提高设备使用率。

表3-2 设备一级维护保养检查表

单位：

设备编号	设备名称	表面擦拭	加油润滑	固件松动	安全装置	放气排水	保养人	保养日期	备注

设备编号	设备名称	表面擦拭	加油润滑	固件松动	安全装置	放气排水	保养人	保养日期	备注

说明：该表用于车间设备一级维护保养（日常保养）。班前、班后由操作工认真擦拭各部位，检查设备润滑状况，使设备始终保持整齐、清洁、安全。班中发生故障，及时给予排除，不能排除时及时报告上级和专业维护人员，并认真做好记录。

物料（如配件、原料、半成品、辅料等产品用料）。现在制造企业的生产、分工越来越细，要求越来越高，私人定制的趋势越来越明显，一个产品从生产工单下达那一刻起，到产品到达仓库，一般会有几种甚至几十种原料和辅料是在几个不同的地方同时运作的。当一种原料到达工厂仓库，质保部门没有公布原材料的检测结果，原材料就不能送达车间生产。一个产品的生产所用到的原料必须是另一个车间所生产的成品，如车间的成品尚在生产中，那么需要生产的产品就不能正常进行。不论哪一道工序，你工作的结果都会影响其他车间的生产运作。当然，你不能只顾自己部门的生产而忽略后面工序或其他相关工序的运作，因为企业运作是否良好是整体能否平衡运作的结果。所以，在生产管理的工作里，管理者必须密切注意前工序送来的原料或半成品、仓库的配件、自己工序生产的半成品或成品的进度情况。一个好的管理者，是一个能纵观全局的人，能够为大家着想的人，他必定掌握事前控制、事中控制和事后控制的能力与技巧，使整个生产过程得以顺利进行。

另外，无论是仓库所接收的原料，还是由仓库配送到生产车间的原料，均要保证是合格的并且是附有工厂相对应的物料代码、来料批号等信息。只有这样，整个生产系统才能有效运行，所生产的产品才能保证合格与能追溯。而对于生产车间所需要的用量，仓库部门必须准确按生产计划人员所开具的生产用料单进行准确配料，这样有利于车间现场投料的操控和减少投料的失误，提升产品的一次合格率，也就等同于提升了产品的生产效率。

对于生产所用到的原材料，特别是一些大宗原料，每次到货动辄几十吨，除了在生产上尽可能地采用自动化，如机械手外，还可以考虑使用工艺手段，对原材料提前做处理。这样既可以减少仓储的区域，也可以减少二次运输带来的效率低下的问题，同时可以缩短整个生产时间，进而提升生产效率。对于制造型企业，可以把生产频次较高的产品筛选出来，把它们共同使用的原料所具有的特点、指标进行汇总，得出来的就是生产共用的原材料。对于共用的原材料，每次来料时可以直接进行生产前期的处理，如进储罐混批或做相对应的溶化处理等，或对于共用的多种原料按比例进行复配。这样下来，让一些大宗的原材料在到料检测合格那一刻起就开始它们的生产"旅程"，把原料的状态进行变更，以更有利于存储与生产的方式与车间的生产同步进行。这样，整个产品的生产时间也会相对应地缩短，整个工艺发生变更。

法是指生产过程中所需遵循的规章制度。包括作业指导书、标准工序指引、生产图纸、生产计划表、产品作业标准、检验标准、各种操作规程等。它们在这里的作用是能及时准确地反映产品的生产和产品质量的要求。严格按照规程作业，是保证产品质量和生产进度的条件之一。因此，生产管理者需审视开展生产活动需具备的相关方法操作说明是否齐全，对于资料交底不全的生产指令应勇于拒绝，对于模糊不清的生产操作指令也应予以回绝，否则有可能造成返工或者不必要的浪费，这些事件对生产效率带来的危害是巨大的。尤其是化工生产制造部门，清晰准确的操作指令还是生产安全的第一保障。除了保障安全生产第一的原则外，还要学会利用一些质量的分析工具，如 SPC、六西格玛、MSA、FMEA 等。对产品质量做系统的分析，同时结合产品的生产特点，不断地优化产品的生产工艺，提高生产效率。

在整个生产过程中，除了遵循各种规章制度让生产得以有序进行，进而提升生产效率外，还有一个不可忽视的问题是如何利用生产计划对生产进度进行把控和提高生产效率。**只有所有人都按照同一个目标开展**

工作，才能说其工作是有目的的，才能有效。作为提高生产效率的负责人，除了要管理好生产计划外，还需要与生产计划部门做好配合。在整个提高生产效率的过程中，主要的工作重点有以下几点。

(1) **要与生产计划人员共享与生产相关的信息。**

生产计划人员在进行生产计划策划时，关注的只有产品的信息、生产线的产能，以及一些大型的公用工程项目对生产的影响。而在实际生产过程中，一些小的设备维修、人员异动、基础设施建设等会对生产造成影响，这些是车间自身的工作安排所导致的，如果不能及时与生产计划人员进行计划前沟通，生产计划人员所做出来的计划，车间是无法按时完成的。因此，只要在车间进行的活动就会对生产进度造成影响，这些信息一定要及时向生产计划人员通报或在制定生产计划前告知生产计划人员，让生产计划的制定考虑所有的影响因素，提高计划的执行度。

(2) **生产车间负责人要管理生产计划。**

这里的管理除了按上面的要求对计划的可执行度进行确认，还要对生产计划的进度进行管控。对于制造型企业，特别是化工企业，整个生产过程几乎都是一个化学反应的过程，整个过程可能会由于操作人员对温度的把控不到位或操作顺序不正确，导致整个生产进度放慢。因此，生产车间负责人要对现场操作的规范率进行管理，根据生产计划对整个生产进度进行管理，从整个生产进度角度来评估生产计划与实际生产进度的匹配度。如果整个生产进度处于可把控的状态，且进度可以做适当的调节而不影响其与生产计划匹配度的，生产车间负责人可以自行管理。如两者的差异度比较大，会直接影响整个生产计划与实际生产的匹配度，进而影响生产交付的，生产车间负责人就应该马上与生产计划人员沟通，确定生产计划的影响程序，确认是否对交付造成影响，确定所有影响因素外，如确认无法依靠其他方式来弥补差异的，则把影响重新考虑到生产计划中，对生产计划做出调整后，向业务部通报影响交付的信息。

（3）做好配合，共同对生产计划的可执行度负责。

计划部门做自己的计划，生产部门做自己的生产，最终将导致整体系统混乱、效率不高、交期拖期，这是典型的各自为政。"公说公有理，婆说婆有理"的问题在工作中常会遇到，如果生产部门与生产计划部门不能好好地配合，生产效率达不到要求不说，整个生产根本无法进行。要解决这个问题，生产计划人员作为工厂生产运作的纽带，需要根据生产计划平衡生产轻重、不同车间的人员问题。与此同时，根据生产计划的重要性，对生产线的侧重点进行调整，全力保证生产任务紧急的生产车间。作为生产车间负责人，对于生产计划的侧重点，也要全力配合生产计划人员对资源的调配。对于一些产品质量问题或产能问题导致的生产交付上的问题，生产车间负责人应该发扬"我的地盘我做主"的工作精神，主导问题的解决并提出建设性意见、跟进处理。对于影响交付的问题，主动同生产计划人员一并与业务部进行沟通，并确认问题的解决思路和时间。

（4）优化生产工艺、提高在线性检测效率。

生产工艺贯穿于整个产品的生产制造过程，每道工序本身都可能存在"反应或组合"时间的长短问题，或每道工序之间的承接就因为操作的不规范导致时间不统一等，这些都是工艺因素，都是造成工艺不合理的原因。因此，生产经理或生产技术人员都应该花时间研究如何优化生产工艺、提高工艺效率，这是最直接的提升生产效率的方式之一。

产品是设计和生产出来的，而不是检测出来的。对于大部分产品的生产，生产过程需要参考中控检测结果，决策下一步的投料或调整策略。此时的检测可能需要花费比较多的时间在送样检测和结果等待上，因此可以在如何减少检测项目和缩短检测时间上做研究。比如，从上一年度同一产品中筛选出合格率都在98%的检测项目，与工艺技术人员分析，98%的合格率的指标是否代表产品的生产已经处于稳定状态，是否可以取消该项目的检测，或把每批都检测变更为每10批检测一次，或者是每20批检测一次、每30批检测一次？对于一些检测比较简单的项目，如 pH 酸碱度、黏度等指标，可以考虑在车间现场配置相对应的检测设备，通过对现场操作人员的使用培训，使生产现场人员自主检测项目，从而减少送样与等待结果上的时间，这样可以进一步提升生产效率。

环是指产品生产制造和储存的环境。某些产品对环境的要求很高，环境中的湿度、温度、灰尘、细菌也会影响产品质量。此类产品的环境保障是必不可缺的要素。在做厂房设计时，就应该按生产现场所要求的标准进行设计与建设，而在日常的生产过程中按要求进行现场保养与维护。除此之外，整洁有序的环境对生产效率的提升至关重要。生产现场混乱容易造成生产物料取放的时间浪费、人员走动过多的时间浪费，因此可采用目视化管理的方式规划和完善车间布局。同时，生产现场务必做好 5S 工作，营造良好的生产工作环境。

这里的环除了指环境外，还有保持良好的工作氛围的意思。大至跟企业文化有关系，小至与车间内部人员的团结与士气相关。生产经理在生产车间现场要营造"轻松愉快"的氛围，通过发现一些现场问题召集员工提出改进性建议，来提高员工对现场管理工作的参与度。同时，通过一些企业的活动组织提高员工的工作积极性。如 QCC 就是通过全员参与的性质，使全体员工投入工作现场或流程的改进中，鼓励员工积极参与，使员工与企业共同受益，提高工作效率。

3. 生产支持性系统

生产支持性系统是指支持生产正常运行的一些不可或缺的、除生产车间本身以外的部门。一般包括生产计划（PMC）、安全环保、机电仪、公用工程、调度，如图 3-3 所示。每个部门都在生产过程中发挥着作用，缺少任何一个部门，生产都无法进行。

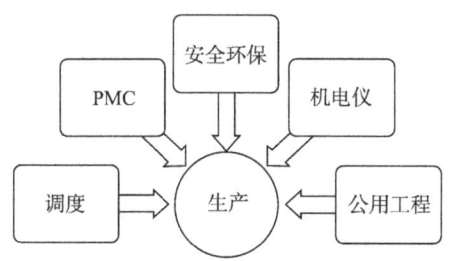

图 3 - 3　生产支持性系统图

PMC：即生产计划部门，主要负责生产计划与物料计划，对生产工单进行生产进度跟踪，对订单进行交付进度跟踪。PMC 在生产控制上是一个组织生产的牵头部门，也是一个生产支持性部门。PMC 是一个企业的信息枢纽中心，它负责收集业务部的订单需求，通过对资源的把握对产品的生产进行分配，并向产品对应的车间开具生产任务单，让车间开始生产，所以说它是一个牵头部门。从生产支持性部门来看，是因为生产才是制造产品的地方，生产车间才能把 PMC 所安排的物料通过人工、设施设备制造出相对应的产品，整个生产过程都是生产车间在把握，PMC 只是把车间生产所需求的物资准备到位，所做的都是一些辅助性的工作。对于两者来说，彼此相辅相成、不可或缺。缺少了 PMC，生产无法做出适合销售的产品；缺少了生产车间，PMC 手上拿着的只有信息没有实物。在整个生产过程与生产过程控制中，PMC 根据自身的业务特点，收集并分析业务需求，向生产提出生产需求，并按生产需求向其他部门寻求合适的资源，确保生产顺利进行。

安全环保系统：一个安全、洁净的生产区域是生产得以进行的"载体"，也是员工得以全身心投入生产的基础。如何保证生产环境的安全和洁净，是生产主管和生产经理的重要工作任务之一。在安全环保责任上，生产主管和生产经理必须做好安全环保知识的宣传，要确保人人都有安全环保意识。一切无意愿的事情都不会做成功。在企业里，全员参与安全首要的是进行全方位的思想教育并持续下去。为保证安全生产落实到位，企业高管们发挥带头作用，以身作则制定安全承诺书，以实际行动鼓励全员参与安全生产。

　　作为安全环保部门，根据公司策略及法律法规的要求，制定公司级的《安全环境目标》并做成标牌在现场做宣导。要想员工时时刻刻把安全铭记于心，企业一般的做法是拉横幅喊口号。除此之外，还可以定期组织"安全环保知识竞赛"，发放题库与安全环保知识学习资料。通过初赛已经让大部分人参与到安全环保知识学习中，再通过现场比赛，无论是比赛者还是观赛者，都在那个氛围下感受与学习到安全环保知识。

　　利用现有的信息科技，把企业曾经经历过的安全问题或事故，利用事故重演的方式，用视频记录下来制作成宣传片。通过在特定的区域反复播放的方式向员工宣传，提高他们的安全意识。对于生产现场，通过车间主管对现场安全的严格管理，以实际行动让员工时刻把安全放在最主要的位置上，做任何一个动作都先联想到是否安全，操作是否符合安全的要求与规定。

　　除了在意识上影响员工对安全环保的重视外，企业内部还需要制定一系列的规章制度让员工遵循，并定期做好安全环保宣传及法规的教育，如表3-3所示。

表3-3　××化工企业安全相关制度列表

《企业安全总规程》	《劳动防护用品管理制度》	《安全投入保障制度》
《安全作业管理制度》	《环保安全设施维护保养制度》	《劳动防护用品配备标准》
《安全环保责任制》	《厂内交通安全管理制度》	《安全环保检查制度》
《安全环境目标管理制度》	《储罐区管理制度》	《安全环保教育培训制度》
《消防安全管理制度》	《动土作业管理制度》	《安全环保会议制度》
《危险化学物品管理制度》	《防火、防爆、防尘及防毒管理制度》	《安全环保值班制度》
《固体废弃物管理制度》	《厂内非机动车辆安全管理规定》	《承包商安全环保管理制度》
《特种设备管理制度》	《新改扩工程三同时管理制度》	《外来相关方安全环保管理制度》
《化学品仓库安全管理制度》	《生产设施安全拆除报废制度》	《危险化学物品事故救援预案》
《局限空间作业管理制度》	《动火作业管理制度》	《火灾爆炸类事故应急救援预案》

《高处作业管理制度》	《生产设施安全检维修管理制度》	《企业突发公共事件 总体应急预案》
《易制毒化学品管理制度》	《生产设施安全管理制度》	《企业突发自然灾害 事故应急预案》
《剧毒化学品管理制度》	《职业危害管理制度》	《节假日装置启动管理制度》

在企业里，不同岗位的操作要求与安全环保风险点也不相同。因此，生产主管需要定期与员工一起去现场识别、更新危险源，同时对照员工的操作是否跟操作规程一致，对风险点制定一系列的整改措施，以起到保护员工的作用，对于一些安全隐患则需停产检修以保证安全运行。对于任何一个新环境或设备，都需要提前做危险源识别与安全分析，对设备做全面的"拆解"，把设备的关键控制点标记好，制定完操作规程后要按要求培训员工，并让员工做现场操作考核。除此之外，还可以把操作规程制作成流程看板，把最标准的操作要求以图片的形式在现场展示。

对于一些设备控制的关键点，利用集散控制系统（Distributed Control System，简称DCS）的报警监控功能进行实时监控，超高限与超低限的温度或压力等做实时报警，让工艺技术员及时对问题进行反应整改，以防止事故的发生。如生产现场的设备有统一性的，可选择同理的设备做微型的生产现场模拟，把缩小版的"反应釜"与现场环境作为员工培训的资料，让员工的安全操作培训能在真实的环境下进行，还可以模拟更多"操作事故"的应急处理措施，防患于未然。

对于特殊工种，必须严格做到持证上岗。做好新进员工的三级教育，使新入厂的职工树立起"安全第一"和"安全生产人人有责"的思想。介绍企业典型事故案例和教训，抢险、救灾、救人常识及工伤事故报告程序等。安全环保部门还要定期组织安全演练，让全厂员工时刻高度警惕安环事件。

机电仪系统：设备作为生产的主要大型工具，主要作用是把原材料通过在设备里进行一系列的反应/制造过程而形成成品。在整个生产过程中，想保证生产/制造过程的顺利，它必定要有一些起监控作用的测量仪器作为监控的方式。只有两者配合使用，生产过程才能得以继续和保证生产安全。机电仪系统主要是负责全厂的机器、设备、仪表、计量器材的选型、维修与保养，以及组织计量体系的审核。机电仪系统作为专业部门，对设备的参数及运转原理有比较专业的了解，所以工厂有需求采购机器、设备时，首要的是咨询设备专业人员，由其根据生产工艺要求和市场供应情况，按照技术上先进、经济上合理、生产上适用的原则，以及可行性、维修性、操作性和能源供应等要求，进行调查和分析比较，以确定设备的优化方案。××车间××（项目）温度传感器选型条件如表3-4所示。

表3-4　　××车间××（项目）温度传感器选型条件表

序号	仪表位号	工位描述	依附设备号	现场工况							工艺要求					其他要求					备注
				环境温度（℃）、湿度（%RH）	操作压力（MPa）	介质腐蚀	介质毒性	插入深度（mm）	防护级别	防爆等级	测量范围（℃）	允许不确定度（k=2）	最小分度值	最大允许误差/准确度等级	安装/连锁方式	现场数字显示	是否高度控制	护管材质	护管外径（mm）	是否需要远传	输出方式	测/控仪表型号	ABC分类	
1																								
2																								
3																								
4																								
5																								

除了选型外，设备部门还应掌握全厂所有设备的清单及使用年限，对设备进行分类，制定《设备档案》并针对不同的设备设定不同的维修、维护与保养方案。对设备定期组织盘查，确保在工厂内没有因为登记不及时导致的维护不到位的问题。按《设备管理制度》，每年最后一季度根据设备清单及年度生产计划，与生产计划人员制定《年度的设

备维护与保养计划》并签批发行。到达计划时间提前两周与生产计划人员确认准确的操作时间，避免大范围影响生产与交付。另外，日常的设备维护与保养工作，除了设备专业人员的监控外，还需要组织生产车间员工共同投入设备维护与保养工作中，定期对他们进行设备知识的讲解及维护保养技巧，做到全员参与。这也是当前大多数工厂所使用的全员生产维护（Total Productive Maintenance，简称TPM）的最终目的。

以上是对于机器设备的选型与日常操作介绍，而在机电仪系统里，仪表是一个重大的用于计量的设备范畴，它在制造业特别是化工行业里通常包含温度表、压力表、液位计、流量计、数显仪等，还有一些具有自动控制、报警、信号传递和数据处理等功能的仪器，比如，调节阀、压力开关、变送器等。日常点检是对仪表是否正常运作的一个监控，每一个仪表都必须指定责任人，负责每天定时对仪表的读数做记录、对其所处的环境做检察，确保仪表的正常运行。除此之外，还要按照企业的《仪表管理制度》定期对仪表进行校准，避免读数的不准确。而在整个仪表的使用过程中，还要严格执行"计量体系"的要求，加强对公司员工的计量知识及技术的培训教育，提高计量法制意识，严格计量活动规范，贯彻质量方针、目标和任务。为满足管理的需要、为提高企业的产品经济效益，提供可靠的计量检测技术保障，如表3-5所示。

表3-5　××测量设备计量确认记录表

设备名称		设备编号			设备型号	
制造厂家		使用单位			检定单位	
检定日期		有效期			证书编号	
环境温度		25℃		环境湿度		45%
测量过程的计量要求						
序号	参数名称	测量范围		允许误差	稳定性	环境条件
1	屈服强度	（200～900）MPa		5MPa	稳定	（10～35）℃
2	抗拉强度	（200～900）MPa		5MPa	稳定	（10～35）℃

续表

测量设备的计量特性					
序号	参数名称	测量范围	准确度等级	稳定性	分辨力
1	拉力	（0～100）KN	0.5级	稳定	0.0001KN
验证方法		通过对测量过程的测量不确定度评定方法进行确认			
		□准确度比较测量□能力指数分析□测量不确定度评定			
确认历史记录					
序号	确认日期	验证过程简述	确认结论	确认人员	审核人员
1					
2					
3					

公用工程和调度。统称为企业的公服中心。在制造企业的生产过程中，如有生产需要时，由其统一调配全厂人力、物资、器具、车辆等。同时它还掌握着全厂的锅炉、冷冻水、压缩空气、氮气、循环水、蒸汽、去离子水、污水处理等。

公服中心提供的服务与全厂各部门都相关。

一是以生产计划为基础在合适的时候提供生产所用的材料，如水、汽、电等。

二是以安全环保为目标，监督各生产车间的污水排放，以及制定一系列措施保证所排放到公用管网的水达到标准。

三是以成本为过程控制，监督各生产车间所用的水电汽等用量，定期公布使用量及对比量，对于超出标准用量的，通过系统的分析找出原因及控制措施。

公服中心是统一向生产提供服务与能源的，因此必须有其自身所管理的设备的所有清单及相对应的参数，并且是从采购之日起到当前每发生的一个事件与动作都须做好记录。特别是化工行业，特种设备（锅炉、氮气罐、冰机、压缩空气等）的监控与年检是一个不可忽视的问题，它直接影响公用能源的供应。就此，特种设备台账及相对应的日常维护保养制度是公服中心首先要建立的资料，台账里应详细记录每台特种设备的购买时间、运行参数、所使用的能源、日常点检要求、年检的时间及年检需要的资料，同时还要注意特种设备操作人员必须持证上岗。只有这样，特种设备的运行才能得到保障，以及能向生产系统提供稳定的、充足的能源和服务。

公服中心提供能源，对它的需求来源也是生产计划。公服中心的首要任务是密切关注生产计划的变动，按生产计划来核算所需要的能源量。如生产计划标明每天生产需要用的蒸汽量为 10 吨，而 1 周后因设备维护需要停产。此时，公服中心马上反应并向蒸汽提供机构变更能源采购需求或利用现场设备做能源使用调节。同时，对于能源机构的一些供应变动信息也第一时间知会生产计划部门人员并协助做好生产计划的调整，做好公服中心的信息对接功能。然后，还应通过一些信息共享系统与供应商共享能源库存，与供应商约定当库存达到某一个占时自动运送能源到位。这样有利于降低自身的管理成本与人员，提高信息对接的准确性与效率。

安全环保的生产环境需要工厂全员共同参与创造外，还需要一个监督者来做日常监督、维持。公服中心作为公共服务部门，除了是环境的规划创造者外，还要在日常中起监督检查作用。它要从全厂的管网布置出发，研究设置整个厂区的管网流向及优化管网分流，确保工厂所排放的污水符合安全环保的要求。同时，对于工厂的 6S 实施定期的检查与监督，落实日常管理制度的有效实施，保证整个厂区的安全与环保达到法律法规的要求，满足生产对 6S 的需求，减少因相互交叉感染造成的产品问题，提高生产效率。除此之外，它还需要根据各车间所使用的能源成本进行核算与跟踪。对各能源的使用设置不同的计量工具做记录，每月分析各车间甚至是各设备的使用情况，利用一系列的分析工具（如同期对比）对使用量进行分析，对于异常的能源使用量提出质疑并要求相关部门做出调查，避免无故的浪费。而日常对于公用系统的巡查，有利于"跑冒滴漏"点的发现，及时整改，能有效降低能源的浪费和生产成本。

第四章

Chapter 4

客户服务系统

1. 客户服务

客户感知企业的存在就是企业为他们提供服务与价值，并能持续不断地满足他们的需求。一旦客户对企业产生了依赖，企业就获得了竞争优势，这种优势称为服务个性。

企业的客户服务水平越高，光顾的客户就越多，也会产生更多的忠实客户，企业就会获取更多的利润。客户服务主要体现了一种以客户为导向的价值观，它整合及管理在预先设定的最优成本（服务组合）中的客户界面的所有要素。广义而言，任何能提高客户满意度的内容都属于客户服务的范围。

客户服务一般会分为三类，即售前服务、售中服务和售后服务。

（1）售前服务。

一般是指企业在销售产品之前为客户提供的一系列活动，如市场调查、产品设计、提供使用说明书、提供咨询服务等。为了更好地与客户建立合作关系，业务部销售人员会针对客户的产品性质，向客户推荐合适的产品，并向客户介绍产品的特性与优势，助其研发新产品。或企业内部先通过产品的特性研发新产品配方，并通过新产品在市场的发展趋势做调查分析，再向客户举荐。这样，客户以后对企业的依赖性会更强，但是企业内部对产品配方的创新和人员的要求更高。而有些客户，在合作前会对其供应商进行考核，内容包括：供应商基本资料咨询（产品类别、产能、人员、设备等）、供应商现场走访、供应商审核、样品送样测试等，这些都属于售前服务。售前服务除了满足客户的一些现场需求外，还包含网络上的沟通：企业可以通过在网络上建立咨询或查询平台，或直接通过企业网站供客户查询。还可以提供在线客户服务，设置专业的客服人员对客户进行答疑与咨询。

售前服务的内容还包含为好的客户服务营造氛围的活动，主要包括向客户提供关于客户服务的一些标准答案。如企业的一般产能介绍、订单接收后的操作流程是怎样的，一般在接收订单后多长时间发货，退货和延期交货的处理程序是什么样的，运输方法等，以使客户了解可期望得到什么样的服务。制定一系列应急服务计划，以应对工人罢工，或自然灾害，或运输受限等影响正常服务的情况。

一个好的售前服务，给客户带来的可能是"精神"上的共鸣。当今的市场体系，价格可以说是透明的。因此，客户如何选择供应商，除了"你给我钱，我给你提供服务"外，还可能与所接触的业务员的沟通、价值观、谈吐、响应速度有关系。因此，企业除了从实际的、看得见的服务上提升质量外，还可以在精神上与客户共勉，通过与客户共同创造业绩的道路上一起前行来获得客户的信任与持久合作。在与客户接触时，可以向客户分享企业自身的一些管理手段或方法，或通过企业自身的优势吸引客户的眼球。比如，向客户提供一些培训机会和渠道，或以座谈会的形式与客户共同讨论与分享各自的管理特色与技巧，也可邀请专业人士进行沟通互动等。

（2）售中服务。

售中服务是指在产品交易过程中销售者向购买者提供的服务，如接待服务、商品包装服务等。在交付链条上，从订单的接收到产品到达客户手中这一链条上的每一个环节的信息都是售中服务的内容。订单的接收将作为售中服务的第一个环节，按第一章里关于订单的处理流程进行确认与处理，要求订单接收者严格按管理制度和流程操作，同时按客户服务应有的态度和礼貌去接待和回传确认。虽然订单经过财务审核后进入仓储发货都是在企业内部执行，它的状态看似没有与客户有直接的关系，事实上这些活动均由订单的产生所引起，因此这些行为均是时刻向客户负责的行为活动。

这个过程涉及的服务有：财务信用审核是否确认通过、信用额度的维护、发货时间的反馈、仓储的拣货过程、物流的送货过程、货物送至客户仓库时双方的接收过程、送货单据的签收等。这些过程只有在送货到客户仓库时才是双方共同执行与对接的服务。这时才是客户真正感受服务的环节，用车的选择、车内的清洁度、装货的规则、路程的设定、送货时间的限定、卸货服务、单据的签收等服务必须符合客户服务的标准，按管理制度要求操作，让客户体验企业的服务水平和专业度，提升客户满意度。在这一交付链条上出现任何异常，客户服务的响应应该是第一时间与客户沟通，并做好客户关系。总之，在交付这一链条上的售中服务，应该是以订单为起点，把与客户相关的所有过程动作都往客户满意的细节上优化与操作，最终让客户满意地接收所需要的产品。

（3）**售后服务**。

售后服务是指与所销售产品有连带关系的服务。它在交付链条上突显的是对客户产品使用的跟踪。在产品到达客户手中的那一刻起，客户对其采购产品拥有使用权，但客户对原材料的使用或配方有自己独特的使用方法，或许会因为配方的差异或设备问题导致原材料的使用不顺畅，此时作为原材料的供应商就应该主动提供协助解决的方案与措施，必要时派遣专业的技术人员到场指导使用，只有这样，客户才会对供应商更加信任、依赖，合作关系才能长久。

而客户投诉是售后服务最常见的情况，因此，每个企业都有《客户投诉处理程序》，它对客户投诉从接收那一刻起，如何转换成内部调查报告、规定在什么时间段内完成、什么时间内向客户提供处理方案都做了明确的规定。企业内部的质量管理人员在处理客户投诉过程中应该时刻与业务部人员保持沟通，及时向业务部反馈客户投诉的处理进度，必要时质量管理人员可以直接与客户质量部门做出对接或现场做检测方法的校对，以便双方在同一平台上寻找解决问题的办法。客户要求退货时，企业应主动与客户对接处理方案，在双方共同认证处理方案后及时安排内部人员处理。在竞争日益激烈的市场，企业会越来越重视售后服务，它是维系客户关系的一道"屏障"，同时也是开拓客户"更深市场"的一个环节。

不管是售前、售中还是售后，都是通过"有血有肉"的企业员工去实现的。在与客户接触过程中，员工就是企业的活名片，员工态度傲慢、客户提出的问题不能得到及时解决、咨询无人理睬、投诉没人处理、服务人员工作效率低下都是直接导致客户流失的重要因素。

据有关数据显示，80%的客户流失是由于员工服务态度差造成的。员工的参与度成为影响服务质量的关键，管理者必须重视与员工的双向沟通。要想提高客户的满意度，一定要从多个维护向客户回访企业所提供的服务内容，还要定期走访客户，客户所反馈的意见要有具体的改进措施和办法。这些过程不仅仅是从日常客户关系维护中进行，还要在与客户日常合作或送货过程中不断发现问题与改进。

需要注意的是，客户服务的高满意度是每一个业务部都追求的目标，同时在这个过程中，业务部人员也要时刻根据企业自身的特点去评估客户的需求是否合理，在企业现有的条件下能否达到客户的要求。不要盲目地追求客户的满意度，而忽略企业自身的利益或团队的士气。

案例 4-1

客户信息再也不保密了

2015 年的某一天，客户 A 向企业业务员 W 反馈说贵企业所送的产品，经他们公司检测判定不合格，原因是指标 Z 比标准值高了 1.5 倍，客户为此提出了退货申请。业务员 W 把收到的信息写成了客户投诉单，同时按企业对投诉的操作方法进行处理：让客户 A 把所收到的产品取样并发回至企业，企业内部的质检部对所收到的样品与留样进行检测。

企业内部的质检部对两个样品进行检测后，告知业务员：检测结果一致，与出厂时所提供的数据一致，都是在产品标准内，并没有不合格。

业务员又向客户 A 反馈了此信息，客户 A 再向他们公司提出二次检测的需求，但检测结果还是不合格。业务员在中间不停地传递客户与企业质检部门之间的信息，但最终还是没有找到两边检测结果不一致的问题所在。

到最后，业务员把企业内部负责检测的人员带到客户 A 所在的企业质检部，双方检测人员共同对检测方法与检测过程做了一次对比。结果发现，两个企业所用的检测方法不一致，导致检测结果不一致。最终在双方的沟通协调下，解决了这次退货事件。

客户信息再也不能只是业务员掌握，它应该在出现问题时，让双方的专业部门、专业人士第一时间对接，这样才能有效地解决问题，增强与客户之间的合作关系。

2. 与客户共享利益成果

"闭门造车"是企业管理中最严重也最常见的错误，除了存在流程不适用外，更多的是会导致其与行业脱节，从而使企业陷入困境。企业开放式地学习和引进一些管理技巧，以及与客户、供应商同步成长，更有利于企业在各方面的提升与发展。

在企业里，"傍大款"的营销模式是企业获得稳定订单和资金流的一种方式。"大款们"通常有自己的一套比较完整的管理制度，以及有比较高的操作标准和一些先进的管理工具。企业要跟自己的"大款们"紧密配合，"大款们"的一些先进的培育企业作为优质供应商的管理工具不仅要学会，更要与其他合作伙伴一起推广、分享，做大做强。

案例 4 - 2

价值流分析

A 客户作为某公司的优质大客户，对某公司的一个指标要求就是每年要有持续降本的能力，这可苦煞了某公司。在某公司一筹莫展的时候，A 客户作为龙头优质大客户，不愧为"大款"。在 2015 年提出这个指标的同时，A 客户派出了一个优秀的团队到某公司进行"VSM"培训，跟某公司一起挖掘合作产品 P1 的降本方法，最后通过 2 天热烈的现场分析，双方成功获得以下收益。

（1）P1 的生产工艺可以优化，可以通过 3 个月的技术改造实现从 20 小时生产周期缩短为 15 小时，效率提升 25%。随着生产周期的缩短，水电汽的消耗随之下降约为 10%。

（2）A 客户完善自身的计划系统，减少某公司在货仓的压仓费，同时减少某公司的库存成本。

（3）某公司的生产、工艺、仓储、品质等人员学会了 VSM 系统。

（4）上述所得到的成果不仅给该公司带来了效益，也给 A 客户带来了最直接的利益——采购 P1 产品的成本大幅下降。

（5）某公司可以利用 VSM 对内部的其他产品进行分析，提升生产管理水平、减少浪费、降低成本，同时给自己的合作伙伴（供应商及其他客户）进行推广分享，共享利益成果。

价值流程图（Value Stream Mapping，简称 VSM）就是一个最能体现企业与客户合作之间所使用到的优化流程改善点并创造价值的工具。它既能使企业内部通过自身的不断改善来满足客户的需求，又能提高自身的管理水平与人员素质，从而实现高效生产。它的作用在于可以帮助企业提升价值，从而实现互利共赢。所谓价值流程图是丰田精益制造生产系统框架下的一种用来描述物流和信息流的形象化工具。它运用精益制造的工具和技术来帮助企业理解和精简生产流程。

价值流程图通过形象化地描述生产过程中的物流和信息流，来达到此工具的目的。从接到订单的那一刻起，价值流程图就开始工作了，它贯穿于生产制造的所有流程、步骤，直到终端产品离开仓储。对生产制造过程中的周期时间、当机时间、在制品库存、原材料流动、信息流动等情况进行描摹和记录，有助于形象化当前流程的活动状态，有利于对生产流程进行指导，朝着理想化方向发展。

价值流程图分析的两个流程。第一个是信息（情报）流程，即从市场部接到客户订单或市场部预测客户的需求开始，到使之变成采购计划和生产计划的过程；第二个是实物流程，即从供应商供应原材料入库开始，随后出库制造、成品入库、产品出库，直至产品送达客户手中的过程。此外，实物流程中还包括产品的检验、停放等环节。企业在进行价值流程图分析时，首先要挑选出典型的产品作为深入调查分析的对象，从而绘制出信息（情报）流程和实物流程的现状图，然后将现状图与信息（情报）和实物流程的理想状况图比较，发现当前组织生产过程中存在的问题点，进而针对问题点提出改进措施。

价值流就是将一种产品从原材料状态加工成客户可以接受的产成品的一整套操作过程，包括增值和非增值活动。价值流程图是一种使用铅笔和纸的工具，用一些简单的符号和流线从头到尾描绘每一个工序状态，工序间的物流、信息流和价值流的当前状态图，找出需要改善的地方后，再描绘一个未来状态图，以显示价值流改善的方向和结果。

价值流程图分析先对运作过程中的现状进行分析，即对"当前状态图"进行分析，从客户一端开始，了解客户的需求情况和节拍，然后研究运作流程中的每一道工序，从下游追溯到上游，直至供应商。分析每个工序的增值和非增值活动，包括准备、加工、库存、物料的转移方法等，记录对应的时间，了解分析物流信息传递的路径和方法，然后根据分析情况来判别和确定出浪费所在及其原因，为消灭浪费和持续改善提供目标。最后根据企业的实际情况，设计出新的价值流程，为未来的运作指明方向。

供应链上的所有活动也可以分为以下三种类型。

一是不增值（non – valueadding NVA）。这是纯粹的浪费，它包含那些不能创造用户所能接受的价值，并且可以立即取消的活动。

二是必要但不增值（necessary button – value adding NBVA）。是指那些不创造价值，但是产品开发、补充订货、生产系统还需要，因而不能马上取消的活动。为了消除这种浪费，需要对现有的运作系统做出较大的改变，这些改动不可能马上实施。

三是增值（value – adding VA）。真正能创造出客户可以接受的价值的行动。

基于供应链的价值流分析的目的就是对某个具体产品和服务的整个价值流进行管理，明确浪费，找到一种合适的路径去消除不增值活动，尽量减少必要但不增值的活动，提升竞争优势，如图 4 – 1 所示。

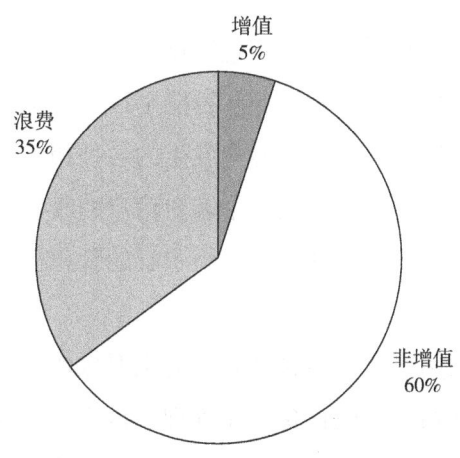

图 4 –1　增值与否的饼图

VSM 能在合作伙伴之间合作的过程中产生价值，并能相互分享价值基础是相互对标。如何相互对标？最便捷的方式是对标引入客户的先进管理体系，更能贴近客户的需求与之达到一个同等的现场管理水平，开拓更多的市场。对标标准举例如表 4 – 1 所示。

表 4 - 1　对标标准举例示范表

序号	对标事项	对标责任人	效果评估	备注
1	产品标准	技术人员	样品测试等方式	
2	检测标准	QC 人员	方法测试、操作测试等方式	
3	包装标准	技术人员	耐受性测试等方式	
4	仓储标准	仓管人员	温湿度控制等方式	
5	运输标准	物流人员	运输方式的便捷性与安全性等方面	

3. 客户信息维护系统

企业所有的产品均为客户而设，企业通过客户对产品的销售实现资金的流转，进而不断地自我循环创造价值。很多企业尊奉"客户是上帝"的理念，维护好客户信息和客户关系是维持与客户长久合作关系的第一步。

客户关系管理系统是以客户信息数据的管理、分析为核心，综合利用信息技术、网络技术、电子商务、智能手段、系统再造及集成等多项技术，记录企业在销售过程中与客户发生的各种相关联活动的状态，提供各类数据分析模型，从而建立一个客户信息的收集、分析、管理、优化再利用的系统，为企业实现以客户为中心的管理模式提供一个客户管理平台。

企业业务员利用客户关系管理系统的主要操作如下。

一是客户管理系统一般包含产品管理、报价单、订单管理、发票管理等主要对接客户的模块，这些模块必须是按权限进行开放与维护的。系统操作和维护人员按客户管理的要求对客户进行系统登记和操作，对于日常一些问题的发生与客户关系的维护，通过系统数据的分析有针对性地制定方案，以提高与客户的长久合作度。

二是帮助记录、管理企业与客户交易、交往的所有记录，并通过分析辨别哪些客户是有价值的，以及这些客户的特征等。对于客户的资料，业务员应尽可能多地收集和掌控客户信息，如客户名称、电话、地址、业务信息、财务信息等。完整记录所有客户资料及联系情况，能做到快速查询客户的需求、客户状态及跟进情况等。

三是企业根据自身的销售策略对客户进行分类，在系统上形成客户中央数据库，并按不同类别的客户制定不同的管理策略。它可以通过对客户信息的汇总分析、构成分析、变化分析、关联分析等，快速了解客户联系情况、客户来源、营销机会等，帮助企业全方位掌握客户的分布情况，找到重点客户市场，服务于销售决策。

四是实现自动化管理，动态地跟踪客户需求、客户状态变化到客户订单，记录客户意见。对于日常有生意往来的客户，定期通过系统对其采购产品及其数量进行趋势分析，对于一些采购量波动比较大的客户通过系统筛选出来并做关注，必要时业务员对客户进行现场拜访，了解客户需求波动的原因，挖掘是否有新项目或涨量的需求，进而主动争取更多的订单。系统中有客户往来管理"售前—售中—售后"的完整记录，通过系统记录可以形成专门针对特定客户的操作方法，以提高客户满意度。同时，信息可以在系统平台上与相关部门共享，以便制定问题的纠正预防措施。

五是通过自动的电子渠道，如短信、邮箱、网站等承担对客户进行的某些自动化管理的任务。企业的一些重要的公告、活动、促销方案等可以通过系统进行主动告知。日常设定一些客户关怀语，如生日、节假日群发邮件、短信，让客户感受到合作商的"一份真情"。

第二部分

物流

第五章

Chapter 5

物流活动概述

1. 什么是物流

日益庞大的产品物流体系是以仓储为中心，促进生产与市场保持同步。物流是指为了满足客户的需求，以最低的成本，通过运输、保管、配送等方式，实现原材料、半成品、成品或相关信息进行由商品的产地到商品的消费地的计划、实施和管理的全过程。**物流是一个控制原材料、制成品、产成品和信息的系统，从供应开始经各种中间环节的转让及拥有而到达最终消费者手中的实物运动，以此实现组织的明确目标。** 物流的基本职能可以概括为以下七大职能。

（1）运输职能。

用特定的设施、设备、工具，把物品从一个地方向另一个地方转运的过程。通俗来讲，就是根据所要运输物品的特性，选择合适的运输工具并考虑运输的时效性，以此来完成物品转运。在与客户合作的过程中，合同的内容里必有约定的"到货日"，很多时候因为这个时间的限制，导致在选择运输方式上有所限制。从更宽广的角度来讲，物流运输范围越来越广，都需要极大地依赖物流管理水平及合理的成本控制。由于物流成本，尤其是运输成本，在企业总成本构成中占的比重越来越大，物流在企业里的作用越来越重要。

（2）仓储职能。

物流整个过程的主角是物品，它在未出库前和运输过程中都是在一定的空间内存储着。因此，在物流过程中还需要考虑库存数量能否承载，是否需要做仓储或转运。对物品进行分类管控，以便物品在整个物流过程中得到顺利转运。除此之外，它还有一种以仓储为主要职能的物流，即第三方仓储服务。按企业的要求，它除了存储外，还包含按单按时配送的功能。

（3）配送职能。

在企业内部，所有物料的转运均依靠单据或信息。而在对外的客户上，物流的过程除了一个简单的靠运输设备做产品转运外，更多的服务还体现在按单准确地把物品在正确的时间送到收货人的手上。如果产品或服务不能在客户希望的时间、地点提供，它就没有价值。

（4）包装职能。

包装是为了在物品流通过程中对产品起保护作用，进而方便储运、促进销售。它会根据物品的特性、运输的方式去选择包装或包装外的附加物，是为了达到上述目的而采取的一系列预防措施，以确保物品在转运过程中不会因受到外力碰撞、挤压导致破损进而引发物品泄漏，从而令客户不满意。整个物流过程中，包装是产品得以运输的保证，不同特性的产品应当在物流运输前做好相对应的包装，否则整个物流无法正常运行。

（5）装卸搬运职能。

装卸搬运是指使用辅助设备（如叉车）把所要转运的物品从仓储地运向运输设备（车辆），或从运输设备（车辆）运向仓储地的过程。搬运是为物品运输和保管的需要而进行的一项活动。为了简化这个操作或使这个操作更加高效，除了使用一些重力辅助设备外，在物品流转过程中应该做一些承托设施或采用大包装，尽量采用设备操作，减少人工劳动。

（6）流通加工职能。

物品在从生产地到使用地的过程中，根据需要实施包装、分割、计量、分装、贴标签、组装等简单作业的总称。如物品在运输过程中，为了减少在运输设备上的碰撞，在外包装上需增加防撞泡沫，或在配送过程中，对单次送货的物品进行合并打包，提高配送效率。

（7）信息处理职能。

物流的线路规划与成本、配送时效是企业与物流合作的基本前提，在与物流合作过程中，物品的转运过程能被跟踪和记录是企业的基本需求之一。因此，物流应该具备一个随时能查看物流动态的系统。企业根据与物流商的合作，对物流的成本、配送服务、单据回流等进行详细的分析。对物流商实行定期的服务考核，这样才能使物流活动更有效、更顺利地进行。物流信息系统的改善和灵活的制造过程使得市场向大规模定制发展。客户在购买时不再接受"所有产品统一规格"的概念，供应商正提供越来越多的满足个性化需求的产品。

在制造企业，物流还是实物流转的过程，如图5-1所示。即从供应商供应原材料、入库开始，随后材料出库、生产制造、成品入库、产品出库，直至产品送达客户手中的过程。此外，实物流还包括产品的检验、停放等环节。

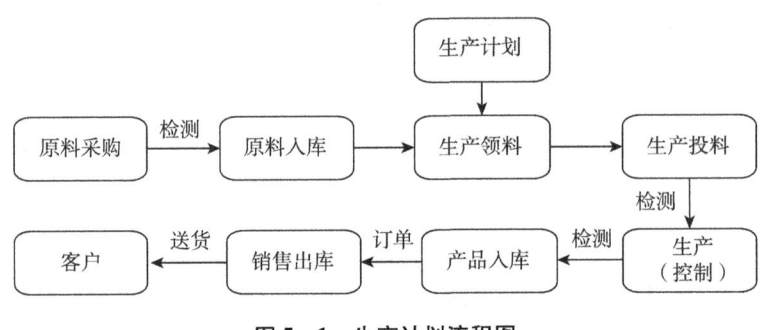

图5-1　生产计划流程图

第二章沿用过这个流程图，在这里，这个流程同样适用于描述制造企业的实物流。**实物流可以再简单地理解为是有实物体在流转的过程。**上述流程中原材料入库的实物流体现的是原材料送达到工厂后，从卸货区域进入库存的过程，如表5-1所示。它涉及卸货、报检、检测、结果跟进、叉运进规划好的仓储区域存放等过程。在这个物流过程中，需要注意的问题如下。

仓管员在原料到厂后核对送货供应商是否在合格供应商名录里面？

针对不同的原料采取不同的，但合适的卸货方式，如包装方式不同（一般化学品和危化品等）。

卸料后按原材料报检程序进行报检并跟踪检验结果。在检验结果未出来之前，做好隔离。

按仓储库位的设计对原材料进行进仓储存与管理，并监控好仓库的环境，以便按原材料规定的温湿度进行管控。

整个过程中，仓库人员应该熟知仓储每个物料的化学品安全技术说明书（Material Safety Data Sheet，MSDS），以便在出现异常时做出及时的、正确的处理。

在仓储按规定向车间发料时，注意原材料包装的完整性及其品质状态。

在产品制造过程中，按工艺配方及规范的操作作业。同时，通过DCS系统对生产进行实时监控，通过产品的过程控制实时跟踪产品质量的实现，在出现异常情况时，工艺技术人员及车间主管第一时间做出反应并调整工艺技术，以达到提高一次合格率的目标。

成品入库，首先要确认的是成品的品质状态，是否已被品质部门确认已合格，并且有体现质量状态的标签。确认后按仓储规划的库位原则进行存放，做到账、实、位相符，即实物在哪里，账就必须在哪里。

产品出库到产品送达到客户手中，是一个物理的产品转移过程。产品出库必须保证所出库的产品是订单上要求的产品，所附着的资料必须是标准的并且是客户需求的。同时，转运过程中的载体也必须是合格的，符合卫生标准要求的运输车辆。在与客户对产品的交接过程中，注意客户服务的理念与态度，确保客户收货也是一种体验，最终实现以为客户服务的质感留住客人。

表 5 - 1 原料到货资料确认表

原料名称		原料代码	
采购单号		到货日期	
检查项目		确认信息	
该送货供应商是否为合格供应商?		是□	否□
是否附有送货单据?		是□	否□
是否附有质量检测报告?		是□	否□
是否熟知物料属性?		是□	否□
数量是否与送货单上的一致?		是□	否□

2. 实物流效率提升方式

我们从实物流转的过程并结合 VSM 来分析其流转中增值、非增值及浪费的部分,对于增值的部分继续发挥其巨大的作用,对于非增值部分坚决摒弃,对于浪费部分制定一个阶段性减少的目标,以此来整体提升实物流转的效率,如图 5 - 2 所示。

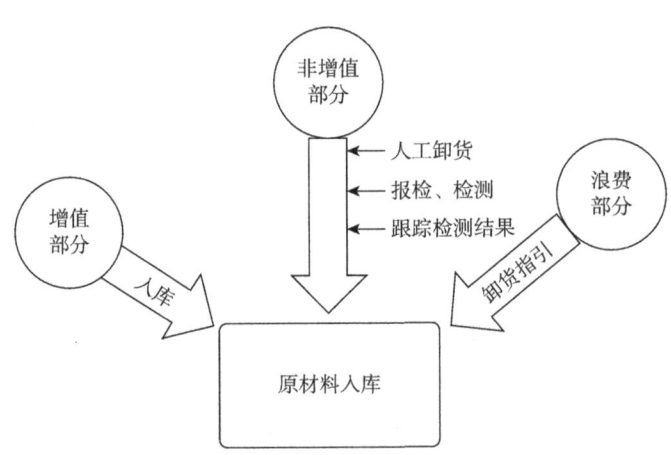

图 5 - 2 "原材料入库"增值、非增值、浪费示例图

供应商供应原材料入库,这个环节中实际有效的价值仅为入库这一个动作。其中,人工卸货、报检检测、跟踪检测结果均为不增值的活

动。因此，在提升这个效率的目的下，原料的到货方式应该采用地台板的形式，取消人工卸货，仅需叉车即可完成。另外，对原材料的检测，如果能取消检测环节，也是提升效率的方法。所以，可以采用的方法是提前检测，即供应商在送货前，把送货批次的原材料先送样至工厂检测，经检测合格后再来料，或者工厂对供应商所供应的原料实行以往的来料检测数据分析，分析结果是长时间所供应物料均为稳定的产品，可把每批均要检测的要求变更为定期抽检，这样把整个来料入库环节节省为仅是来货就叉料进仓，这就大大提升了制造企业在物流上的第一个环节。

原材料出库到车间，这个过程是物料的物理移动过程，提高此效率的方式只能在设备和方法上做出改变。原料的出库信息（种类、数量、包装规格、品质状态等）通过系统向仓储传送，并且在仓储现场以电子屏幕的方式显示，减少信息传输所浪费的时间。而在原材料的转移过程中，采用 AGV 的方式来运输，只需仓储人员备好车间和所需的物料后，利用 AGV 系统自动向目的地车间传输，改变人为的操作方式，利用设备的不断运转实现连续运输，提高运转效率。整个工厂的物流靠信息平台做出信息共享，所有的起始信息与物品接收信息只需要在接收方接到后按确认即可认为该物流行为结束，自动通过系统逻辑选定下一个操作的指示，此过程完全依靠系统完成。

在生产制造上，只有产品的生产过程（产品反应或组合）才是增值的，其他动作行为都可以视为是不产生价值、不增值的过程。因此，就需要采取不同的方法从生产的设备、人员、操作上做出改善。在设备上尽可能多地采用机械手或全自动设备，这样既有利于效率的提高，也有利于保障产品质量的稳定。而设备则按设备管理要求，做好定期维护与保养以降低停车的风险，提高生产量。在人员上，做好员工的技能培训，充分发挥员工的劳动积极性和主观能动性，把员工从只会做生产操作向主动对生产现场设施设备的优化方向转变，成为多技能、技术型技工人才。

对于在生产上的监控，引用 DCS 控制系统或者 ERP 等系统。在生产设备上设置参数控制，对于偏离控制参数的操作做出警告，技术人员通过数据预警向生产车间提供生产调整方案，做到信息的无缝对接。同时，生产系统人员或工艺人员可以通过系统对生产过程中的参数进行分析，针对分析结果不断地优化其生产工艺与配方，有利于整个生产逐步向稳定、全自动化趋势发展。

成品入库，即把车间生产好的合格产品从车间向仓库转移。整个转移过程也是一个不增值的过程。因此，在某些确定是在进仓当天发货或按订单生产发货的产品，可以取消此进仓动作，待装车发货时直接从生产车间转运出来，以减少产品的物理转动过程，提高员工的工作效率。对于制造企业的一些大件产品或液态成品，可采取大包装、组合包装或储罐储存的方式，这样也可以减少在产品转运过程中的运转次数。

产品出库亦是如此。大包装或采用储罐罐装的形式也可以减少工作量，提高工作效率。甚至可以脑洞大开，如果是液态产品，直接使用管道输送，并且是采取 JIT 的模式，只需按操作按钮即可。

产品送货至客户手中，物流方式是多种多样的。无论选择哪种方式，一定是从运输的方便性、低成本、高效率、保质保量的目的做出平衡与筛选的。在产品的运输过程中，根据实际的客户群体区域分布，考量仓储的位置及配送模式。如是采用自有车辆送货的，根据客户地址，设置不同的或最优的送货路线，确保在有限的资源下取得最大的配送效率。

3. 物流控制系统

物流控制系统是为了达到实物在流动或转运的过程中能够达到实物操作者和接收者所预期的效果，所设置的一系列活动措施。物流控制系统的五大目标如下。

（1）服务目标。

物流到达每一个层面或每一个环节都是被那个环节的人所接收和继

续操作，它的目的在于所提供的物流走向让接收者感到满意，为了这个满意度需要不断做出改善动作。物流过程就是一个服务过程，对这个过程的有效控制、改善自然而然地让接收者感受到满意的服务。

（2）**快速、及时响应目标。**

物流的快速、及时响应能有效减少在生产或流动环节过程因等待造成的浪费。在淡旺季时需要分别制定有效的物流配送目标。

（3）**节约目标。**

物流与信息流相辅相成，在物流过程中，信息的不顺畅、不同步往往导致活动的重复性及无效。在此过程中，对所有的动作与环节做好监督与控制，能很好地把信息有效扩展出去，以便大家在一个平台上共同制定物流决策。

（4）**规模优化目标。**

物品流向的高效运转，必定要对物品进行整合、资源利用的最大化做出规划。一辆20t的货物运输车，运20t和运1t"点对点"的运输费用是同样的，因此，在物流上一般采用集中转运或利用设备大规模地操作，这样有利于成本控制与效率提升。

（5）**库存调节目标。**

通过物流控制系统能快速收集原材料、成品或在制品的库存信息，结合物流过程能够熟知整个生产该如何安排、如何进行、整个库存该如何调节，有利于企业内部资金流的快速运转。

一个好的物流控制系统应该如图5-3所示，在计划层、应用层、业务层及数据层都有专业的模块供企业人员操作与收集数据做分析。而在企业内部，ERP系统结合条码系统来对物流进行控制是一个不错的选择。

计划层。企业根据自身的物流策略确定所采用的物流配送模式。企业内部物流，采用叉车运送还是全自动（AGV）；企业外部物流，是外包的形式、第三方物流还是自有车辆。这些都需要把基础资料，如运送地点、运送线路、运送车辆/物流等录入系统，有计划或有物流需求的，

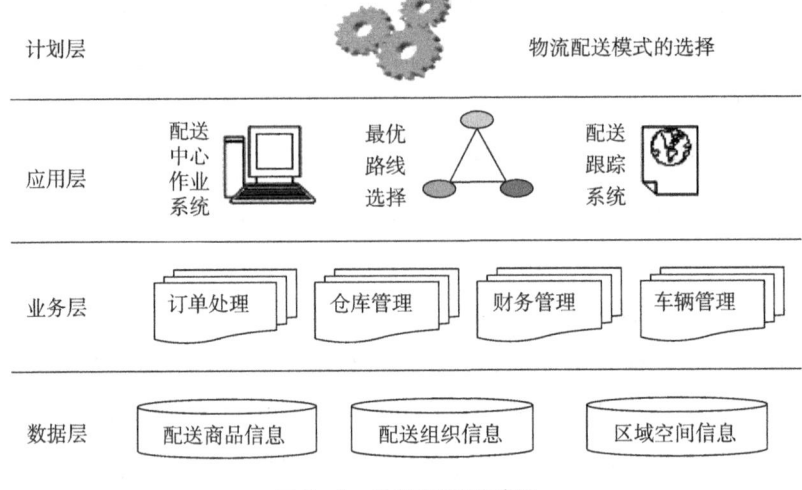

图 5-3　物流控制系统图

系统会自动根据企业设定的条件与逻辑去匹配相对应的模式。

应用层。系统只需在系统上通过接收订单（内部和外部订单），通过对订单条码的扫描，对订单区域或送货地点的识别，自动根据所设定的规则和逻辑去进行路线的选择与寻找相对应的物流。在整个配送过程中，物流信息的反馈与系统做无线对接，仓储人员或业务员能实时跟踪物品的配送情况并知晓其中的过程。在遇到异常情况时，能在第一时间做出反应，与客户沟通或企业内部采取相对应的紧急处理措施，以提高销售应变能力，提高客户满意度。

业务层。整个系统还包含不同模块的业务，订单是整个物流过程的一个触发点，订单处理模块记录了所有的订单，以及订单的处理过程与流转，整个订单过程（下达—审核—仓储配货—发运—配送—单据回传）均能通过系统进行跟踪；与订单相互关联的仓库及车辆均有相对应的管理模块，对产品的出入库、库存实时读数、盘点、配送车辆等信息做出共享。这一系列动作最终以资金流的方式体现，财务通过一连串的数据对成本做出分析，为整个订单的流转做合理的审核。这些模块其实就是一个不断循环的过程，最终以资金来体现其价值。

数据层。整个物流控制系统是对企业所有操作模块的一个数据载体。每个操作模块的人员根据系统设置的要求及操作的特点，把基础数据在系统上做设置，系统可自动根据需求做出判断与选择，这样既可以减少员工的工作量，也可以使所有操作规范化，减少错误的发生。每一项操作均会在系统操作的同时，做详细的数据记录，这些数据都是企业的资源，也是各个部门用于数据分析的基础。

不管是企业人员在物流过程中做出什么动作，均是依靠单据来执行并把数据体现在系统中。因此，通过系统数据和系统所反馈的信息，都以数据的形式存储在系统中，任何时候都可以调用信息资源和数据做出分析，进而做出相应的决策，以减少"拍脑袋"造成的错误决策，影响企业的正常动作和带来的高成本损失。

无论是自有车辆运输、外包运输还是第三方物流，企业必须充分了解其业务流程，并在流程中设置与 ERP 系统或条码系统相对接的信息，并对信息的公开性做出设置。

发运企业与承运物流商之间的八大业务流程如图 5-4 所示。

接单	·发运企业系统自动匹配模式 ·发运企业系统自动向物流承运商发起通知
登记	·承运商接收承运通知 ·登记发起承运的信息
调用安排	·承运商根据订单情况（数量、地点、产品特性、特定的配送要求）来安排匹配的运输工具
车队交换	·承运商根据送货方向、重量、体积来统筹安排车辆 ·承运商把运输计划提交给发运企业的仓储部门并确认提货计划
提货发运	·检查车辆情况→按时到达发运企业的仓库提货→办理提货手续→提货→盖好车棚→锁好箱门→办好出厂手续→电话通知收货客户预达时间→卸货搬运
在途追踪	·司机及时反馈途中信息或利用GPS定位，与物流控制系统做实时位置上传 ·到达订单指定送货点与收货客户联系送货情况，期间有异常及时与客户联系
到达签收	·货物到达订单指定位置后，按单据的签收要求，与收货方共同确认收货数量并签回单
结账	·根据双方协议或者合同内容发运企业将运费交付承运方，结账完成后流程结束

图 5-4 发运企业与承运物流商之间的八大业务流程

第六章

Chapter 6

实物供应物料管理

1. 工厂实物流的流向

工厂内部的物流是各种实物不停流转的过程，这个流向是以什么为目的，它的规划方向也就往哪个方向去设计。如工厂的物料流向是以快速反应车间的领料需求为目的，它的整个物料的流向一定是围绕车间如何能快速领料来规划。

（1）原材料的到货。

原材料供应商从送货到达企业门口登记那一刻起，就开始了它的物流流向。对于制造企业来讲，每天大量的原料到货是常有的事，为了规避扎堆，物控人员需从生产计划上对原料的需求着手，根据仓储的卸货能力，合理安排每天到货总量，避免卸货工作量的不均衡。

在原材料供应商到达工厂门口开始，仓管员就要根据不同原料的到货信息（原料名称、数量、包装）、原料的存储分布对来货物流车辆进行分流，同时根据先来后到的规则对物流车辆放行。一般情况下，仓储中心在厂区内要事先做好物流指引，物流车辆根据指引到达指定的卸货区域。

在整个物流卸货过程中，按仓储指定的区域做现场的卸货存放，然后按规划好的进仓路线对所卸原料进行转移。整个实物流过程中关注材料的检测结果，原则上在仓储过程中，应有一个指定的存放待检物料的区域，实际操作中可能出于对场地的高效使用与运转的考虑，通常情况下，此区域范围不大。我们利用系统对原料的品质进行管控，只需所有的物料在流通时都通过系统操作，便可以对原材料品质做很好的管控。

总的来讲，原材料到货的实物流，就是正确、快速指引原材料供应商到达卸货区域，然后把所卸的原材料准确地转移至仓储指定的、分配好的库位，并且利用系统来有效地管理原材料的检测结果，以保证原料的可使用性。

为了让每天大量的物流车辆在管控的条件下有序地进入厂区卸货，可以引进叫号系统。企业只需通过系统设置好规则，让系统对车辆进行分流，这样可以有效地减少人工排序，使物流车辆有序进厂。**在设置叫号规则时，需考虑两个方面。**

首先，如果仓库集中在一个地方，按照下面的规则排序叫号进厂。

按仓储卸货能力确定同时进厂卸货的车辆数。跟"看菜吃饭"的道理一样，因为仓储人员因排班或员工自身的问题，每天上班的人数不是固定的。所以每天同时进厂卸货的车辆还需要由当天上班的工作人员来确定。当然也可以前置收货卸料信息，即提前一天收集明天送货的原料信息，提前根据信息所核算的量来安排上班人员，这样可以合理、有效地利用人力资源。

采用"先来后到"的一刀切的排序顺序，还是根据不同的原料的卸货难度来排序？在化工企业，大桶装的原料和小包装的原料是否区别对待？大桶装的物料利用叉车等设备可随时卸货，而小包装的原料因为量大、包装小，操作难度比较大（用地台板来一包包搬运和叠放）。特别是夏天，一货柜的小包装原料卸货不是一般人能忍受的。因此，是否设定在早上温度比较低的时候先安排卸货呢？这样也是对员工负责，人性化管理的体现。

整个系统要与厂区内部的物流指引标识相连接。排序进厂只是第一步，更重要的是物流得到自己的进场信息后，如何快速、准确地到达指定的卸货位置。这就需要整个物流布局里使用到的指示牌、箭头、说明、现场人员指引等都做到位。

其次，如果是分散的，则要分别制定好不同仓库的接收原料清单，只要系统识别原料名称，即可区分物流流向，按规则排序叫号进场。

（2）原材料的发料。

根据生产计划的安排，对仓库储存的物料直接向生产制造部门发放的现象，是仓库向生产车间的物流流向。目前，很多企业的生产领料从以前的生产车间作为始发者，根据生产计划核算物料需求，再开领料单向仓库发起发料需求，转变为生产计划人员通过系统，根据工单的开立制定领料单，通过系统或邮件发送至仓库发起发料需求。**无论是哪个方式，原材料的发料指令都需由制定或接收生产计划的人员做起。**在做出原材料的发料指令外，仓库人员根据物料名称，通过系统查询物料所存放的仓库及库位，安排叉车把所需原料运送至需求生产车间。在此过程中，想让整个原材料的发料物流流向清晰并无障碍，需要注意以下事项。

仓库内部需明确规划好物流通道和人流通道，它们的走向应该根据不能交叉互碰和现场良性循环的原则，划定好物流通道和人流通道。使叉车、手拖车等设备和现场操作人员能在现场标识的指引下，在仓库内部进行操作。

仓库内部有清晰的、明确的物料库位指引。仓库叉料/发料人员，只要根据发料单上的名称和库位信息，能快速地在现场找到发料单上的物料。一是避免过长的寻找物料的时间而影响发料效率；二是有效地降低了发错料的风险。仓库内部所设置的备料区，必须与物流通道相对接，不同批的料件要分开摆放，不可混放在一起，以免发生搬错或其他错误。

从仓库向生产车间的发料实物流设计，首先，要考虑整个物流通道是否符合叉运的要求，是否坑洼不平，是否坡度偏多，是否与人行道分开等。其次，根据物料储存方式确定转运方式，储罐式的现场使用多少只通过阀门进行管控，桶装的和包装的采取实用实发的形式。

如是罐装原料或储罐式储存的原料，都必须标注清楚其管道或物流走向，并对开动的阀门做好开关提示，以便物流方向的相关操作得到正确的指引。同时，从安全的角度出发，要对现场的所有阀门做好监管，不允许生产人员以外的任何人员贸然开关阀门导致安全事故。

所有的原料从仓库到生产车间的物流方向和路线的设置，都必须从原材料本身的性质、存储条件、厂区的道路为基础条件出发，再结合运输的效率、成本及仓储布局来考虑设计。总之，就是结合厂区的实际情况，采用最方便、效率最高的方式来设定物流方向。

成品的入仓与原料发料的物流方向正好相反，它是生产车间到仓库的一个物流现象。成品出库是从仓库向外部流出的一个物流现象。这里讲的是仓库的一进一出，从仓库的管理角度来讲，这个物流现象最终讲究的是平衡。整个实物流的流向应该怎样设计才能有效地提高运转效率和保证产品的稳定性？

物流流向。成品进仓与发货为什么在一起介绍呢？在整个进仓与发货的物流走向中，如果产成品是生产出来后马上发货的，可以直接通过在产出地接收产成品后马上装车发货，这样可以减少成品的物流流向，提高物流运转效率。

路径优化。参考原材料的发料物流设置规则，设置好物流流向与现场标识的指引。从生产车间出发，设置最优的运输路线，为了提高产品进仓这个物流的流向高效性。

载体选择。在整个产品进仓的物流流向过程中，要采用合适的运输工具作为载体。这个载体的决定虽然是在定产品包装时已确定好，但是仓库可以根据物流流向过程中该包装物是否有利于运输做出评估并提供建设性意见，标准管理委员会可以根据实际情况再组织评审，确保产品在整个物流流向过程中保持完好无损。

发货平台。在产品出库上，仓库要根据自身仓储的存货面积及仓储内部通道，把仓库内部的物流流向设计成单线循环的，这样可以有效地提高仓储面积的使用率，以及同时提升内部运转的效率。产品从仓储出来后，下一步就是装车发货。而这个物流走向，必须是让需要装车的产品有一个临时的备货/存放区域和平台，装货的车辆紧靠这个平台。产品从仓库的单线循环的路线出来后能直接到达平台，产品通过平台备货并能快速与车辆对接，增强物流运转的顺畅性和加快装车效率。

备货效率。为了有高效的产品出库装车效率，产品的存储要选择集中存放，提高备货的效率。在整个仓库的物流流向中，产品的发货要遵循"先进先出"的规则，因此可以在仓库的库位上设置"同进同出"的操作规则。所有取货设置在一个方向，进仓设置在一个方向，可以采用自动的货架去调节产品的库位或依靠仓管员定期对库位进行调整，从而达到内部的物流流向更加有序和效率更高的目的。

呆滞物料的存储一直是令人头疼的问题，对它应该做特别的处理。有人说超过 3 个月不流动就算呆滞，也有人说超过 1 年不流动才算呆滞。总之，物料存量过多，耗用量极少，而库存周转率极低的物料就是呆滞物料。每个公司的划分标准不同，比如有的企业规定，对质量（规格、品质）不符合标准的原材料、外购原料/贸易产品，存储超过 1 个月，已无使用价值，或虽有使用价值但用料极少的；对良好状态的原材料、外购原料/贸易产品，存储超过 3 个月，在以后的生产中没有机会使用或者很少使用的；对成品、半成品，凡因质量不符合标准、在制或制成后客户取消订单、过多库存等因素影响，存储超过 1 年的，都算作呆滞物料。不论如何，呆滞物料是一个比较长的时间内不动或很少动的东西。**对于呆滞物流在整个物流流向的设置，可根据它们的特点来设计，设计的原则如下。**

根据仓库的分布，设定一个比较不常用的或操作难度比其他库位高的作为存储的区域。这是因为呆滞品的使用频率都不高，把操作频率不高的设置在不易拿取的库位，有利于仓库库位的使用及整个仓储物料流通的效率。

呆滞不完全代表不动，可以根据其处理方案，把呆滞品分类为较长时间不动、偶尔也会领用、领用量极少等，固定先后存放顺序并做好标识，统一管理。通常情况下，呆滞品代表的是品质状态处于异常情况，在物料管理规定中，明确规定其存放时必须与其他物料区分并做好标识，避免出现混淆和相互污染的危险。

呆滞物料的流向可以总结为三个。一是报废；二是车间处理；三是低价销售处理。无论哪种处理方式，都必须有人跟踪并留意去向，同时留意其产生的原因及预防措施。

2. 物料供应系统

车间是把原材料通过一系列的操作和反应产出可以销售的产品之地，它既是物料接收者，也是物料使用者。物料供应系统是一个连接生产与仓储，用于及时供应物料的系统，是提高生产效率和降低成本的信息系统工具。它从物料的采购、到货、品质状态、发料、生产使用及其状态等全面地做出记录，让生产计划人员，以及生产、仓储人员快速掌握最新的物料信息。

如图6-1所示，物料供应系统从生产计划开始。生产计划是物料采购计划的基础；物料采购计划出来后，物控人员根据采购计划的需求，在物料供应系统上提出采购申请；经生产计划人员根据生产的落实情况、仓储情况、采购量的确认后，正式转为采购订单，列入采购人员

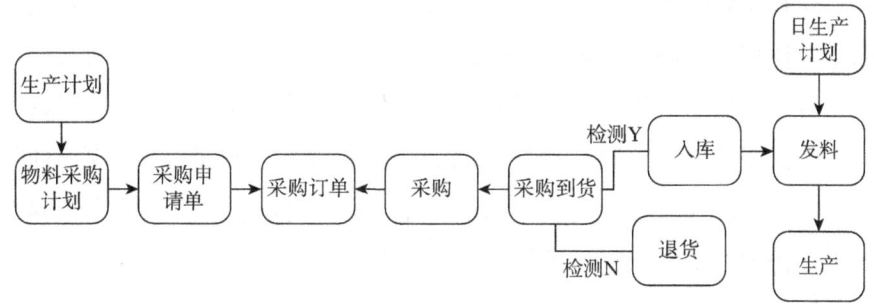

图6-1 物料供应系统的流程图

的采购名录里。整个过程通过相关人员在物料供应系统上操作，还可以利用系统的扩散功能，让物料供应系统连接固定供应商，只要采购订单被审核，采购信息可以转换为相对应的采购合同模板向供应商传达，由供应商按照合同要求的交付日期到货。

如供应商收到供应合同后评估交期无法达成的，应再与采购部门相关人员联系沟通。伴随的是制定固定供应商的回顾机制，防止不符合供应商名录的供应商在里面，或屡次遭到质量投诉的供应商继续供货。总之，这个过程依靠物料供应系统做自控，采购人员应制定相对应的基础数据监控系统，定期做系统数据维护与更新。

关于采购到货企业内部的系统操作，需要关注的信息是：来料供应商名称、物料名称、生产日期、来料批号、数量。根据这些信息，在物料供应系统上的订单模块寻找相对应的订单后，根据条码系统打印该批次来料的条码，条码上会囊括所有关于本次来料的详细信息（上面所关注的信息）。只需把条码往原料上粘贴、做好记号，仓库管理人员通过扫描条码提交来料待检信息后，质保部人员即可收到"工作指令"到场进行抽样检测。检测人员把检测数据输进物料供应系统后，系统自动判定来料的品质状态，仓管人员通过系统查询相对应的批号来料质量结果后，按结果对来料进行处理（入库、退货、让步放行）。整个过程依靠系统的提示及系统查询进行，避免人为错误导致来料的操作失误而进一步影响生产。

原料发料指令，这个流程涉及的工作归属是物控人员。物控人员根据生产计划人员制定的第二天的日生产计划及其生产工单，利用发料程序，自动导出生产该工单所对应的原料发料清单，清单里是某一产成品生产所需要的所有物料、物料存储的库位、批号、数量及其生产时间。这个指令可以在系统上向仓库人员传递，也可以通过纸质版的方式向仓库人员传递。整个过程，系统在原料的选择上，遵循先进先出原则。如果在原料的选择上不按此原则进行，必须经过工艺技术人员或生产经理的确认，只有这样才能有效地控制产品质量及原料库存的健康度。因为整个单据的操作过程都是系统自动通过库存核算需求量开具的，无论是生产车间的剩余库存还是仓库的库存，都必须是实时的库存数据，不能存在时间上的偏差。因为前一秒与后一秒所开具的数量，会因库存的调整不及时导致差异比较大，这会引起生产用料不足的情况出现。

所有的原料发料指令单都是生产的前一天向仓库传递，仓库人员根据发料指令单上的该产品生产时间，对用料车间进行先后排序来发料。发料过程中，只需要仓库人员按发料指令单上的信息取得相对应的物料后，通过扫描原料上所粘贴的条码，即可通过设备向生产车间传递。原材料到达车间，仓库人员与车间现场接收物料人员确认原料及数量无误后，车间人员只要通过系统确认收料即可完成整个发料工作。

在车间生产上，车间通过原材料的收料确认后，库存信息会直接存储在生产车间所对应的库位上。生产车间进行生产时，扫描工单上的生产条码，所有的投料过程所扫描的原材料条码，即可与此生产工单关联。如果该产品出现异常，可以根据该产品的批号，在条码系统上通过一系列的操作，找出该产品生产时所用到的原材料信息。如果该产品在生产过程中，所投的原料非该配方所使用的物料，条码系统会通过生产现场投料所扫描的设备进行限制性投料提醒，这样可以有效防止生产人员投错料及投料先后顺序的错误，从而导致不合格品甚至是呆滞品的产生。

在整个与生产车间配套的物料系统的设置与操作过程中，因为都是相关模块的责任人员在系统上操作，系统作为主要的运行者。**在系统操作与设置上需要注意以下四个问题。**

（1）关键信息提醒。

在整个系统上，只要在操作上有连接的模块，都需要在模块上设置提醒信息，这样可以让工作接收者第一时间收到对接信息进而开展相关工作。没有人专门是盯着系统等待指令开展工作的，他们必定是有自己的工作岗位及日常工作事项的，而且系统是辅助性工具。因此，设置提醒的目的是让在工作岗位上的员工第一时间接收工作指令，以最快的速度接手上一环节的工作，进而提升流程的处理效率。

（2）信息资源共享。

所有涉及该流程操作的人员，在权限设置上都应该综合考虑其使用频率，形成一个共享信息平台，时刻查询物料的相关信息。通常情况下，不在同一平台或无权限查询系统数据的，都需要花大量的时间在"询问"和"统计"上。每个岗位的员工在数据统计上都有不同的规则。因此，通过系统数据的开放，能让不同工作岗位的人员可以随时在系统上查询数据，提高工作效率。

（3）异常信息报警。

对于物料的一些基础信息的判断，如送货供应商是否在合格供应商名录里面、实收数量是否与采购订单数量一致、退货的和让步放行的原料系统定期做跟踪提醒等，都应该做好设置，这样可以减少人员操作的烦琐和关注不到位导致的资金损失。

（4）绿色通道开启。

物料使用的先进先出原则必须在系统上设置严格的关卡，对于挑选批号使用的操作需设定评审人员。这个人的选择必须是与生产产品工艺技术有关或可以通过原材料的质量状况预判产品质量的人，其他人均无此权限。只有这样，才能真正落实先进先出的原则，并提高整个系统运行的效率。

案例 6-1

谁才能拥有挑选物料批号生产的权力

某企业在生产产品P1时，已经出现了连续性10个批次不合格。交付压力让生产计划人员、车间人员、工艺人员、设备人员等喘不过气来。

车间主管把生产设备、生产过程做了一次全面的剖解，发现与之前完全一致，没有差异的地方，故此判断应该是原材料的问题。生产工艺人员也对工艺、原料、检测做了一次深度地剖析，也发现没有异常，唯一不同的是原材料的生产批号不一致。

生产主管一心想快点做出合格的产品，向仓库提出，指定某个批号的原材料。而仓库内部此批号的原材料实际上放在最里面，也不是先进先出操作所发的批号。因此，仓管员拒绝了发指定批号原材料的需求。

同时，生产计划人员听工艺技术人员说可能是原材料的问题，也想快点满足交付需求，亲自查询原材料的品质结果，挑选某个批号的原材料，通知仓库发料时发此批号的原材料。同样，仓管员也以不是按先进先出规则操作而拒绝发料。

工艺技术人员到仓库，跟仓管员说明已经做过验证，证实是原材料影响了产品质量。他们已经找到能做出合格产品的原料批号，要求仓库按他们提供的批号向车间提供原材料。

此时，为了实现交付，仓管员的压力也很大，三大部门人员同时向他提出了发指定批号物料的需求，而他们提出的批号都是不一致的，该听谁的意见呢？

与生产车间配套的物料系统里，仓库、生产车间、质保部三方的对接操作必须及时且是实时的。不能存在任何的操作延误，特别是在扫描条码来确认原料数量上。这个操作不及时，不仅影响整个物料库存的数量判断，还会影响采购数量的判定，进而影响整个物料发料指令单的数量确定。任何一个动作，在操作的同时需要使用条码系统对系统库存进行异动。

3. 提高物料供应效率的方式

目前，越来越多的企业会使用 SAP 等提供的 ERP 系统，以及一些内部开发的，如条码系统等进行物料供应系统的开发，来保证自身系统的灵活、稳定、可靠，从而提升信息流、物流的流转效率。

整个物料供应系统的运行逻辑及其在运行过程中需要注意的事项，

给我们提供了很好的物料供应效率提升的思路，提高物料供应效率首先是运用管理信息系统，提高物料供应效率和企业经济效益。PDA 连接条码，条码连通 ERP 系统，把人工操作的信息通过系统实现共享，进而提高物料供应效率。通过系统提高效率的操作方式如下。

（1）运用 ERP 信息系统，实现准时化采购。

产品是原材料、物料经过一系列的人工操作，以及设备运行操作，生产出来的产物。因此，原材料是生产的基础，所需要的物料需与生产相对接，而原材料采购后的准时到货是生产得以保证的基础。只有原材料准时到货，才能及时向生产车间提供原材料用于生产，整个链条的活动才能承接得上，最终才不会影响生产效率。

准时化采购是由准时化生产衍变而来的，是为了消除库存和不必要的浪费而进行的持续性改进。准时化生产最先出现在日本，为了减少库存和降低成本，日本在生产控制中采用基于订单流的准时化生产模式，实现生产过程的几个"零"化管理：零缺陷、零库存、零交货期、零故障、零（无）纸文书、零废料、零事故、零人力资源浪费。准时化采购的核心是恰当的时间、恰当的地点，以恰当的数量、恰当的质量提供恰当的物品。要做到这样高效的五个"恰当"，不使用现代化的信息管理系统是难以完成的。

（2）ERP 信息系统是生产、计划和控制的基础。

进销存管理模块可通过对生产、销售、客户、订单、库存的管理，及时准确了解生产、销售、库存等综合情况，以便为企业做出准确的判断提供依据。通过对进销存数据的分析，为管理、决策人员提供库存资金占用情况、物资短缺（超储）情况、客户订单的发货情况、产品的生产情况。通过清仓盘库管理，保证账面与实物一致，为计划及决策人员提供实时准确的存货信息，以便采购部门及时采购，保证企业各项生产活动的顺利进行。

（3）运用 ERP 信息系统，实现"降中节支"。

提高物料配送效率的目的之一是有效地降低成本。库存是一切问题的本源，可以说库存掩盖了很多企业的管理问题，仓储部门作为库存管理的关键部门，如何进一步与计划人员互动提升库存管理水平已成为企业内管理的重要内容。毋庸置疑，运用管理信息系统可以规范采购管理，利用批量优势降低采购价格，实现"降价节支"；优化采购方案，全面分析采购成本、加强供应管理、控制供应成本，实现"降费节支"。

运用管理信息系统，有利于树立员工的成本意识。标准成本体系的建立要求基层管理人员共同参与制定标准成本，并以此作为员工努力的目标和业绩评估的标尺。由于采用信息管理系统，标准成本体系可以将各项成本差异进行细分，并直接落实到各部门乃至各个班组、个人，因此对于全员增强成本意识、完成预定的成本控制目标具有积极的推动作用，对采购部门及人员，更是起到监督评价和制约作用。

（4）建立完整的基础信息，控制库存，提高经济效益。

在企业管理信息系统中，物流管理的基础数据一般包括物料主文件、物流管理、货源清单、供应商信息、客户（信用）信息、最高储备、最低储备、安全库存量等。即使不用任何软件，企业也应该建立完整的基础信息。

（5）运用管理信息系统，健全采购管理制度。

健全的采购管理制度，可使材料、设备质量得到"双控"。

材料采购人员对自身采购的材料质量进行管理与控制，并受到仓库管理人员的监督。

受到使用单位的监督控制，这样能进一步把好质量关。

若无健全、高效的信息管理系统，就可能导致随意采购、无序使用、缺乏相互监督制约机制，质量问题容易被掩盖，甚至出于私心，轻质量、重价格。

要提高市场竞争力，既要有好的产品质量，高效的物料配送体系、市场客户服务，又要有高素质的采购供应团队。企业要做到及时响应客户的产品需求，根据需求迅速生产、按时交货，就必须有一个好的计划和信息管理系统，使市场采购、销售和生产制造三个环节很好地协调配合。

好的计划与信息管理系统的前期输入离不开人的操作。在人员的操作中，通过哪些操作能提高物料供应效率，与信息系统相辅相成，主要目的是通过一系列操作的优化来提高效率。在系统流程的设计上，除了要与实际的操作相符并且经过充分的逻辑确认后，还需要结合企业的长远发展趋势来做规划。这样可以有利于企业流程及系统操作的规范化，让各部门或各业务模块的操作人员能目标明确、"有警惕性"地进行操作，提高操作的准确性。在实际的人手操作过程中，系统要提供一些较为明确的指引，对于一些"不可变"的因素通过系统后台设置的方式进行固定，这样有利于系统数据的批量更新及操作效率的提高。

明确物料需求计划。编制规范的物料需求明细表，并对来料做定期跟踪。供应商供货稳定且质量有保障，是对企业最大的生产保障。因此，利用年度生产计划制定年度物料需求，采购人员通过对现有物料供应商的能力评估能否满足需求，对于不能满足需求的或只有独家供应商的，提前开发新供应商，以防止因生产量大导致原料供应不足，进而影响整个生产效率。另外，月度物料计划要提供及时，这个计划可向供应商提出并要求其评估自身的产能是否满足，或可以通过提前生产备库存的形式保证供应商的生产满足企业的需求。对于切实的采购到货计划，物控人员必须严格按照采购周期对物料进行采购；对于一些紧急订单所需求的原料，采购部需及时调动供应商的供应能力，寻求市场资源及时补充原料，以保证紧急订单如期完成。

物料发料指令单的下达。对于物料发料指令单，在生产实施前一天送达仓储部门做排序准备。除此之外，想进一步提高发料效率，仓库人员可通过提前备料的形式准备发料指令单上相对应的生产车间的物料，这样有利于第二天发料至生产车间，避免生产等料。另外，整个物料流向系统还需要考虑设定合理、方便、效率最高的物流走向，这个物流走向还可以考虑依靠轨道系统，如 AGV。全方位考虑物流走向而设置的路线，全自动地把生产车间生产所需求的物料送至需求车间。整个过程通过系统程序操作，这样可以大大减少人为操作，提高物料配送效率。

物料配送。很多情况下，物料的配送是整桶、整包、整箱进行的。这也是为什么在前面的章节多次强调在物料操作过程中数据一定是实时的，操作与系统数据同时运行的原因。对于这一点，操作上的难度是比较大的，因为剩余的数量往往不好操作和存放，对车间更是如此。因此，为了提高配送效率，减少仓库与车间、车间与仓库之间的来往，可以根据生产需求的包装规格，向供应商提出定制化包装需求，每次物料配送做到准确无误地按当批产品生产所需要的原料进行配送。这样既有利于提高配送准确率，又可以减少仓库与车间之间的双向物料来往，更有利于生产现场的管理和生产过程的控制，确保生产过程中的投料准确性和产品合格率。

囤料的需求分析。对于一些受市场影响价格波动比较大的原材料，采购部门为了降低采购成本，往往在原料价格低或市场量比较充裕的时候，向物控人员提出囤料的需求。此时，物料人员要根据生产计划人员对生产计划的把握度及销售趋向，对是否囤料或囤料的数量多少做出决定。同时，此过程还需要财务部门人员介入，进行成本核算，以确定所囤的料在生产使用前所占用的资产损益是否被价格优势所覆盖，否则没有必要做出囤货的决策。但对占用企业全年预算资金多的物资，根据重要性考虑是否备货。因为有些物料生产还需要很长周期，但是这种物料对生产经营起关键作用，就要留有库存。

核心部门的作用发挥。前面的都是从辅助部门来挖掘可优化的措施。而在整个物料配送实施操作物流里，还涉及两大部门：一是仓库，二是车间。对于仓库来讲，要提高整个物流过程的效率。首先，仓库人员在接收到厂物料时，从接到供应商到厂送料通知，到安排供应商按物流流向定点卸货，到安排搬运人员到场卸货，再到打印条码办理报检，整个过程都要仓库人员及时地做出相对应的反应，并在整个过程中不出现断节。其次，如何第一时间通过系统对原材料质量的反馈后，做出相对应的操作并顺利处理库存信息。对于验收合格的物料，第一时间安排系统入库操作。这样可以让生产计划人员和物控人员根据物料情况确定生产计划，并安排发料指令单。只有这样，生产计划才得以落实，订单才能完美交付。

运输设备的优化。从仓库到生产车间的物流走向来看，要想提高整个物料配送效率，可以从物料所配送车间的距离远近选择储存的仓库，这样可以减少因远距离配送导致的时间成本和人工费用的增加。仓库可以通过划定备料区的方式，提高配备生产车间所需的物料，由生产车间直接在备料区上取料生产，这也可以有效地减少生产车间对物料的存储区域，提高现场的管理效率。而在整个物料的运送过程中，所采用的设备也会对效率产生比较大的影响。因此，从设备来看，它可以是采用先进的物料输送设施，如 AGV，或对运输设备升级，采用一些更适合仓储取货和道路运输的叉车等。缩短过程时间周期如图 6－2 所示。

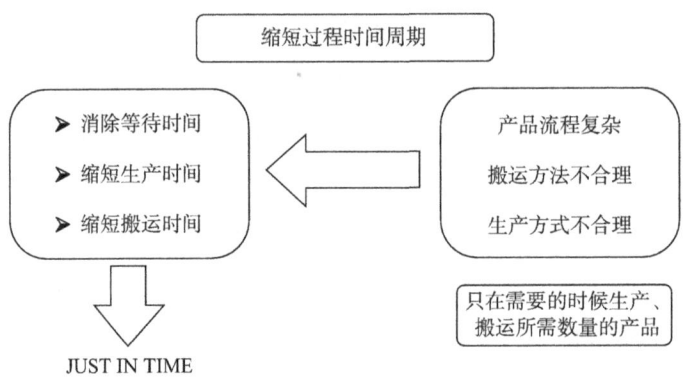

图 6－2　缩短过程时间周期图

存储容器。从物料的特性去优化物料存储的器具，或利用生产工艺的特点让供应商对物料做出相对应的处理再送货。在化工企业，所用的大料都是每天几十吨地投放，如果是液体，可以直接在生产车间旁设立储罐，让供应商直接使用槽车送料，这样既可以减少供应商对原材料的搬运，也能有效降低供应商的包装成本。这样的来料，进入储罐后存储，只要检测合格，生产车间可以根据生产的使用量自行取用，也可以通过流量计的设定进行投料生产。这样可以大大提高整个物料配送效率，同时减少物料损耗。另外，生产经理也要对生产工艺进行优化，尽量采用储罐式的来料方式，使整个工厂的物料走向在管道内部完成。

在整个物料供应效率提升的过程中，一定要做到，物料供应不管什么环节，都需要账目清楚，确保物料供应及时准确。突发事件及时上报，临时紧急计划开通"直通车"，以便更及时地供应生产所需的物料。

第七章

Chapter 7

仓储管理

1. 仓库设计的原则与技巧

仓储是为了解决供给需求在时间上不连续，抵御未来潜在风险的情况下产生的，目的在于打破了生产地及消费地的空间间隔。为了达到仓储的效果和效率的提升，无论在选址还是在内部布局上，它都有特定的要求和标准。

在仓库的选址上，若是作为制造基地的附属仓库，在哪里建设厂房就在哪里建设仓库，这是毫无疑问的。它有可能是原料区域导向（靠近大宗主要原料产地，如钢铁厂靠近煤矿或铁矿区），或者是邻近市场（主要消费区域）。重点在于设计阶段，把原料仓库、中间品仓库及成品仓库在整个厂区的位置排列。一般来讲，以常规的方形厂区地块为例，其外围被四条道路环绕，应设计不少于三个进出口（厂门）。其中，原料仓正对/靠近厂门1，成品仓正对/靠近厂门2，中间品仓库/生产车间介于原料仓及成品仓之间，厂门3用于人员出入，如图7-1所示。

制造企业的厂内物流路线，是从厂门到原料仓再到生产车间，生产完工后再运输到成品仓，在成品仓完成拣货装车发货，总体上是一个线性的过程，不存在分支。按图7-1的设计思路，目的在于使物料往一个

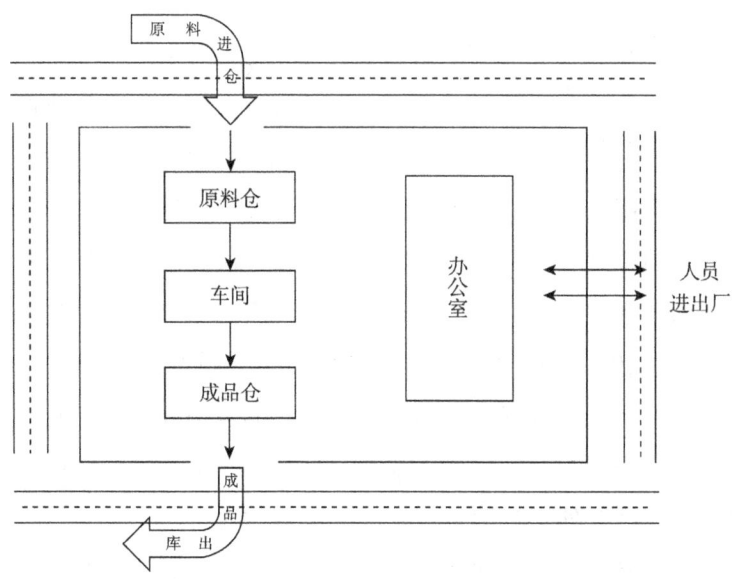

图7-1 仓库布局图

共同的确定的方向流动，减少实际物流过程中的"逆流"（相冲，影响效率）。不同性质的物料（原料/成品）在相互隔离的区域进行装卸作业，有利于物料收发的准确性及减少相互干扰的可能性。制造业的进出厂物流，动辄每趟车几十吨，进出时间类似于工作人员的上下班时间。若人流与物流共用进出通道，不仅对人员安全有较大影响，还会造成物流车拥堵，故需要厂门3作为工作人员的上下班通道，通过此通道可直达各部门工作岗位。若新仓库的选址不是生产基地的配套设施，是一个独立的仓库节点，则其选址的思路是先根据服务/投射区域确定仓库的大体位置，再根据当地的具体情况（地质、水文、气候条件）确定具体位置。

制造工厂内仓库的选址设计。首先，要按生产车间的分布确定仓储的位置。其次，根据上述"顺流"的方向和"人流与物流不相混"的原则，确定原材料仓、成品仓的分布。最后，根据各仓库所特有的物料配送特点建设与其相配套的设施。

仓库的选址除了与制造工厂一体化的仓库分布的设计外，外仓和第三方仓库都是一个企业为了更好地达成服务客户的目的和考虑成本所做的选择。一般情况下，外仓或第三方仓库都有以下选址特点。

（1）外仓或第三方仓库的选址要考虑运输成本。

同一个行业的企业都会有相对集中的特点，加之每个企业都希望做拉式生产，即希望做到零库存，生产时需要由供应商第一时间提供物料。因此，企业对产品的物流运输配送一定会出现送货频率高、送货产品重复性高的特点。正因客户想做到零库存，最终导致的是企业每次送货的货车满载率比较低，甚至会出现10个客户的产品只占货车核定载重量的50%以内。这样每天重复的线路、每天重复的送货量，将会大大耗用企业的物流运输资源和加重整个企业的运输成本。因此，在选择外仓或第三方仓库时，一定要以降低成本为目标，通过运输成本的分析，划定需要设置外仓或第三方仓库的区域位置。

（2）根据客户群体的具体区域分布和发货数量来确定准确的位置。

仓库的服务范围一般很广阔，如广州市白云区有着化妆品及个人护理品的产业集群，结合企业的营销策略，便可以在白云区的交通热点位置设置外部仓库，或考虑大客户所在的位置，使外仓更加贴近大客户。从服务角度讲，它能将物流时间进一步缩减，更好地响应订单；从经济性角度来看，这种模式能实现厂区到外仓之间的大车满载（高利用率），外仓到客户点之间也能实现小车满载。避免厂区到客户之间中长途的小批量送货，提高单车次送货的装载率，减少单位数量的所需运费；从战略的角度看，相对于竞争对手更加贴近客户，便于随着客户的节奏而调整自己的部署，与客户一起"舞蹈"更能收获信任。

（3）仓库布局成本。

企业不能在生产工厂建设仓库，并且客户群体比较分散。仓库选址的地点通常是工业区和稍偏远地区，因为决定仓库选址除了服务可行性、交通便利性外，更重要的是土地成本。设置在这些区域，相对远离繁华的市中心，确保土地租赁费用合理。除土地成本外，建设成本及运营成本都需要评估。

（4）根据它所能覆盖区域的物流运输方式。

如果所选择的位置只作为仓库用于储存物料，它或许是企业收集一段时间的订单再做配送的，这样可以利用一次运输量来评估是否用自有车辆去满足配送的需求，还是利用第三方物流进行配送。如果外仓的发货是按量少而批量多的情况一起进行的，就可以聘请"专人、专车"短距离、小批量配送。每天依靠"三轮车"来回做点到点的配送服务，提高整个配送效率及降低配送成本。

（5）数量的设置。

外仓或第三方仓库所设置的数量，如前所述的由客户群体的布局、运输成本的高低及其配套的物流运输方式来确定。对于全国各地都有客户分布的企业，按上面的特点确定不同区域的外仓地址，每个外仓地址都应该明确其补充产品库存的工厂和运输方式，明确其或所供货的区域及客户，同时也明确从每个外仓或第三方仓库出去的产品，应该使用哪种物流运输方式。确保每个外仓的服务不重复，以及不出现"打架""职责不清"的情况。

无论是附属于生产制造基地的仓库，还是独立运营的仓储物流点（外仓或第三方仓库），在选址阶段还有一个重要的考虑点——预留可扩展性。大背景下，企业（区域）的产能（需求）是逐年增长的，故仓储点周围必须有足够支撑发展的空间。纸面设计阶段有利于长期的规划，甚至提前打好地基，才能在未来到来之前做好准备，使用当前更低的成本解决终究会面临的问题，待瓶颈到来之时才能从容应对。

根据仓库的作用，就应该在设计阶段开始考虑，仓库的层数、立体空间使用计划和仓内物料流向，避免在使用过程中发现不适用而不停地变更与改建。在仓库内部库位的设置与仓库运行设施、设备的设计上，仓库需要考虑的问题应该更全面，只有这样，设计出来的仓库才能发挥最大的存储效率。

案例 7-1

到底该谁发货

某企业位处开发区，其重点大客户之一位于江浙地带并开发了不少同类客户。企业为了提升交付能力及服务水平，在上海设定了一个中间仓库，并把这个中间仓库所能覆盖的发货区域与实际客户列举了详细的清单，并按客户的分布提前设置了相对应的物流配送商。

直到有一天，因为产品问题导致某企业向江浙地带的大客户供应暂停了。暂停供应时间持续了6个月，在6个月后的一天，该大客户重新向某企业提出采购需求。业务员通知中间仓的系统管理人员在系统上下达订单，同时因为重新获得订单非常高兴，并向位处开发区的销售中心传达此信息，销售助理按业务员传达的信息也在系统上下达订单。结果，企业的中间仓库向该大客户配送产品并按订单要求时间准时送达，而企业所处的开发区仓库也向该大客户发出该订单的产品。

业务员接到大客户的电话后才得知企业的两个仓库同时向客户发送了相同的订单数量的货物，业务员在了解情况过程中得知：

中间仓的管理人员说他是按之前设定好的发货规则发货的，之前一直都是这样，也没出现这样的情况，是企业位处开发区的仓库不按规定操作。

而位处开发区的仓库回复，他们是接到助理的指示，说此大客户重新下单要提高重视程度，再度合作的第一次订单产品务必是从总部发出，并且产品也是经过QC重新确认的。

就这样，两个仓库各持已见，就重新合作的客户该谁发货争执不下。

(6) 仓库应按照其所存储的物料/产品特性进行内部设计。

制造型企业所配套的仓库，涉及原材料、产成品、中间品、呆滞品等不同类别的物料的储存。如化工企业的原材料和成品，由于它的化学性质，可能会对存储环境有比较高的要求，因此在原材料仓的设计过程中，就需要按这些原材料所需要的环境进行匹配建设冷冻仓、常温仓或危化品仓，整个建设过程中就应该按此类仓库的特殊要求进行建造。如对于直接出货的成品仓，为了出货方便，必须在建造时把配套的装车平台一并考虑进去。只有这样，整个物流运转效率才会更高效。总之，在建设设计仓库前，就需要全面考虑，从仓库内部的仓储要求到仓库外部的配套设施，都要列入考虑范围。

（7）单层结构建筑设计能避免在垂直方向上搬运货物。

在平面上移动物料，只需克服运输设备的阻力做功，而在垂直方向上的物料转移，需要克服物料的重力做功，亦即需借助电梯、传送带、堆高车及叉车等机械的协助。这意味着除了需投入更多的资金在固定资产外，在进仓及出库的两个过程中，升降这个步骤总是一个瓶颈，将占据较多的作业时间，影响仓储效率。但这项原则并不一定要严格遵守，有时候迫于土地成本，整个仓库的地面面积有限，为了适配相应规模的库存，仓库只能往立体方向发展。

（8）受货架影响，层高需略高于货架总高度。

目前国际没有统一的仓库高度的标准，常规的仓库 10 米左右足够了。层高方面受货架的影响，层高需略高于货架总高度。单层货架的高度则取决于产品的外包装高度，应确保最高的单个产品，在使用托盘承载后，仍能轻松进入货架。货架总高度需与所用的物料升降机械相匹配。在考虑立体空间的使用率时（层高），还需考虑日常作业的安全及消防安全的因素。高度越高，意味着其重力势能越大。若发生倒货等意外情况，其负面影响更大；若发生火灾事故，也更加难扑救。

企业对货架类型的选用考虑产品的包装形式和重量、仓库面积的使用率、企业自身考虑仓库的建设成本，以及与仓储相配套的设施、设备，如叉车等因素，如表 7-1 所示。

表 7-1 不同货架类型表

序号	货架类型	特点	备注
1	横梁式货架	存取快捷、方便，保证任何物品都先进先出，无叉车类型限制；较快的取货速度，空间利用率 30%~50%（由叉车类型决定）	

续表

序号	货架类型	特点	备注
2	通廊式货架	高密度储存，先进后出，部分按单取货，20%~30%可选；取货速度一般，储货净空间可达整个仓库的60%	
3	重力式货架	对储存货物有高密度、高效率的特点，采用自由出入式设计，具有极高的存货流转率的特点；按单取货，取货快捷，良好的地面利用率，储货净空间站仓库60%	
4	阁楼式货架	用货架做楼面支撑，可设计成多层楼层（通常2~3层），设置楼梯和货物提升电梯等，适用于库房较高、货物轻小、人工存取。储货量大的情况下使用提升机和液压升降平台	
5	悬臂式货架	适用于储存长而不规则的物件，按动按钮即可驱动货架，并开启所需的通道	
6	轻型货架	插接组合式结构，标准组插件，不用一颗连接螺栓，拆装方便快捷，超强型闭口钢层板结构，层高每50mm任意可调，每层最大载重150 kg~250 kg	

（9）仓库的内部设计布局要合理。

产品在仓库的 A 端被接收，在接受处附近设置待检区，通过待检区后在仓库的中间部分进行存储，最终从仓库的 B 端进行装运。因为直线性的物料流能使仓储作业更加直观便捷，通过人为地去除"逆向物流"，使货物阻滞和多余物料处理减少到最低程度，提高物料流动速度，从而提升仓储效率，如图 7-2 所示。

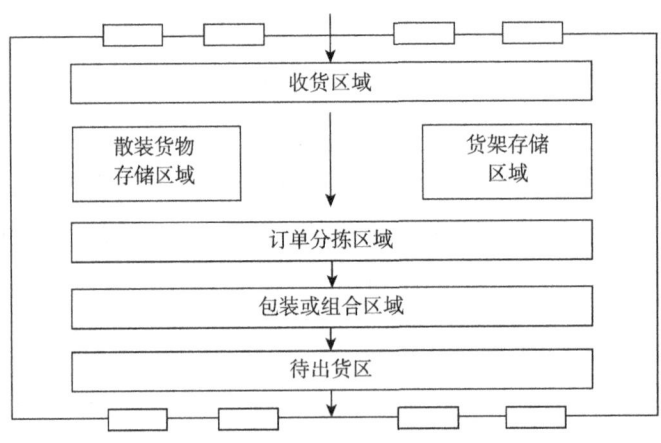

图 7-2　仓库内部布局图

2. 仓储管理

仓储管理的对象是物料，完成物料管理的过程需要岗位（人员）和设备（机器）。而人员借助机器，不是蛮干胡来，总体上是依据各个流程的作业指引（SOP）及管理规范等细则。SOP及各个纸面文件（方法），则是依据企业及供应链对仓库的需求及仓储为体现/描述价值而自设的关键绩效指标（KPI）。也就是说，内部客户的需求被仓储管理人员转化为仓储运营管理的指标，管理人员通过流程规范和作业指导书的编制，将管理指标分化成易于作业人员识别及可执行的指令条文，作业人员按指令条文执行并形成自己的职业素养，操控仓储设备最终实现对物料进行收、发、存的管理。

（1）仓储管理需求及指标。

仓库就是一个存放物料的地方，在整个供应链，总体呈流动的状态下使物料得以暂停的地方，主要的工作过程是收（货）、发（货）、存（储）三项。物料存放在A地或B地，在其本身性质不发生变化的情形下，一般并不能改变其价值，故仓储过程不是一个增值的过程。要做好仓储管理工作，主要方向是提升进出仓等仓储活动过程的精确度（质量）及速度，使在仓物料得到合理的存储，减少在仓期间的损耗。在此基础上，不增加额外资本投入，使运营总成本得到可靠的控制。一言以蔽之，多（库容能力足够多）、快（进出仓作业快）、好（仓储期间质量稳定，数量无损耗）、省（不占据过多的运营成本）。对于工作或过程，需要有对应的考核指标，尽可能量化工作或过程的效率或程度。对于仓储管理而言，主要有以下六大指标。

仓库面积利用率。仓库面积利用率 =（仓库可用面积/仓库建筑面积）×100%，本指标主要用于描述仓库对平面面积的利用程度。

仓库可用面积：实际面积中减去干道、支道、墙距、柱距占用的面积。

仓库地面上主要分为存货区和通道。我们总是认为可用的存放面积越多越好，意味着库容量越大。通道等占比越大则代表可用于存放的面积越少，但为了进出仓便捷及满足仓储机械的动作需求，极其有必要腾出充足的通道面积来。

仓库容积利用率。仓库容积利用率＝（报告期间平均库存量/库房的总容量）×100%，本指标主要描述仓库某一期间，仓库实际被利用的空间占其库存总能力的比例。占比越高意味着该仓库能满负荷运转，占比低则意味着资源被闲置浪费。

库存周转率 & 库存周转天数。库存周转率＝（期间货物销售成本/期间平均库存成本的价值）×100%

库存周转天数＝库存平均数量/每天平均出货数量

周转率越高，库存周转天数越短，表示用较少的库存完成同样的工作，使积压在存货上的资金减少。换句话说，即表示资金的使用率高，利润也会因货品的周转率提高而增加。若发现库存周转率转低，则意味着公司多数货品的周转速度慢，物料滞留在仓库内，库存过高。这样很容易造成物料过期、库存品耗费增加、保管难度及费用增长、资金回笼减缓等问题。因此，若非必要（近期内有大订单需大量交货，或者预测市场有涨价趋势，短期内持有大量物料）而提高库存，则应确保及追求较高的库存周转率（较低的库存周转天数）。

收发差错率。收发差错率＝（期间收发货差错累计笔数/期间收发货累计总笔数）×100%

收发差错率代表在一个期间（如月份），仓库作业人员在执行进出仓时录入单据错误或物料转移未完全按照指令单据的要求执行，视为收发差错。如收发物料时保证条码标签与实物准确无误，若物料数量、包装、标签不规范中任意一项与收发单据不符，视为收发差错。本指标越低越好，代表在日常的操作中准确率高，保持较高的稳定性。

账实相符率（库存准确率）。账实相符率＝｛（期间账务总笔数 −

期间账务差错笔数）/期间账务总笔数｝×100%，账实相符率主要反映某一期间，仓库作业人员在进出仓及仓库内调拨时是否做到物动账动，账变物变。

盘点时，仓库物料保管账面上的储存数量与相应库存实有数量的相互符合程度。若物料的数量、存放库位发生了变化，但系统账务却未随同变化，或账务已经进行调整，而物料的实际状态却未有变化，视为账物不相符。账物相符率越高，意味着仓库作业人员严格按照规程执行操作，每一笔的进出账或库位变化，均在账务上有所体现（账务上的调整，亦随之反馈到实物变化上）。100%的账物相符率代表着账务是可靠的，纸面的/系统的数据能百分百反映实际整个仓库的情形，可有效指导拣货、发货，保证发货准确率（减少收发差错率）。库存账物相符率上易犯的错误如表7-2所示。

表7-2　库存账实相符率上易犯的错误事例表

序号	错误点	说明	备注
1	库位标识不清	现场所划分的库位没有规则，库位的设定随意并且库位的命名不按特定的规则进行。这样会导致现场操作人员对库位的识别度与记忆度不高，使现场实地库位与系统账目库位匹配不一致	
2	现场库位紧张	在实际的库位放货或取货过程中，因为执行先进先出的原则，导致产品容易因"暂存"问题，在完成取放货后忽略事后的处理而形成账实不一致	
3	库位实物的取放货和账目的操作不同步或不同人	操作不同人的问题，好比两套账共同执行一样，稍有信息沟通不及时或不到位，就会出现不一致	
4	相同的包装物料/产品库存相邻	相对包装的物料/产品一定要分隔，否则在操作过程中会由于包装一样导致混放而不容易被发现，进而产生账实不一致，严重的还会导致发错货	
5	缺乏账实相符的操作规范	所有的物料/产品进出仓都应该有严格的操作规范，任何一个操作都以账实相符来设定其操作流程，确保现场所有人员的所有操作都按规章制度执行，保障账实相符率	

货物完好率 & 货物损耗率。

货物完好率 = ｛（平均库存量 - 缺损变质货物总量）/平均库存量｝×100%

货物损耗率 = ｛期间货物损耗额（元）/期间货物保管平均总额（元）｝×100%

货物损耗率 = ｛期间货物损耗量（数量）/期间平均库存量（数量）｝×100%

货物完好率或货物损耗率主要关注物料在仓储过程（收发及在仓期间）的保管质量，是同一件事在两个方面的表现形式。进出仓过程伴随着仓储机械的使用及物料的移动，若未有严格的管理及作业人员谨慎专业的操作，易发生物料损耗。在仓期间，若环境条件未有严格的点检及管控，亦有可能因温湿度失控或虫害污染，使在仓物料的品质状态受损。

仓储过程不仅是物料从 A 点到 B 点，这个过程中还需保证数量、质量及速度的统一，确保作业人员不单纯追求速度而忽视数量与质量。

案例 7 - 2

仓库卸货的烦恼

2010 年 12 月 12 日，某企业仓库来了一货柜共 16 吨（200 千克/桶）原材料，这种形式的来料还是第一次。仓库的卸货人员、仓管员及叉车司机对此货柜的原材料如何卸货一筹莫展。因为企业一是没有此类卸货经验；二是没有相对应的辅助工具。

为了满足卸货的需求，经商量后确定的卸货方式是：由叉车司机利用叉车叉起地台板作为卸货平台，搬运工用其搬运技巧把桶卸到地台板上。刚开始所使用的还是胶地台板，因为它表面比较滑，所以在卸第一桶原料时就出现了桶下坠的情况，导致桶出现一个小裂口引起物料泄漏。

仓库人员对此次物料的卸货进行详细地分析得出，卸货看似是一个点到另一个点的物料转移过程，其实既包含卸货工具的选择，也包含辅助工具的协助。为了后续能解决这些卸货难点，以及防止因卸货动作不合理导致的破损泄漏等问题，他们找了货柜的卸货通道——桥架，用设备替代人员搬运的辅助工具——抓桶器。通过设备到位后的培训与操作，后续再有此类包装物的到货，再也没有发生同类事件。

当然，现在包装物的形式越来越多，仓库卸货人员将会遇到越来越多的挑战，对新包装的研究、卸货方式的研究、先进工具的研究越来越重要。

在货物损耗率方面，类似于库存周转率和账实相符率，可以有基于金额或基于数量的算法。这是因为物料的单价不是一致的，有便宜的也有贵的。有时候其价格是几十倍的差异，即某些低价值物料损耗几十吨的损失还比不上一吨高价值物料的损耗。基于金额的算法可以人为隐去单价的影响，真真实实把损耗情况统一由其价值反映出来，使作业人员投入更多的时间、精力关注高价值物料。

成品仓管员 KPI 评估如表 7 - 3 所示。

表 7 - 3　成品仓管员 KPI（Key Performance Indicator）评估表

评估项	评估标准	目标值	数据来源	数据提供部门
安全(10 分)	1. 遵守安全操作规程，按岗位要求穿戴防护用品，得 5 分	100%	按 EHS 每次安全检查发现来定符合安全操作规程的项数/安全操作规程的总项数×100%	EHS
	2. 当月仓库发生安全事故（货物安全事故、火灾、人员出现工伤需住院治疗，或需工伤休息时间大于 3 天的安全事故），相关责任人当月全部绩效考核为 0	0	本部门发生爆炸、火灾及人员伤亡等重大安全事故	EHS

评估项	评估标准	目标值	数据来源	数据提供部门
技能/效率（65分）	账实相符率（15分）	100.00%	计算方法：实际盘存数/系统库存数×100%	财务部
	定义：所有考核库存物料盘点账实相符数量÷库存物料数量×100%			
	每降低0.1%扣5分			
	破损率（10分）	0	计算方法：破损率＝操作中发生的累计破损量/累计操作量×100%	仓库
	定义：操作中发生的累计破损量与累计操作量的百分比			
	考核标准：不超过0.1%，每超出0.1%扣5分			
	收发货准时率（10分）	99%	计算方法：每月收发货及时单数/每月收发货总单数	生产部
	定义：按照订单要求时间发货（未经审批的特殊订单、与业务部沟通后可以延后的订单除外），或按照车间配料时间发料即为及时，反之为不及时。提前一日通知到货的贸易产品，不能在半日内收料的为不及时			
	考核标准：99%，每超出0.5%扣5分			
	发货错误次数（30分）	0	计算方法：每月收发货不及时单数/每月收发货总单数	仓库
	定义：COA未随货同行、物料数量、包装、标签不规范，上述任意一项错误即记一次错误			
	考核标准：每次错误扣5分，若引起严重后果的一次扣30分			
5S（10分）	达到公司对5S的要求：月度检查达标率90%以上，得10分 月度检查达标率85%～90%以上，得5分 月度检查达标率85%以下，每少1%扣5分	90%	5S检查表	生产部

评估项	评估标准	目标值	数据来源	数据提供部门
工作态度（15分）	1. 工作主动积极肯干，服从上级安排及合理化建议（5分）：按要求100%完成上级交给的计划任务，得5分；如不仅能按要求完成任务，同时还能提出合理化改进建议并实施的，加5分；不服从安排，无法完成计划任务的，工作态度项得分为0分	—	日常记录	仓库
	2. 其他客户对于工作态度的评价（5分），每收到一次客户投诉工作态度问题得0分	—	客户满意度表	其他部门
	3. 按要求填写所在岗位记录（5分），所在岗位各种表格填写得正确和真实，得5分，否则得0分	—	日常记录	仓库
加分项	（具体内容）			
个人总分				
员工签名				

（2）仓储管理原则。

无规矩不成方圆。要令来自天南地北、不同文化背景的人共同努力完成相同的事情，并产生一致的结果，或使各个岗位的人员在一起形成工作链条，克服各自的个性和特性，完成一件相对复杂的事情，需要一套统一且准确的原则作为管理体系的"龙骨"，再辅之以切实可行的规章制度。仓储管理类似于其他管理体系，也有其管理原则及管理规范。

先进先出原则（First In First Out，简称FIFO）。先进先出原则指在库存管理中，按照物品入库的时间顺序整理好，在出库时按照先入库的物品先出库的原则进行操作。凡进入仓库的物料，根据进仓日期及生产日期的先后，对先进仓/生产的，优先使用或出货。原料仓方面，对同一天不同供应商的来料或同一供应商不同批号的物料，须严格按照批号先后情况向车间发料，不允许存在同一天进仓的多个批号，在同段时间内同时发料的情况。

物品都是有一定保质期的，如果不按照这原则可能造成很多物品过期。但是在操作过程中最重要的一点是如何进行物品存放规划，使管理人员能够很清楚、方便地找到不同时期的物品，最终使得所有合格物料在有效期内被合理领用或发货。

在实施阶段，常见库位只有一个出入口，若同种物料的多个批次都存放在这个库位，则会出现先进仓/生产的物料在库位深处，后进仓/生产的物料更靠近库位入口。当该物料需严格遵循先进先出原则出仓时，则需要先将靠近入口处的物料转移开，掏出早前的批次后，再放回原库位。又有新批次进仓时，下一次出仓又要延续如此烦琐的操作，给仓库作业人员带来不便。如此可以通过开辟第二通道（库位出入口），使单一库位有前后两个出入口，人为将库位分成两部分来解决问题。早前的批次靠近出入口 B，后续发货时可以通过出入口 B 出仓，靠后的批次靠近出入口 A，从 A 口出仓，两者互不干扰。类似的可以将同种物料的先后两个批次放置在左右相邻的两个库位，如右库位存放早前的批次，左库位存放较新的批次，出仓时先出右库位，当右库位发空时，则作为更新批次的进仓库位。左右两个库位的库存依次出仓进仓，亦能在互不干扰的情况下实现先进先出。

对于货架，可以使用重力式货架。所谓重力式货架，指的是其货架平面与仓库地面间存在小角度的坡度，每次在稍高的一边存放入托盘装货物后，因为坡度的存在，货物自身的重力结合货架本身的滚轮组，自动向稍低的一端滑动。完全利用后，只需在稍低一端取货出仓，便能取出先进仓的批次，而后进仓的批次亦随之慢慢滑动到稍低端继续等待出仓，如此过程便可严格实现先进先出。

库位绑定原则。某物料固定摆在某库位，实物所放库位必须与账务系统中的描述一致，不轻易挪动。物料在收货进仓之后，随之跟来的是发货出库。当仓库变大，物料品种多且杂之后，若还不能保证某批次物料与其库位相绑定，则对于出仓拣货带来相当大的不便。只能知道该批次物料在仓，却无法确定其具体位置，每次发货都要从头到尾找一遍，严重影响仓储作业效率，类似于人的住址要和这个人绑定，这样我们寄东西给对方时，邮政系统才能依据地址一级一级将信件/快递送到对应的收件人手上。故在进仓环节，可以依据统一的规则将物料存放在某一库位，同时需要在账本/系统中记录物料的库位信息，若库位信息有变化（位置变化和数量变化），也须及时将变化情况反映在账本/系统中，确保后续出货拣货过程能按图索骥、快速定位，提升发货效率及减少发错货的风险。

库存的 ABC 分类原则。 ABC 分类原则是帕累托 80/20 法则衍生出来的一种原则。不同的是，80/20 法则强调的是抓住关键，ABC 法则强调的是分清主次，并将库存这一管理对象划分为 A、B、C 三类。面对纷繁杂乱的库存品项，如果分不清主次矛盾，全盘管理鸡毛蒜皮一把抓，效率和效益是不可能提高的。一般企业的库存存货种类通常会很多，动辄是十几万种甚至几十万种。鸡毛蒜皮一把抓的管理把管理者累得直不起腰，收效却甚微，而且可能出现混乱，进而造成重大损失。

第一，盘点清查非常困难，而且难以确保准确性。对于非重要的材料，如低值易耗品，可能影响还不大。但对于重要材料，如产品关键部件，如果缺乏关注而计数错误，却可能导致缺料断料，生产就会不可避免地受到影响，进而不能满足市场需求，丧失市场机会，失去客户。

第二，库存控制困难。重要材料的库存应该作为重点监控，确保不断料又不积压，一般材料由于其重要性不高和资金占用量小，则可以按一定的估计量备货。如果实行一把抓式的管理，就可能将目光集中在大量的一般材料上，而疏忽了对重要材料的控制。

案例 7－3

多料号产品仓库的苦恼

某企业为了开拓市场，提高了产品的定制化规模。因此出现了一个牌号产品就有十几个不同料号的情况，料号与料号之间的差异就是一个 A、B 字母的不同。整个仓库共存有不同料号的产品上万种甚至更多，给仓库管理人员带来了困扰。

产品应该怎么设定库位？应该怎样进行管理？怎样才能快速在仓库找到所需的产品？不同料号之间的产品应该在仓库内部做什么样的划分才能避免发错货的问题？

仓库主管针对仓库的这些现实状况，结合企业所用的 ABC 分类法及自己的研究，提出了一个解决办法。通过从系统中对不同料号发货数量的多少进行排序、按不同产品的周转率的快慢进行排序、按产品占用金额的多少进行排序。把排在总产品数量的前 15% 的产品放置在周转快、方便货架或存储区域内，作为日常重点关注的对象。把排在总产品数量的 85% 以后的产品，设置在一些货架比较高或不易周转的库位。对于中间的那些产品，把不同的料号在不同的库位放置，以方便先进先出、容易做肉眼辨别等原则进行库位的划分与设置。这样既可以让仓管员日常所关注巡查的对象更加明确，也能通过对系统的结合做出更好地操作。

一般来讲，A 类物料在品种数量上仅占 10%～15%，管理好 A 类物品就能管好 60% 左右的年消耗金额，是关键的少数，要进行重点管理。对仓库管理来说，就要在保证安全库存的前提下，小批量、多批次按需储存，尽可能降低库存总数，减少仓储管理成本，减少资金占用成本，提高库存及资金周转率。

B 类物资按照通常的方法进行管理和控制；C 类物资品种数量繁多，但价值不大，可以采用最简便的方法加以管理和控制。

5R 原则。要想做好仓储管理，大致可以从五个角度实现，分别是：在合适的时间（Right time），以正确的方式（Right way）把准确的物料（Right materiel）送到特定的地点（Right place），交给对的人（Right person）。若不是在合适的时间发放物料，过早则造成下一流程物料积压，太晚则影响下一流程投料，甚至出现因断料、等料而延误生产的风险。对于准确的物料，这一点需拆分成两个方面，一是准确的数量；二是准确的品名及批次。发放准确的数量，下一流程才能百分百地执行其工作任务。下一流程接收到准确的品名及批次，才能实现稳定生产，不出现生产事故。

物料收发原则。为了实现 5R 原则，需要在一些更加细致的场合遵循其他原则。5R 是一个结果，这个结果是由进出仓等过程造成的，故管理好进出仓过程才能实现 5R。在乘坐高铁及飞机的时候，除了必要的安检外，一个关键的步骤是确保"票""证""人"相一致。三部分有基础信息相互绑定，最终使得这个人拥有乘坐此类交通工具出行的机会。票上有姓名、车次及部分身份证信息，反映出该乘客已经购买了该旅程的服务。身份证上有姓名、身份证号码及持有人的照片，通过照片与本人的比对，可以证明持有该身份证的人的姓名信息。乘客只要出具身份证（证明我是我，不需要对方认识我）和车票（证明我可以坐这趟车），通过车站人员/机器的识别，便可以完成一次旅行。

物料本身（人）、标签（证件）及单据（车票），只要准确的标签被贴到物料上，后续我们可以凭借物料上的信息判定此物料。依据单据上的拨出仓库（起点）、拨入仓库/车间（终点），加上品名、批次及数量等信息，配合以账务调动，即使作业人员完全不清楚该物料的详细情况，也能实现物料的准确收发。有送货单/进仓单而没有实物的，不能办出入库手续。虽然我们是通过进出仓单据来指引进出仓操作，但单据只是账务出入库手续的其中一个条件，此外还需要对应实物的运动，以确保账务数字与实物数量同步变化，最终不盘盈盘亏，确保账实相符率。类似的，有实物而没有送货单/进仓单的，也不能办出入库手续。来料与送货单数量、规格、型号不同的不能办入库手续。若来料与供方所提供的送货单有差异，视为供方发错货，不可盲目接收。若数量有差异短缺的，可按实收数量做采购收货。对于规格、型号有差异的，则应拒绝收货，因为后续的生产环节无法正常使用或计数，影响生产的准确性及稳定性。IQC（来料检测）/FQC（成品检测）不通过的，若非经过并通过专业人员的评审会签，确认风险可控之前，不得办理出入库手续。仓库内所存放的物料应为合格品，品质异常或纯粹不合格物料，在未经评估时，不得引入或外流，以免问题扩大。

需遵循已成文的流程执行操作，不贪图方便，违背流程非法作业。流程看似一板一眼，严格死板，影响效率，但流程的意义在于通过固化的操作步骤，使各部门各岗位执行相应的职责，平摊并减少风险，最终实现操作准确的结果。流程在设计阶段已经充分考虑了防错防呆，故遵循流程操作看似碍手碍脚，其实是在保护执行者本人不出错。

（3）仓储人员配置及分工。

在一个企业里，特别是制造型企业，对于仓储部门人员的配置一般情况下是按仓库设定的位置及面积、仓库的物料吞吐量、仓库的收发货业务流程及其使用的系统工具决定的。

案例 7 - 4

合适就是好的

一个化工企业的仓库，它是附属工厂的仓库，仓库的总面积约为 $5000m^2$，分别设有原材料仓和成品仓。每天仓库的物料吞吐量约为 300t，工作流程包含来料报检、来料卸车、来料储存、物料配送至车间、产成品进仓、产成品装车配送、包装物装卸等活动。

企业在仓库内部使用条码系统进行物料管控，利用 ERP 系统进行物料配送；对于产成品，利用条码 + ERP 双系统进行操作发货。

针对此仓库每天的业务量及所需要包含的工作流活动，该仓库内部所设定的组织架构如图7-3所示。

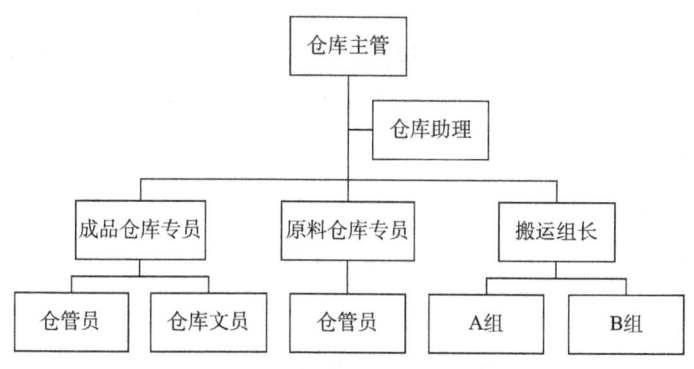

图7-3 该仓库内部所设定的组织架构

一个分工明确的团队或组织，能使成员的工作能力实现最大化，并使作业风险最小化。仓库需要一位仓库主管/经理统筹仓库管理运营的事务，考核奖惩、规程制定及未来方向的确认。设置仓储助理负责一般性的管理监控及项目性工作的执行；仓库文员负责操作ERP系统，进行进出仓单据的制定及打印，管理账务系统；仓库专员/组长负责属下仓管员的管理，并参与与外部单位的沟通协作；仓管员负责执行进出仓过程及物料在仓期间的管理；搬运组负责借助仓储机械，实现物料的进出仓。

单一的工作任务，如成品销售出库由各岗位的人员配合完成，各自完成若干点并与上下游相互确认，配合以条形码扫描识别技术/RFID（电子标签）技术，能有效减少发错货的可能性。仓库文员在系统中查询到当天需出库的销售订单，并依此打印出发货通知单，发货通知单被搬运组获取，并依此人工拣货及备货。仓管员依据发货通知单，以手持PDA扫描发货通知单及该单所备货出库的产品，若前面搬运组人工拣货错误（拣货错误、数量错误），则均能由机器识别出来并报错，若备货准确则PDA自动扫描过账。仓管员再确认客户是否有特殊需求及配齐其他单据资料，此后再完成装车，单据完成签字确认。

(4) **仓储现场管理。**

在各项进出仓活动的中间间隙，物料是存放在仓库内的，这是一个暂时静止状态，这一状态能否保持稳定，是仓储现场管理的核心。做好仓储现场管理，对提升进出仓的速度及效率、库存的数量及质量稳定有重大意义。

人员管理。从仓库的业务来看，主要是负责一些物料的物理转移和现场管理的工作。从工作性质划分，它分为文员、仓管和搬运人员，不同的工作性质需要仓库内部由不同类别与学历层次的人员组成。要想发挥仓库人员的作用，就必须对不同岗位的人员设定相对应的工作内容并找出一个适合于一个团队的绩效考核办法。因此，对于仓管，从仓库管理的原则作为重点考核的指标来促使他们按要求操作；对于文员，按企业实施的系统及其流程优化作为重点来提升他们的工作能力；对于搬运工，从事重复的体力活，如何让他们工作不懈怠、能很好地配合仓管员，是重点考核的指标。同时存在仓库工作的三大工作岗位，看似各有各的特点，其实他们的工作是相互关系、相互作用的。除了用绩效调动员工在日常工作的积极性外，还需要通过一些明确的条款对日常工作事项的说明，以便在实际工作中对不同的工作内容做明确的分工，避免和尚多了没水喝的情况出现。

案例 7-5

公司形象——包装桶

在 2015 年，某企业质保部在统计年度客户投诉时发现：包装桶脏占 35%，比质量投诉的占比还高。客户投诉的包装桶脏的内容一般是：包装桶或桶盖上的灰尘比较多，影响客户的使用，容易导致产品污染；标签磨损或被泥土等污染，难以辨识。

经调查，发现包装桶外观差，主要是由仓库存储环节及物流转运环节所造成的。在客户投诉处理会议上，一致认为产品的外观就代表着产品的质量和公司的形象，为了杜绝此类的客户投诉，他们把产品从制造包装—进仓—存储—物流转运—客户外卸货5个环节对包装的外观度保持做了特定的措施。如在制造包装环节，生产车间在包装前和包装后都检验包装桶的清洁与干净；在进仓过程中与过后，都查验包装桶有无灰尘与外观正常洁净。在存储过程中，保持仓库的5S来确保产品在存储过程中不受污染；在物流转运过程中，在产品装车时，检查包装桶的清洁度，对于不符合要求的，仓库在装车时即对包装桶进行清洁。在转动过程中，采用适当的辅助材料进行包装桶的防护；在客户处卸货时，司机再一次对包装桶的外观清洁度与完整度进行检查，对于不符合标准的，由司机进行处理。如不能处理了，则退回公司处理。

通过上述对包装桶的清洁度维护的措施的实施，发现包装桶脏被投诉的情况下降了80%。这些措施不仅减少了企业的损失，还提升了客户的满意度。

6S 管理。6S 是指整理、整顿、清扫、清洁、素养、安全，通过 6S 的管理思想与仓储作业相结合，将过去在日常现场巡检中发现的一些待改善点整合出来，形成管理制度及自检表，使仓储作业人员自觉维护好仓库的 6S，最终实现区域有明确划分且有标识，物料摆放整齐，地面、墙面干净清洁，作业安全可靠的良好仓库环境。

仓库的所有人员都必须认真地对待仓库的任何工作，把它当成是自己的一份"职业"，按要求开展日常工作。对于现场管理的一些漏洞或发现的问题，及时上报并提出建设性意见加以解决，甚至主动自觉地处理后与仓库内部人员分享，促使整个团队团结一致向仓库的目标做好工作。6S 的各项操作内化到仓库作业人员心中，形成工作素养后，便能提升出货效率、减少物料在仓损耗、各类安全风险也在可控范围内，如表 7-4 所示。

表 7－4　仓库 6S 检查表

检查日期：　　　　　检查人：　　　　　管理区：　　　　　得分总计：

分类	检查项目	分数标准	扣分	区域负责人	扣分原因
区域与标识	1. 区域划分清晰，区域名称、责任人明确标识	4			
	2. 货架上的区域号码应准确、牢固	4			
	3. 外包装箱上的标识必须清晰、牢固，标识中的零件名称、规格、数量必须与箱内的实物一致	4			
	4. 每个库位必须贴有该库位的库位号	4			
整理	1. 高库位的货物上不允许存在飘挂物	4			
	2. 包装破损无修补或者更换	4			
	3. 同一种物料只有一个非整包装	4			
	4. 托盘中存储物品外不得有任何杂物	3			
	5. 区域内不得存放非本区域的货物	3			
	6. 消防区域内无杂物	3			
整顿	1. 各区域中货物占用的托盘必须平行、同向码放，不得歪斜排列	3			
	2. 码放在托盘上的货物，原则上不允许超出托盘，货物码放应整齐，不许斜放	3			
	3. 同一托盘中的货物要码放在一起，并且确保有一件的标识朝外	3			
	4. 一层（含）以上库位的木托盘朝向通道的部分，应部分超出货架横梁，确保木托盘均衡地压在货架上	3			
	5. 所有包装不得敞口放置，已经拆开使用的包装必须封闭（胶带）	3			
	6. 通道中备料暂存物料的托盘数原则上为 4 托，不允许超过 5 托，且暂存的物料需要靠通道的一道码放	3			
清扫	1. 存储的货物干净无灰尘、水渍等	3			
	2. 地面无散落的零件及废纸、包装、胶带等垃圾	3			
	3. 消防器材整齐洁净	4			
清洁	现场的各类工具必须定位、定人管理，并按时清洁保养	4			
素养	1. 工服、工帽穿戴整齐，符合公司要求	4			
	2. 遵守《仓库管理规范》的各项规章制度	4			
	3. 注意节电节水	4			

续表

安全	1. 除正常工作接触的相关人员外，要杜绝其他闲散人员在仓库中逗留	3		
	2. 仓库内严禁吸烟和禁止明火	4		
	3. 仓库中的电器要严格按照使用规范进行操作，不准私自接电线和使用电器用品	4		
	4. 每日下班前要检查需要关闭的电器是否关闭，仓门是否上锁	4		
	5. 每周检查消火栓、灭火器，发现问题立即处理	4		
总计		100		

特种设备及大型工具的管理。仓库工作由于特性和功能，在日常运转过程中一定会使用到叉车。而叉车又是特种设备，对于特种设备，都有国家规定的维护与使用规则。因此，叉车在日常使用过程中要按规定行驶，同时定期按要求对叉车做检查与维护，按要求实施年度年检，确保叉车的使用符合规定，确保安全。除叉车外，货架是仓库使用最多且最庞大的工具。对于货架的管理，首先，要按物料管理的原则去设计并要符合安全的规定，使用品质过关的材质与架构，在供应商的选型上就开始重点关注此问题。其次，对货架做好防撞防护，因为在货架上放货、取货是一门对技术要求较高的活，稍有不慎将会与货架造成碰撞与摩擦，对货架上的物料及货架的安全造成影响。最后，定期对货架进行安全检查，除了仓库内部的人员对货架进行日常巡检与维护外，还需要邀请专业的人员对货架进行安全评估，从不同的角度消除安全隐患。

盘点管理。库存是一个结果，是经历过物料进出仓后的状态。仓储管理人员无法直接管理这个结果，必须从物料的进出仓的流程着手对其进行管控。考核评估仓库的运营水平，一个很客观的标准就是账实相符率。因为每一次不依规执行的操作，都会体现在账实相符率上。而测算账实相符率的关键就在于定期盘点。

所谓盘点，就是在某个特定时间点，到仓库现场比对账物相符情况。一般是导出当前时间点的全部库存账务信息，再到仓库现场逐一库位核对。账本上记录某库位有某批次的物料若干，则实际上该库位也理应有对应数字该批次的物料。如实际物料数量少于账务记载的数量，是为盘亏；如实际物料数量多于账务记载的数量，是为盘盈。两者都属于账物不相符，都要找出问题的根源并予以解决。

只有物料处于静态才能有效地盘点，一般来讲，仓库的物料一直处于动态变化过程，很少有足够的时间执行静态盘点。故一般采取多种多样的形式进行盘点。在上次全盘之后的短时间内，某些物料没有进出仓记录，可以实施"不动不盘"，即每周甚至每天重点关注有变化的那一部分并进行盘点。此外，再定期配合以静态全盘，利用月中及月底的周末物料进出比较少时进行全盘，产生差异的原因也在最近两周之内，可以最快速度追溯到进出仓的单据，确认是否有扣账问题或发货问题。对于发现的账实不相符的问题，关键在于找到原因，并根据原因制定纠正预防措施。

规范操作是企业每个部门追求的目标，仓库本身承担着工厂所有物料的进出，每一个操作都需要有明确的操作流程。操作流程要在实施的过程中不断地完善和补充。

在仓库里，一般涉及的操作流程有：物料进出库操作流程、物料配送流程、销售出库装车流程、库位管理流程、标签管理流程等，每一个流程都要清晰地标明操作流程或可以做成现场看板，并对现场操作人定期做培训，现场宣贯，对流程进行优化。对于有其他新设备加入的操作流程，必须第一时间对操作流程进行重新梳理与修正，确保任何操作都能规范化、统一化，避免因不同人的操作而出现差异和错误。

从仓库的一般流程来看，需结合仓库使用的系统来进行，比如，呆滞品的管理。物料一般都具有保质期，在大规模采购/生产之后，有时遇到市场环境或客户需求变化而引发产品滞销，部分在仓物料会变成呆滞物料，乃至超过保质期，变成纯粹的过期不合格物料。因此，仓库自身可以对库存进行"健康度"管理，定期盘点梳理库存较久的物料/成品，向生产计划人员或销售人员反馈清单，推动处理。对于库存超保质期的不合格品，可以有一套超期重检程序进行管控。IT设置物料的库龄（在库时间）超过其保质期的90%时，将该物料的底纹标记为黄色；作为预警，设置超保质期的物料底纹为红色并品质状态变为不合格。生产计划人员定期巡视账务系统的物料超期信息，筛选出黄色底纹的物料。定期整理出需重检物料的表格，报检通知 QC 执行取样检测。研发技术人员则根据品质结果，判断该物料的使用方向（延长保质期、返工混掺、报废处理）。另外，还可以通过系统对此类物料的"特别处理"做好记录，并且可以通过系统查询到此物料的去处，对相对应的成品进行溯源。

图 7-4 所示为仓库管理的一般工作及其作业流程。

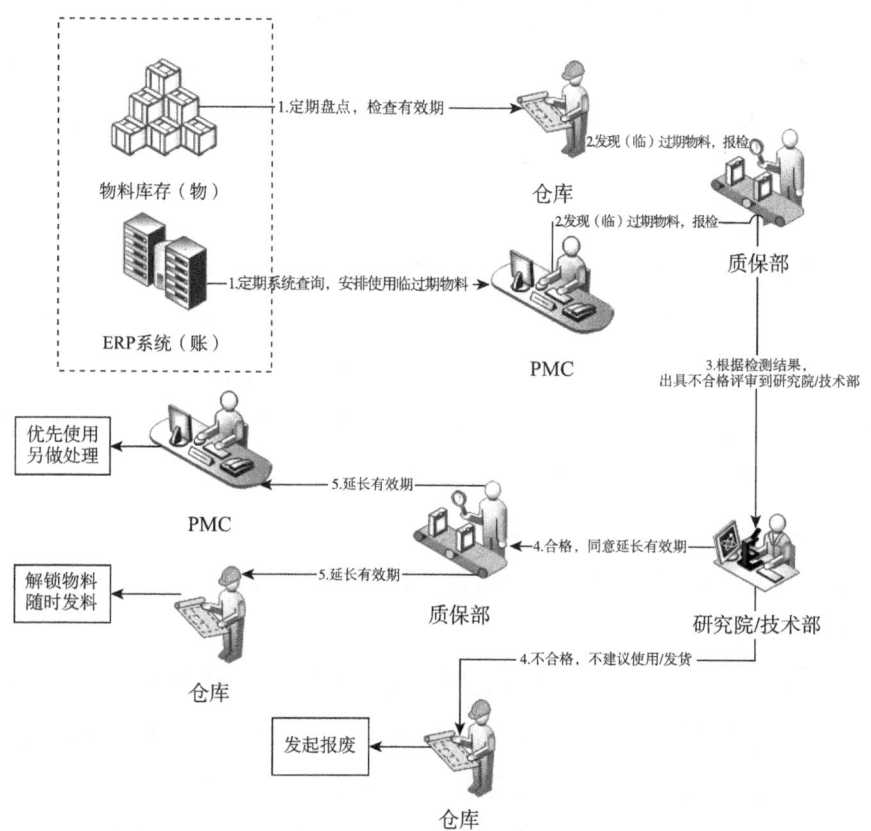

图 7-4　仓库管理的一般工作及其作业流程图

3. 物料出入库管理

若仓库是企业外部独立的物流节点，则其功能主要是大规模收取货物，再依据送货单的指引，定时定点定向发放到对应客户处。总体而言，只有单次的收、存、发。对于制造业的仓储过程，按照物料的属性（原料及成品），在流程上则有原料入仓、原料发料、成品完工进仓及成品销售出库的四个过程。共组成两组收、存、发。形象点讲，这两组收、存、发就像两个大水池，各有进水管及出水管，水池的大小（库容量）是不变的，但进出水管中水流的流速（仓储吞吐量）却因现实情况发生变化，最终两个水池的水面高度（库存）呈现出动态变化。一般仓库结合使用的 ERP 和条码系统的操作流程如下：

（1）原料入仓管理流程。

供应商按交货计划，通过物流送货到工厂，先在工厂门卫处登记并依次等待。轮到卸车时进入厂内，到对应仓库的卸货区等待卸货。供应商货运司机提交当次送货的送货单据及该物料的检测报告书（COA），原料仓管员核对该供应商为合格供应商且当次送货在系统中已有相应的采购订单（有相应收货计划）。原料仓管员开始通知搬运组执行卸货。除核对送货单信息外，开门卸车过程中，对原料的外观做初步检查（是否破损、霉变），同时通知质量保证部（质保部）人员完成原料的取样。

原料卸车后，原料仓管员依据送货单上所列物品品名、数量、批号、规格、正版证明标鉴（Certificate Of Authenticity，COA）对实物进行核对清点，发现异常即停止作业并向相关方反馈。若无发现异常，则进行采购收货作业，打印及张贴内部标签，物料也随之转移进仓。此时物料的检测结果还未发布，物料应存放于待检区或在物料上张贴"待检物料"标牌，避免误取误用。待质保部人员更新发布检测结果，若结果为合格，则由原料仓库人员完成账务进仓及摘下"待检物料"标牌，完成实物进仓，该批原料可供生产使用。

（2）原料发料管理流程。

生产计划人员根据所制定的生产计划，下达第二天的生产工单。利用 ERP 系统对相对应的生产工单进行发料单配置。系统发料单根据产品的生产 BOM 表，推导所需的物料及数量，根据先进先出原则自动配制物料批号。如遇生产技术人员指定物料批号的，由其向生产计划人员提出，在系统上调整批号。该配料单下达后，由系统自动传送至仓库并提醒该发料单为未发料状态，并显示于什么时间段发料至车间生产。发料当天，原料仓管员按发料单上的明细进行拣货备货，同时手持 PDA 扫描发料单及原料标签条形码，执行扫描过账。完成过账后，由叉车将原料从仓库内指定的车间备货区域运输到对应车间。原料到车间现场，由车间当班班长或物料员与送货员进行对接，确认物料是否与送料单上的一致，确认无误后在发料单上签字。发料单由原料仓库回收备案。

案例 7-6

收？不收？

2016 年 8 月 16 日，A 仓管的管理员向主管汇报了一件令他难以接受的收料事件。

8 月 16 日这一天特别热，13：00 收到送货司机很多次电话："工厂在什么地方？怎么走？" 14：30 该仓管员接到保安室电话："A 过来接车，货车司机什么也说不清楚，我也不知道联系谁，跟你熟悉一点就联系你过来看看。"

既然车都来了，保安也通知了，A 就以为是 13：00 打电话的那一车货到了，赶紧过去看情况，结果不是自己着急对接的那车货，而且什么单据都没有，连最基本的送货单据都没有，A 压根不知道送的是什么料？

不知道是什么料，也没有收到过任何采购员告知的收货信息，A 认为要了解清楚再说。A 赶紧给采购打电话询问，此时货车司机也很憋屈，大热天送来原料了还不赶紧收料。A 跟采购沟通后发现是采购部之前根据市场预测提前定了此料，但是采购员忘记通知 A 了。

因为没有单据，加上最近这一个月的时间类似事件发生了至少 5 次，A 只能跟主管请示怎么办？没有单据后续还会有哪些问题呢？

原材料到货报检时，品质部要求一定要有供应商的报告单，但是货已经卸下来了，因为没有报告单，品质部就是不给检测。A 怎么办？

打开货柜门，由于炎炎夏日温度太高，物料都已经溶化了，但采购部说原料是进口的，没法退。且不说没有提前告知，卸货人员不匹配外，这溶化了的料卸货用什么工具好呢？

原料到了，但检测结果显示它不符合品质要求。生产工艺人员说此原料勉强接受投入生产，很有可能导致产品不合格，建议退货；生产计划人员说此原料等着生产。双方意见僵持不下。

(3) 成品完工进仓管理流程。

生产车间按照生产计划完成投料、反应、中控报检及合格产出后，对产成品张贴产品标签，由车间计划员或班长在 ERP 系统上发起"进仓"需求，并由车间人员填写产品完工进仓单交予成品仓库仓管员。成品仓库仓管员到车间包装间以完工进仓单为依据，核对实物品名、批次及数量，并根据仓库内库位空余情况，在完工进仓单上书写拨入库位后，将进仓单交予搬运组。搬运组严格按照进仓单的指示，执行实物进仓到指定库位，执行实物进仓后的搬运组，将进仓单交还给成品仓库仓管员，仓管员依此在账务系统中将该批成品账务调拨到现存放库位。

(4) 成品销售出库管理流程。

对于 MTO（Make To Order，面向订单生产）或 ATO（Assemble To

Order，面向订单装配）两类制造模式，客户在下单时并未有成品在库，故需要等待一个或若干个生产/装配周期。对于 MTS（Make To Stock，面向库存生产）的制造模式，生产车间或计划排产人员对库存负责（确保各品类产品的库存数在安全库存之上），客户的需求可通过库存直接满足，响应程度较高。当客户采购下单到业务代表或销售助理时，销售助理可通过账务系统完成内部销售订单的编制。仓库文员接到销售订单后，便可依据销售订单的品名及数量需求，按先进先出原则，在系统中挑选合适的批次并制作发货通知单。发货通知单被搬运组获取，并以此为依据执行人工拣货备货。成品仓库仓管员再使用手持 PDA 扫描发货通知单及对应的待销售成品，完成销售出库过账。此后，成品仓库仓管员配齐每单产品的 COA 及送货单，同时搬运组执行产品的装车等待送货。

（5）退货退料管理流程。

若产品未达到客户的要求，客户对产品不满意或企业自发地召回所销售产品，便形成了退货。只有不合格的原材料和由于生产转线、设备维修及改换生产产品造成的未开封的剩余合格物料，才能从车间退回仓库。对于成品销售退货流程，当销售助理接收来自客户的退货需求后，发起退货申请（注明退货品名、批次及数量），该申请由销售部门负责人或其委托授权人审核，通过后由仓库将退货申请交予物流，由物流取回退货产品。退货到厂后仓管员应在现场收货时进行验收复核所退货物是否与销退申请单上的货物一致，必须按销退申请单的货物名称、批号、规格、数量进行称重验收，检查外观是否破损，按实际到厂数量执行销退入账，实物转移到专属退货仓（与常规产品隔离）并发起退货处理流程报检。质保部响应报检需求，取样分析并给出品质结论，研发技术人员依据质保部的检测分析结果，结合专业判断，出具处理意见（二次销售、返工混掺、报废）。

对于可做二次销售的，由仓库人员检查产品的外包装与标签，重新确认产品是否符合销售的标准。如不符合，由仓库人员重新对包装与标签进行处理后，重新把该产品的账目进行入仓处理，以便作为库存做第二次销售处理。对于需要返工混掺的退货产品，由仓库人员及生产计划人员定期更新退货清单，生产计划人员针对生产计划及其处理方案，在合适的时间对退货安排相对应的车间进行处理。对于报废的产品，由仓库对其做统一的存放，按《物料报废管理规定》定期对报废品申请报废处理。

对于原料退仓的，各车间/部门退料人填写《车间退料申请单》，并由车间主管（或经车间主管授权的同事）签批后，原料仓仓管员依据退料申请单安排搬运组将物料取回仓库并做好标识。仓管员依据退料单核对清点，完全正确后方可签字入库，在账务系统中对退料做库存调拨（从车间仓对应的车间库位调拨到原料仓）。如因质量问题造成退料的，在账务进仓后即刻安排报检，等候质保部检验结果再对物料进行处理；如非质量原因退货的，此物料应当优先在下一次向车间发料。

（6）仓储单据管理。

上述所描述的仓库各项活动，都有一种介质作为流程的输入信息，以此来引发实际行动，那就是单据。它们分别是原料送货单（原料入库环节，用于核对供方来多少原料及来什么原料）、原料发料单（原料发料环节，用于指导发什么原料及发多少原料）、成品完工进仓单（用于核对进仓产品信息）、成品发货通知单＆送货单（用于告知及核对所发成品）、退货申请单＆退料申请单（用于核对需退仓物料的品名及数量）。单据作为虚拟账务与现实实物之间的过渡桥梁，账务的变动催生出单据，用于指导实物随账务的变化方向而变换位置。或实物变换位置后，通过单据来指引账务管理人员变更账务信息。单据的制作、流转、执行、签批及保管，伴随着每一项仓储活动，使每一项仓储活动有据可依，减少人员的随意性，使过程更加符合规范，减少失误。

如图 7 – 5 所示为从订单开始，整个实物流的过程。

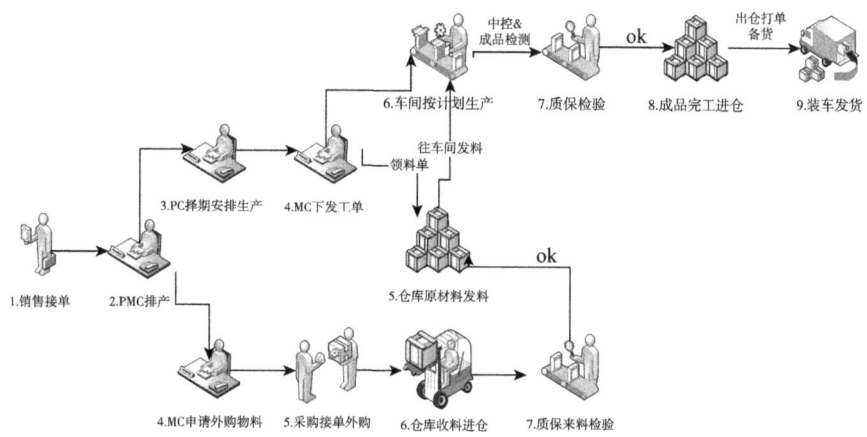

图 7 – 5　仓库操作实物流程图

第八章

Chapter 8

运输策略与管理

1. 运输方式的类别及特点

随着经济全球化的发展，在相互往来的世界贸易中，物流成了直接影响交易效率的关键环节。当前全球物流网络发展迅猛，可以说密密麻麻、无处不达。在科技飞跃的大背景下，物流的方式也发生了翻天覆地的变化。当前按照运输设备及运输工具的区别来划分，如图 8 - 1 所示，主要有以下几种方式。

（1）铁路运输。

铁路运输是使用普通列车、高速列车等方式运送客货的一种运输方式。铁路运输的经济里程一般在 300km 以上，在没有水路条件的区域，所有大批量货物几乎都是依靠铁路运输。铁路运输有着承运货量大、运输距离远、运达时间准、运送过程安全等特点。

承运货量大。一般情况下，每列客车可载旅客 1800 人左右，一列货车可装 2000 吨 ~ 3500 吨货物，重载列车可装 2 万多吨货物。相比空运，优势很大。

运送距离远。国内几乎所有的地方都有铁路网络，随着"一带一路"倡议的推进，铁路网络将遍布更多的沿线国家，距离会更远。

运达时间准。列车的始发时间和到达时间都是固定的，非常精准。

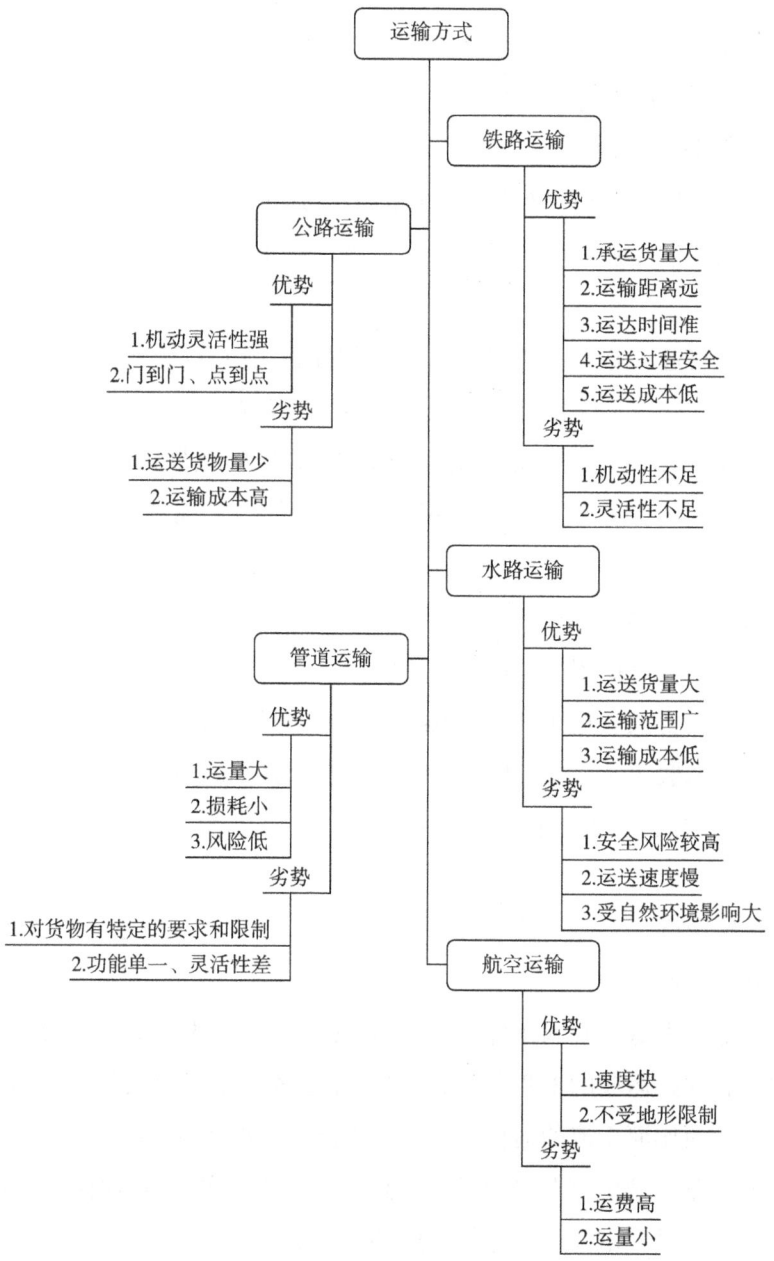

图 8 - 1　运输方式特点图

运送过程安全。火车轨道安全平稳，有利于货物运输的安全。

运送成本较低。由于货运量大和运送距离长的原因，规模效益的运输单价上优势凸显，大大低于公路和航空的运输成本。

但铁路运输也有机动性和灵活性不足的缺点，在运输的时间上、路线上不能随意改变。

（2）**公路运输**。

公路运输是指用汽车客货运输的一种方式。主要有以下优点。

机动灵活性强。可以根据需求，随时展开运输，对环境和设施要求不高。

可以打通"最后一千米"。进行门对门、点到点服务，程序简单。

同时，公路运输也有运输货物量小、运输成本高的缺点。每单量最多只能满足几十吨的运输需求，运输成本分别是铁路运输的 11.1 ~ 17.5 倍，是水路运输的 27.7 ~ 43.6 倍，是管道运输的 13.7 ~ 21.5 倍，但比民航运输成本低，只有民航运输的 6.1% ~ 9.6%。

（3）**水路运输**。

水路运输是指用船舶运送客货的运输方式。主要有以下优点。

运输货量大。相比其他运输方式，水路运输能力最大，在长江干线，一支拖驳船队或顶推驳船队的载运能力已超过万吨，国外最大的顶推驳船队的载运能力达 3 万 ~ 4 万吨，世界上最大的油船已超过 50 万吨。

运输范围广。地球海洋面积占比超过 70%，说明水运范围很大，可以到达大部分地区。

运输成本低。我国水路运输成本只有铁路的 40%，美国水路运输成本只有铁路运输的 1/8，长江干线运输成本只有铁路运输的 84%，而美国密西西比河干流的运输成本只有铁路运输的 1/3 ~ 1/4。

但水路运输也存在安全风险较高、运送速度慢、运送时间不精准的缺点，受台风、雷雨、冰冻等自然环境影响大。

（4）**航空运输**。

航空运输是指飞机或其他航空器进行运输的形式。其主要优点是运送速度快、效率高，是火车、公路运送时间的 1/8 左右。缺点是运费高、运量小。

（5）管道运输。

管道运输是利用管道输送气体、液体和粉状固体的一种运输方式。主要优点如下。

运量大。不受时间限制和气候影响，可以全天候运送，运送货量比较大。国外一条直径 720 毫米的输煤管道，一年即可输送煤炭 2000 万吨，几乎相当于一条单线铁路的单方向的输送能力。

损耗小。采用密封设备，可避免散失、丢失等损失，也不存在其他运输设备在运输过程中消耗动力所形成的无效运输问题。管道可以走捷径，缩短运输距离。

风险低。在封闭设施中运送，只要做好设备的定期检查维护，就能保证安全、可靠、无污染。

主要缺点是对运输货物有特定要求和限制，功能单一，灵活性差。

2. 运输方式的选定

在各种运输方式中，如何选择适当的运输方式是物流合理化的重要问题。一般来讲，应由物流系统要求的服务水平和允许的物流成本来决定，既可以使用一种运输方式，也可以使用联运方式。**如何决定物流运输方式，可以从以下五个方面做出全面的考虑与平衡。**

（1）货物品种及其性质。

货物的品种用多样化来衡量，这个多样化虽然不直接影响运输方式的确定，但为了确保货物在到达客户手中是正确的和数量准确的，必须选择统一存放、统一转运的运输方式，这样有利于货物的跟踪。而货物的性质，直接影响运输方式及运输过程中包装物的使用。比如，对于一些水剂的货物，如果管道是直接与客户相通的，毫无疑问，管道运输是此形态物料的首选运输方式。如果没有匹配的管道相通，水剂的货物就应该选择适合这个货物形态的存储载体，也要选择符合国家安全运输政策的运输方式。因此，对于水剂的货物，首先按其性质，应该选择储罐式的运输载体，看国家安全运输政策所覆盖的范围，确定是走公路运输还是水路运输。当然，也可以通过对货物采取增加外包装保护的形式改变其运输方式，不过成本将会成倍增加。

（2）**运输时间/期限。**

运输期限必须与交货日期相联系，才能保证运输时限。必须调查各种运输工具所需的运输时间，根据运输时间选择运输方式。运输时间的快慢一般情况下依次为航空运输、汽车运输、铁路运输、船舶运输。各运输工具可以按照它的速度编组来安排日程，加上它的两端及中转的作业时间，就可以算出所需的运输时间。在现在的物流体系中，每一种物流运输方式都有比较准确的物流时间，仓库人员及销售助理只需做好日常数据收集，或针对不同的物流商，向其索要不同区域、不同的物流运输方式，都可以获取准确的物流时长。根据这个时长，再结合生产计划，可以制定准确的货物起运时间，确保能准时交付。

（3）**运输距离。**

距离的远近直接影响运输方式的确定。一般情况下可以依照以下原则：

300千米以内，用汽车运输。300～500千米，用铁路运输。500千米以上，用船舶运输。

一般这样的选择是比较经济合理的，如该货物是出口的，就不必纠结，它一定是选择水路运输的方式来操作。但是它又有要求到货时间比较紧的问题，可以通过两个方面加快运输速度：一是加快生产进度；二是通过选择港口和航线来做出判断选择。很多时候，即使是500千米以上的运输距离，就因为货物紧急及客户至上的理念，都会认为公路运输是最快速的运输方式而选择其作为后备的补救措施。这个运输方式虽然快速，但做决策前要充分考虑与评估其费用。

案例 8−1

港口的选择	
现状	1. 某企业位于广州市，其新开发的客户位于天津 2. 新客户当前的需求是 7 天后需要 18 吨产品 3. 当前车间正在生产，产品最快可装车时间为第二天 4. 从成本及路程上评估，此货可走船运
分析	1. 18 吨产品刚好是一个货柜的承载量，可以使用货柜进行整柜发货 2. 经咨询，有两个港口可承载此货柜至目的港：黄埔港、南沙港。黄埔港 3 天有船期，从港口出发到天津港需要 4 天，刚好 7 天时间；南沙港每天有船期，从港口出发到天津港需要 5 天，共需 6 天时间 3. 由工厂至黄埔港不需要增加任何费用，而南沙港则需增加约 2000 元的拖车费 4. 从日常跟两个港口的走运货物的时间经验，黄埔港出发的航线一般会与正常的时间有 1~2 天的误差，而从南沙港出发一般都会准时，不会出现时间延误
结论	1. 虽然两个港口都能在 7 天时间内到达天津港，但还是受生产进度与费用的影响 2. 黄埔港无任何时间空间，要求船运及提柜过程不能出现任何问题；而南沙港有一天的时间空间，在操作上比较有保障 3. 生产环节：据了解生产是在当天完成，第二天等待检测结果，为了保障货物准时到港，给运输过程提供足够的时间空间，督促生产做好各环节的把关与时间进度的把控，检测通过加班或一些数据的分析，让产品提前进入包装装车环节，并在此过程等待结果，不增加等结果所造成的时间成本的浪费 4. 对于在南沙港与黄埔港所对比的 2000 元的费用差异，从客户服务及对交付的准时性上考虑，此差异费暂时可以不考虑
最终决策：从南沙港出发，船运至天津码头，以便实现准时交付	

（4）**运输安全性和准确性**。

没有绝对的安全，只有相对的安全。对于不同的运输方式，哪个最安全，企业自身有一个判断标准。当今的物流体系，所有货物都能做到实时跟踪，它的信息准确性是有保障的。但对于不同的运输方式，不同性质的物料可能在运输过程中造成一定的损耗，这会导致在准确性上存在误差。不管是多少，它一定是在一个可控的范围内，并且是可以通过一些优化措施得到改善的。

（5）**运输批量**。

因为大批量运输成本低，应尽可能使商品集中到最终消费者附近，选择合适的运输工具进行运输是降低成本的良策。一般来说，15~20

吨以下的商品用汽车运输；15～20吨以上的商品用铁路运输；数百吨以上的原材料，应选择水路运输。

上述不同的运输方式的要素不是孤立存在的，一个适合企业的货物运输方式一定是从多个维度进行综合分析制定出来的。它的选择是快速响应还是成本至上，与企业的业务服务理念有关。除此之外，还需根据企业自身所配备的运输资源选择符合自己业务需求的运输方式。一般情况下，企业会有自己的运输车队，对于这一点，如何充分利用自有车辆与第三方物流的优势，以及如何分配它们的运输方式，使得更好地与业务配合，提高客户满意度呢？

案例 8-2

选择

一个位于开发区的企业，其物流部拥有12辆货车用于珠三角地区的客户货物配送。企业的客户遍布国内外，为了提高企业产品的配送效率与服务质量，它应该对自有车辆做什么样的配送规划？怎样才能发挥自有车辆的最大作用？自有车辆的资源如何与其他运输模式相搭配？此案例的问题，可以通过下面的分析，得出想要的答案。

企业在做出不同的运输模式选择前都要考虑以下问题，再做出适合企业的选择。先从自有车辆说起，一般情况下，如果企业拥有资源，一定会先利用自身的资源再向外寻求其他资源。因为自有资源的调配和反应速度比较快，能在异常情况下以最快的速度去补救。因此，只有在分析利用完自有车辆资源后，才会向外寻求其他更合适的资源。

自有车辆的数量与其能覆盖的区域的发货量。

如果企业所处的位置是开发区，按公路运输所具备的优点，应该能覆盖的运输区域是珠三角地区（包括广州、深圳、珠海、佛山、东莞、惠州、中山、江门、肇庆9个城市）。首先，必须第一时间研究这9个方向上的客户数量及其发货需求量，判断发货需求量是否与自有车辆的运力相匹配。其次，以广州黄埔区为发射点，与另外 8 个不同的城市按方向能划分成几条路线？如珠三角 9 个城市从方向上可以按以下划分。

线一：广州、东莞、深圳、惠州。

线二：广州、中山、珠海。

线三：广州、佛山、肇庆、江门。

判断每条路线需求发货量要求多少辆车可以满足运力？

利用匹配再剔除的方式选择自有车辆的配送服务。

即每条线路上，从近到远的发货量做匹配。首先，要满足的是广州市内不同区的送货需求，再往每条线路上的城市扩散。如果广州市内不同区的送货需求已经消耗完自有车辆的运力，其他城市就可以考虑第三方物流的使用。总的来说，就是从自有车辆的运载能力出发，先满足距离比较近的，再向远处扩散，远处的城市长期处于不能满足状态的，即可寻求第三方物流达到配送的目的。

在实际操作过程中，还要考虑单个客户的一次运输量。

如果在广州白云区内，3 个客户的运输量才占货车载重量的 1/3，而在佛山的某一客户的送货需求量已经达到核定载重量，这时应该从成本与效率出发，先满足佛山客户的送货需求。其他地区根据当天送货回厂的货车时间再确定能否送货。如果不能送货，与业务员沟通推迟一天，再统一安排。

自有车辆在实际的派送过程中，不会做到完美的或完全满足当天的货物运输需求。

同一条路线的客户货运总会出现客户数量多但总货量少、需送货的客户配送总量已超过货车的核定载重量、客户送货进厂难度大等问题。因此，在实际的货运路线配货过程中，还需要考虑同一条送货路线上所需送货的客户总数。一般情况下，同一条送货路线上 9 个单位是上限，超过了会导致产品不能及时送到位。另外，在整个自有车辆的配送过程中，都会出现各种各样的问题，导致不能完全满足需求，毕竟资源是有限的。因此，该过程不能缺少业务员的参与，对于出现不能满足送货需求的路线，业务员需配合做客户配送日期调整，让资源得到最大化的利用，最大限度地满足客户的需求。

对于上述不能完全满足的客户，可以利用日常数据进行分析。

对于确实存在配送运力差异的，根据公司总体的投资政策及业务的销售策略，确定是否有增加运输车辆的需求。或者与第三方物流公司合作，把每天不能在同一条线路上配送，且业务员不能协商交期的客户交由其参与第二天的配送。所要寻求的是，一个全能的配送物流公司等同于一个中转站，承接不同方向的货物，利用自身的多条物流线路上的配送资源，达成配送目标。

把自有车辆的运输能满足的区域去掉，剩余的区域，物流部和业务部需要根据距离的远近及客户的需求制定不同的运输方式。

如果客户对于产品的交期宽度是非常广泛的，加之量也大，完全可以考虑使用铁路运输。但是这个运输方式的考虑，要分析清楚由工厂仓储到铁路、铁路到站后到客户仓库这两段距离如何解决。如果这两段距离都可以通过货运的方式解决并且比较好操作，可以判定用此方式进行。如果两段距离的人工成本及运输成本已经占了整个运输成本的2/3，即需要重新核算此运输方式的整体成本效益，再做出进一步决策。

针对制造型企业，特别是化工行业，还涉及比较重要的一个方面是危化品的运输。

危化品的运输除了对运输配送车辆有特殊要求外，对司机与押运员也有特别的要求。它主要是按国家对危化品运输的管理规定来操作。危化品车辆应该是专用的，要配有必要的通信工具；所有检测指标及配备的安全装置要达到相对应的要求，每年度按要求进行年检，并且要求是持证的危化品公司共同管理；对于驾驶员，要取得相应的机动车驾驶证，年龄不超过60周岁，还需经市区的市级道路运输管理机构对有关货运法律法规、机动车维修和货物装载保管基本知识考试合格。同时，在整个危化品的运输过程中，都需要配备押运员，押运员也是需要经过考试并取得上岗证，了解所运输的危险化学品的危险特性及其包装物、容器的使用要求和出现危险情况时的应急处置方法。

一般情况下，选择水路运输的都是一些沿海的城市。

广州开发区本身拥有黄埔港、南沙港两个大港口，通过太平洋可以比较快速地把货发到沿海的所有城市，如天津、上海、吉林等。提前收集不同港口不同航线的时间及船期，按照客户要求的交期或中间仓的库存情况，可以有针对性地选择适合用此运输方式的订单。水路运输是运输成本最低的方式之一，而且它本身在港口所配套的对接设备设施是最齐全的，对于从工厂到港口、目的港口到客户工厂这两段距离来讲，也可以做到无缝对接。

公路运输在工厂，特别是对业务部来讲，可以说是万能的。但对于当前一些物流服务与承诺的差异度，导致业务部对它既爱又恨。

对于不在海运航线上、铁路运输在前后两段距离无法操作、交付时间比较紧的时候，公路运输就成了企业的必然选择。在选择公路运输时，直线点对点和通过一些中转物流来实现运输到货的，它们所花费的时间及成本也是不一样的。因此，在选择公路运输时，一定要收集一份清晰的路线清单，清单里包含运输费用成本、运输时长、到达客户处方式及费用标准。每次按交付周期及企业期待的服务来选择物流运输商。

管道运输是化工行业特有的方式。

当前大多数城市家庭用的天然气，就是管道运输的。对于天然气来讲，它属于市政工程，因为使用群体比较庞大，因此所覆盖的范围比较广泛。但对于一个特定行业的化工企业来讲，因为有特定的客户群体，如果都同处一个工业园区，而且客户比较固定或与客户签订了长期的合作协议，可以通过在企业工厂与客户之间建立管道的形式做物料/产品输送，这样既可以安全快速把物料/产品输送给客户，又减少了运输成本。即使不在同一个园区，只需确定客户群体，以及测算建设管道的投资回报率，也是可以建立管道进行物料/产品输送的。

总之，不能忘掉的一条原则是无论选择哪一种运输方式，都是基于客户要求的到货时间、该运输方式所涉及的区域及其运输周期、成本三个方面共同决定的。产品采用合适的运输方式到达客户手中，不仅仅是仓储物流部一个部门的责任，它是多个部门及基于企业的销售策略所共同考虑实施的。在整个企业所决策的物流运输方式上，都应该制定一个紧急预案措施或方式，以确保在出现异常情况时能快速决策相对应的运输方式。

3. 提高运输配送效率的方式

我们所谈的提高运输配送效率，讲究的不仅仅是"快"，伴随的是"服务优质与成本较低"。通常情况下，配送效率低会从三个现实结果反映出来，一是运输成本与运输量之间的关系波动比较大；二是客户对产品配送周期不满意；三是运输成本偏高。因此，将从物流自身及企业自身两大部分来分析，通过对这两大部分在实际操作中出现的资源浪费及操作流程的不合理，共同探讨提高运输配送效率的方式。

（1）订单发货量与频率。

对企业自身来讲，运输配送的指令是订单，订单自然成为产生配送的先行条件。订单的发货量及订单的频率是影响运输配送效率最大的因素之一。为什么这么说呢？前面无论是哪一种运输方式，只要该货量达到该运输方式的整车运输的，它的运输配送速度是最高的。如走水路运输，一个集装箱的货量可以使整个服务包揽上门提货、整柜运输、目的地港口直接配送至客户工厂的一条龙服务，所有环节都可以做到无缝对接，等同于整个货柜"私有化"的操作模式，速度可以自己掌握。

对于小订单，走水路运输拼货，从企业自身的工厂到港口需要自己做配送，到港口要拼柜、等柜，到达目的地港口需要等提货或安排另外的物流从港口提货，再送至客户手中。这些过程可以说是都在"等条件成熟"，或者会等到拼满货柜才能起运，运输时间存在一定的"宽度"，不好控制。虽然此方式也是全权由货代去代理，但毕竟价格会相差甚远。所以，订单量是直接影响配送效率的最大因素之一。因此，在提高配送效率上，业务部首先尽量让客户所下的订单集中，尽量减少送货量少而送货次数多的情况，或与客户约定采用定期配送的形式操作。

（2）企业对产品的包装形式的开发与利用。

对于化工企业来讲，水剂的产品应尽量开发大包装，采用液袋（吨）、集装箱液袋（20吨）、槽罐车等大包装形式运输，这样既有利于运输过程中对产品的装卸与保护，也能加大整个配送效率。每次整袋、整箱、整车、整罐的运输，可以寻找最优的运输路线和成本最低的运输模式。另外，还有一种运输模式是，企业采用自身拥有的包装容器（如槽罐），使用外部的物流资源作为运送（如与槽罐相配套的车头），只需仓储物流部门向物流发起送货需求，物流按客户到货时间把罐满产品的包装容器拉至客户处卸货即可。这样有利于降低成本及提升管理效率，进而提高整个产品运输配送效率。

（3）自有车辆的合理利用。

企业拥有配送车队——自有车辆，应该按客户群体所需货量的大小、客户对包装的要求、客户地址、产品的毛利来综合考虑自有车辆的配送模式，以及通过自有车辆在配送过程中发现一些可优化的点。

首先，针对自有车辆所能覆盖的区域，以及区域内的客户的具体地址去设置每条送货路线。每天根据实际的订单需求，派送同一条线路上的订单，再根据订单数量调配同一条线路上的送货车辆。如果同一条线路上的客户送货数量过多，货车不能在一天内送货完毕，可以把同一条线路上比较偏离主路线或在路线上跑得比较远的订单先剔除，与业务部商量后再做第二天拼单发货。

其次，对于一些经常性重复送货的客户，除了从订单源头上减少少量多次的配送需求外，还可以在该区域内寻找一个第三方仓库，让该仓库的配送覆盖该片区域。只需对该仓库所需配送的量核算清楚，制定一个该仓库所需要放置的安全库存，通过远程操作订单与出库单，由该仓库管理人员做当地的简单配送（如三轮车）。自有车辆只需定期做中间仓库的安全库存补充即可。这样既可以提高片区的产品运输配送效率，又能通过降低每天来回多次跑同一天路线做配送所带来的高运输成本。

（4）服务质量。

从物流本身来看，物流的服务质量往往决定了整个产品的运输配送成本与效率。因为物流的服务质量体现在到货准时率及客户满意度上。在当前物流网络覆盖全球的时代，选择一个高服务质量的物流运输商，也是提高运输配送效率的方式之一。**企业可以从自身的客户服务理念需求出发，从物流运输商的资质、配送线路、送货时长、运输费用等多个维度考核与选择物流运输商。**引入一两个物流运输商参与企业的产品运输配送服务，通过竞争的方式相互激励与提升合作物流商的服务水平。另外，还可以通过对合作物流商的内外部考核的模式，进一步提升他们的服务水平。这些考核条款的设定，一定是从高效产品运输配送及现场服务两大因素上设置的。

虽然物流可以触及好多区域，但在整个运输配送过程中，相当于整个产品的运输交付另一个系统去操作，企业无法时刻了解运输配送的整个过程。通常情况下，第三方物流在承运物品时会出现以下问题。

物流为了本身的利益和成本，一般情况下都会约定上门提货的起重数与数量，而企业为了产品能第一时间送到客户手上，都会与物流约定上门提货的反应时间。但物流内部也有自身的物流路线，对于上门提货都按自己的操作原则进行。因此，经常会出现上门提货不及时的情况，进而导致企业仓库在发货、装货问题上出现困难。

物流提货后，一般情况下会收集整车货或足够效益的数量后才开始运输产品至目的地物流点。此时，虽然产品已提走，但实际尚未正式在运输的路途上，最终导致企业不能按客户要求到货。

在整个运输途中，运输车辆或许因为车辆问题或道路政策问题导致延误，严重的因违规操作导致运输车辆被扣。但物流为了不被企业投诉，不会及时将实际情况告知企业，企业不停地追问进度而无法得知准确的信息，因此客户对其失去信任。

在到达目的地，物流实施产品配送的过程中，也因为配送数量及路线成本较高，物流会因成本问题存在等货再配送的情况。

在配送产品与企业客户对接的过程中，首先被投诉的问题是配送人员的态度问题及与客户的配合度问题，其次是产品的外观问题，最后是物流与客户的签收单据问题。

在与物流运输商合作的时候，还需向其提出一个可查询整个产品的运输动态情况系统。无论是在淘宝还是在京东上买东西，都可以实时看到所购买产品的去向及到货时间。因此，无论是自有车辆还是合作的物流商，都需要在日常物流跟踪中有一个系统。在做供应商考核的时候，也需要一并把这个作为供应商的能力进行考核，如表 8 - 1 所示。

表 8 - 1　物流供应商日常考核表

物流供应商名称：				考评年/月：	
到货总批数：		合格批数：	不合格批数：	准时交付批数：	未准时交付批数：
考评项目		权重	绩效目标	得分	说明
提货情况	是否准时提货	10	准时提货次数与总提货次数的比例关系（按双方确认为准）		
	提货状况	5	提货人员的穿戴是否规范，车辆证照是否齐全，车辆是否符合装货要求，装运货物是否与送货单一致		
		15	小计：		
考评部门：	物流部/业务部考评人：		考评日期：		
交付情况	是否准时交付	10	准时交付次数与总交付次数的比例关系（按双方确认为准）		
	交付状况	10	配送人员的穿戴是否规范，车辆证照是否齐全，车辆及其辅材是否符合装货卸货要求		
		20	小计：		

续表

考评部门：		业务部/物流部考评人：		考评日期：		
货物交付情况	包装脏乱、破损	10	货物包装是否脏乱，货物包装是否破损（含辅助包材）			
	货物短缺	10	是否漏提货、漏送货，包装材料破损导致货物短缺			
	送错、货物丢失	10	货物是否按指定地址送达，货物是否如数送至客户			
		30	小计：			
考评部门：		业务部/物流部考评人：		考评日期：		
单据流转及信息反馈	单据齐全	5	回单、托运单是否齐全			
	回单及时	5	回单、托运单是否每月月底准时寄回			
	异常情况反馈及时	5	客户退货及少收货是否及时反馈，延期到货是否提前通知，需提前送至客户处是否提前通知等			
	异常情况处理	5	出现异常并反馈后，问题处理的及时性和配合度；能否按重新承诺的送货时间准确交付			
		20	小计：			
考评部门：		物流部考评人：		考评日期：		
服务质量	司机态度	5	是否认真负责，是否及时沟通，是否电话保持畅通，是否文明用语等			
	接单人员、对账人员	5	接单人员是否及时响应，对账人员是否按时配合对账			
	其他配合	5	是否积极配合客户的要求，是否积极配合甲方公司相关人员要求			
		15	小计：			
考评部门：		仓储中心/业务部/采购部考评人：		考评日期：		
其他加分	提出有效性建议	1~10				
	客户表扬	1~10				
	其他	1~10				
考评部门：		仓储中心/业务部/采购部考评人：		考评日期：		

续表

其他减分	严重影响公司形象	1 ~ 10			
	客户投诉	1 ~ 10			
	其他	1 ~ 10			
考评部门：	仓储中心/业务部/采购部考评人：		考评日期：		
		100	合计：		
本月考核结果：			判定等级：级		
A 级	80 分以上	A. 优秀（加大运输量）			
B 级	60 ~ 80 分	B. 合格（正常运输）			
C 级	小于 60 分	C. 不合格（需进行辅导，暂停运输，直至取消资格）			
制单人：			批准人：		
日期：			日期：		

手把手教你做专业生产经理

第三部分
资金流

第九章

Chapter 9

资金流活动概述

1. 资金流的过程

资金流对于供应链看似没有实物流、信息流那么强的关联，但却是盘活供应链的关键。相信很多人对于 20 世纪八九十年代的"三角债"记忆犹新。甲公司欠乙公司的钱，乙公司欠丙公司的钱，丙公司欠甲公司的钱，形成一个死循环，一旦甲、乙、丙某一方出现断裂，全部崩盘，这实际上是供应链的资金流出现了问题。资金流中断，导致很多优秀的企业一夜之间陷入困境。2008 年的金融危机，美国政府之所以注资 7000 亿美金给各大金融机构，并大幅降低利率，就是为降低企业的融资成本，确保企业的资金流通畅，从而挽救实体经济。

资本运作如图 9－1 所示。资金流是供应链的血液，循环在供应链系统的整个过程。资金流的通畅与否，直接影响和决定供应链运作的效率。很多情况下，资金流问题与库存问题并存。而库存则与信息流息息相关。比如，"牛鞭效应"中需求预测信息在供应链传递时失真、放大，导致整条供应链过量生产、过度扩张、库存积压，从而导致资金积压严重。采购方因为商业原因故意隐瞒市场数据，或者因为担心供应商的产能不足而故意拔高预测，都会导致供应商过度生产、库存积压。所以，资金流问题往往取决于信息流的解决方案。"拿信息换库存"也是

"拿信息换现金",即通过鼓励供应链伙伴及时、准确地共享信息,来减小"牛鞭效应"、库存、资金积压,从而盘活整个供应链。

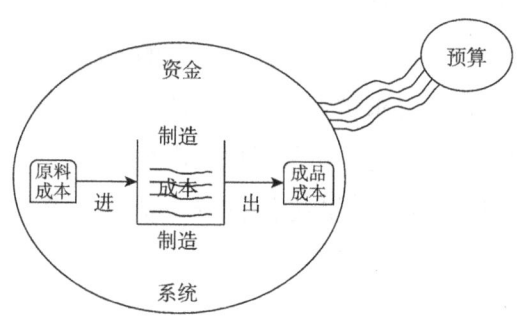

图 9 – 1　资金运作图

总的来说,信息流是商品及交易信息的流程,方向是在供应商与客户之间双向流动;物流是物资的流通过程,是一个发送货物的程序,方向是由供应商经由分销商、零售商等各种渠道指向客户;而资金流是货币流通的过程,方向是由客户经由零售商、分销商等指向供应商。资金是企业运作的首要条件,只有资金流整个过程顺畅,企业的运营才会得到持续性发展。**资金在整个供应链的筹集阶段、材料采购供应阶段、生产制造阶段、销售收入阶段、利润形成与分配阶段之间不停地循环与周转,使得各种资金形态在空间上并存、时间上续起。**

如图 9 – 2 所示,资金流讲的是一个过程,在整个资金流的过程中。

第一,需要有一个能实现资金的起点。这就是供应链的基础,即一个能创造资金的地方。利用这个平台,制定企业自身推向市场的产品与策略。

第二,在一个供求市场上,寻求生产自身产品所需要的原材料。通过采购信息的发起,实现物流,进而实现了企业与供应商之间的资金流。

第三,在企业具备了制造能力和原材料的情况下,通过生产制造,制造出企业所制定的产品进而推向市场。这个过程,通过物流与信息流的结合,以及生产管理与成本管理的手段,使产品以合适的价格与市场接轨。

第四，通过客户订单，实现了企业与客户之间的资金流。这些资金流的关系与过程都是一环扣一环的，通过收入与成本的关系，在资金流不停地运作过程中形成利润。而企业通过对每一环节的成本核算，制定出一系列控制成本的方法与手段，使得企业的生产不断精益化，利润不断增加，企业在不停地寻求扩大的机会。此时，企业利用自身的资金不断地投资新项目或通过扩建厂房等手段提高自身的生产与运营能力，资金在分配中也不断地流转。最终使得资金流发挥其扩大企业资本的作用。

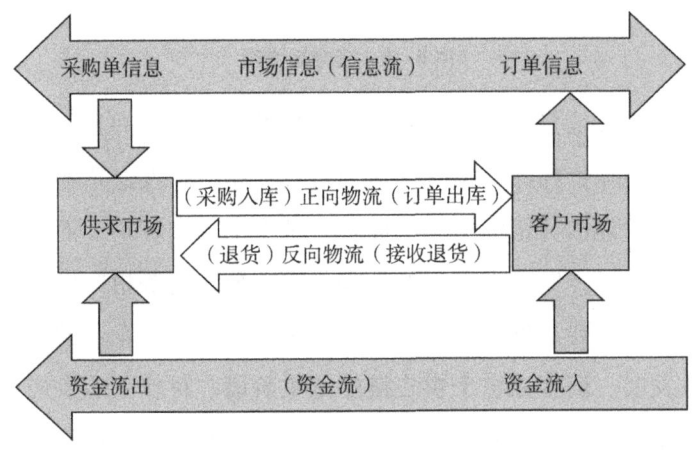

图9-2　资金流流向图

2. 资金流通的方式

供应链资金运行沿着供应、生产、销售三个过程的顺序不断地循环周转，分别表现为资金的筹集、使用、消耗、收回和分配五个环节。

资金只有流通才能产生其价值，而资金在这些过程中是如何实现不断地循环周转的，可以通过哪些方式使企业的资金流通速度得到提高呢？可以从以下几个方式分析。

（1）通过加快和保障企业应收账款的回收来保障企业的资金流通。

第一，企业内部会根据自身的财务状况及销售策略，制定不同客户的信用标准，给应收账款提供一个回收的依据。

第二，是企业对应收账款的回收管理。要求业务员及账务系统跟踪每一个客户的应收账款时间，确保应收账款在规定的时间内得到回收。对于超出应收账款的回收时间的，则有针对性地制定一系列追收的措施与解决方案。如逾期×个月或以上且未继续交易、未输退货的客户，列入重点跟进对象，业务员及信管人员重点对客户动态进行关注或上门催收等。

第三，企业内部要求信用管理人员向业务部负责人、财务部负责人和总经理提供信用报告。让高层领导者通过对客户的信用度的关注及应收账款的回收等，了解企业的业务资金运作状态，对企业的资金流通态势有所掌握，以提高资金运转效率。

第四，加强对客户动态的关注，对客户的一些"大动作"做出相应的应对方案，以减少坏账的产生。同时也要加强对坏账的处理，这是每个企业都会遇到的问题。对于坏账的处理，每个企业都应该对其做出明确的规定。当客户出现以下情况或传闻之一时（包含但不限于），业务员应立即向业务部领导汇报，并与财务部共同制定应对方案，减少营运风险。

A. 支票退票或跳票。

B. 破产迹象（包含资不抵债、严重财务困难等）。

C. 转移主要资产。

D. 主要投资人（或高级管理人员）涉嫌违法，或者投资人之间存在矛盾。

E. 出现严重的质量事故，或者客户市场占有率明显下降。

F. 客户发生被兼并、重组或收购。

G. 营运紧缩。

H. 可能影响公司债权安全的其他情形。

当出现上述情况时，业务员应立即通报业务部负责人，相关业务员应该提供以下资料给信用管理部协助处理（包含但不限于）。

A. 客户延期兑现的原因。

B. 客户筹措资金还债方法。

C. 客户资金周转现况。

D. 客户对我方的债务与该客户的其他债权总额。

E. 客户存货余额。

F. 最近两年客户资产负债表和损益表。

G. 其他影响交易的重大事项。

（2）通过融资的方式来提高企业的运营资金。

常见的融资方式有：银行贷款、股票筹资、债券融资、融资租赁、海外融资、P2C 互联网小微金融融资平台、基金组织、银行承兑、直存款、银行信用证、委托贷款、直通款、贷款担保和国家性基金等。

对于企业来讲，一般有资产融资、政府支持、风险基金、直接融资、租赁融资五种方式。在融资的过程中，企业可以根据自身的实际情况通过单一方式或者多种混合方式进行，从而为企业的资金流动提供强有力的支持与保证，如表 9-1 所示。

表 9-1　不同融资方式列表

序号	融资方式	特点	备注
1	资产融资	用公司拥有的资产做基础的融资方案 这种方式的关键是找到进行这类业务的银行或公司	
2	政府支持	就是政府担保贷款	
3	风险基金	风险基金一般投资于处于开创阶段的、有良好的市场和产品前景的企业，是处于开创阶段的高科技企业的主要资金来源	
4	直接融资	在二板市场吸收民间游资。二板市场是以增长潜力为定位的，对三年连续盈利的业绩要求没有那么严格，最低资本的要求也会大大降低，适合于高科技企业和其他有广阔发展空间的中小企业	
5	租赁融资	有营业租赁、金融租赁或者分期付款、售后租回等方式	

（3）通过对一些大宗原材料的采购使用期货等形式来降低成本，提高企业的运转资金。

期货（Futures）与现货完全不同，现货是实实在在可以交易的货（商品），期货主要不是货，而是以某种大众产品，如棉花、大豆、石油等，以及金融资产，如股票、债券等为标的的标准化可交易合约。

（4）通过销售策略的调整来加快企业与合作伙伴之间的往来资金流转。

企业在出现资金困难或需要现金流时，通过业务员对市场产品的定价与销量的掌握，以比较优势的价格去夺得市场与订单。在资金回笼上，可以使用收紧客户的信用度来加快回款。在对待供应商上，可以向供应商争取更长的信用期与更高的信用度来增加企业短期内的流动资金。但在加速与合作伙伴之间的资金流转的不同方式上，都会引起其他的问题。企业要根据自身的财务能力做出综合的平衡后，制定最可靠、可行的方法，如表9－2所示。

表9－2　企业资金回笼方式表

序号	策略	资金回笼方式	备注
1	销量订单量≥20吨/次	折扣10%，吸引更多订单	
2	销量订单量≤20吨/次	现金交易	
3	A类优质大客户	调整（缩短）账期	
4	供应商	争取延长账期与加大信用额度	

无论企业利用哪种资金流通的方式，其目的都是让企业掌握在手头上的资金利用率达到最优、最大化，发挥资金流通的作用，提高企业的运营能力，以赚取更多的利润。在整个资金流的过程中，无论是企业与客户之间实现现金的回流，还是企业内部对资金的再利用，它的一切操作与实现的效率都与银行有密切的关系。银行在此过程中将协助企业发挥资金回笼与投资的作用。

3. 资金流有效运转的方式

资金是企业的"血液"，既能使企业保持持续的发展，也能使企业在资金不断循环与支出过程中实现"再生"。它可以从资金的来源、资金的规划、资金流出的准确性、资金的支付方式及其安全性（贯穿于整个资金流转过程）等因素，分析造成资金流转不畅的原因，如资金流转不畅的风险、资金支付的周期（如应付账款的账龄）、资金回收的周期（如应收账款的周期）、资金投出去没有达到预期的回报（如投资回报比）、制造出来的产品销售后回款不畅（如生产工艺技术、原材料突然涨价、市场预判失误）等造成的资金流向问题。通过这些资金流通过程中可能造成的问题，有针对性地制定出一系列的解决方案，能有效提高资金的运转。

（1）**资金的来源。**

首先，在企业建立之初，企业通过什么方式筹集资金？采用哪种方式进行资金流通？企业要根据自身的运营特点，选择合适的、风险较小的资金来源及流通方式。

其次，企业的财务人员要对企业的运营资金做出监控与提醒，对于客户的信用额度与账期做出统一的规章制度进行约定，制定出既适合企业运营发展所需要的资金回笼的账款与账期，又能与客户维持长久合作关系的资金回笼政策。

最后，企业要根据自身的业务特点与销售策略，确保与客户之间所形成的销售关系而产生的资金得到正常的回笼。只有这样，企业的资金才能得到最基础的保证，才能对资金做出进一步规划与利用，发挥资金流通的作用。

（2）**资金的规划。**

在企业资金的规划过程中，企业要利用自身的技术特点及市场优势，把资金投资到有发展前景的项目。这就需要企业的市场部对市场进行分析与把握。只有这样，企业才能保障所投入的资金得到最快的回报与兑现，实现资金的快速流通。如在此过程中，企业不能很好地把握市场，最能体现结果的是造成资金的回流不及时，导致企业的项目资金在压量大，进而出现资金压力。因此，在做资金规划时，除了选择准确的资金投入比例外，还需要对资金的投资回报率进行分析。

（3）资金的再利用。

首先，库存成本不仅对企业的成本造成影响，还对资金的周转造成影响。因为库存作为流动资产之一，只有不停地流动，才能代表企业的资金在不断地实现创造的过程中。所以，企业在原材料的准备上，争取与供应商达成 JIT 的送货模式，对于不能达成 JIT 送货模式的原料，通过销售预测、生产预测等方式确定最小的库存量，以减少在压资金。在产成品的生产上，能实现 JIT 生产模式的尽量选择此模式，如果是实行安全库存策略的，除了时刻了解销售需求外，还要通过一系列的数据分析，制定合理的库存量。

其次，无论是产成品市场还是原料市场，一定会受到外界市场的价格波动而造成动荡。因此，企业在制定销售策略时，是应该在高价时追高呢？还是低价囤货？这都需要企业基于资金的流通量及模式确定。

最后，在与合适的供应商合作时，争取在供应商接受的范围内的最大的信用度。通过账期的时间差，使资金得到最大的优化与分配。

案例 9-1

库存与资金的关系

2013 年是某企业快速发展的一年，市场的利好使得产品销量呈直线上升的态势。订单大量的增加，业务、计划人员碰头后担心产能不足可能会引起交付的问题，对安全库存进行动态提升，能做库存的产品几乎都做了库存。

基于市场的利好来得太快，订单不断增加的同时库存也一路飙升，大家都忘记了一些财务性的关键指标，如原材料、成品的库存周转天数、客户的信用额度与账期、账款等，需重新回顾与调整。

正因为这些财务性的指标没有重新调整，导致企业在本次市场利好的情况下想快速扩张自身的实力，以及快速提升产量的同时，发现资金周转出现了问题。为此，财务部对企业自身的财产进行了一次"盘点"，发现无论是产成品还是原料，其在压库存量都比同期高出40%，并且库存周转天数长达42天。这样一来，库存的产成品与原料所占用的资金就等于在42天内完全没有得到利用与周转，而且这种长时间不周转的资金占比比同期高了很多，导致企业的资金全压在库存上，使企业用于周转的资金变少，最终出现了资金周转的问题。

为此，财务部把库存周转天数与资金占有率之间的关系向生产计划人员和生产经理传达，让他们在每月的库存周转天数公布后，对库存所占有企业的资金比例做到心里有数，时刻把库存周转天数与实际的工作结合起来。

（4）闲置资金的有效使用。

企业的资金流动每时每刻都在发生，如果对资金的流动方向只注重流入而忽略流出，将不利于整个企业资金的盘活与资金的再生。闲置的资金是资源上的浪费，增加资金占用成本。企业除了要积极寻求一些扩充的项目作为投资外，还需要对它进行合理的处置与使用。如在保证不与公司的业务经营发生冲突，且理财活动安全合法的前提下，可以充分利用不同的现金管理工具提高流动资金的收益，最大限度地提高资金的使用效率和资金收益率。

（5）资金的进出平衡是资金管理的重要核心。

只有通过合理控制现金流量，才能确保收入项目资金的及时回笼、各项费用支出受控。企业要按"以收定支，收支两条线"的原则，确保资金运用权力的高度集中。根据"以收定支"的办法，对各现金收支部门的资金严格区分收入和支出，分别开设银行账户，收入由资金管理部门统一支配，支出则根据公司资金情况由资金管理部门统一安排；

通过动态的现金流量预算和资金收支计划实现对资金的精确调度。在对
年度现金流是预算静态分解的基础上，通过月度滚动现金流量预算，和
月度、周资金收支计划，对各部门的资金收支进行动态控制，按日调
度，才能最终确保资金运用的及时、高效。

第十章

Chapter *10*

客户信用管理

1. 事前——客户信用评估

　　客户用金钱或某种有价值的物品来换取接受财产、服务、产品或某种创意的自然人或组织，它是商业服务或产品的采购者，可能是最终的消费者、代理人或供应链内的中间人。对于企业来讲，它是产品承接的对象，也是企业资金得到保障的对象。通俗来讲，一个好的客户是企业的"米饭班主"。如何判断和识别与企业存在交易关系的客户是优质客户还是劣质客户，依靠的是企业内部的"客户信用评估体系"。客户信用评估体系包括建立客户基本资料、客户信用调查、客户运营环境分析等多个方面。只有这样，企业才能与客户长期保持合作关系并有效支配流动资金，让企业能在维持日常运转的情况下，得到长久的持续发展。

　　（1）建立客户档案。

　　对于国内客户，业务员应该对其所开发的客户建立基本资料，基本资料是指有关客户内部和外部的各类资讯和各类财务报表。客户档案包含但不限于简介（包含营业执照、国税、地税、一般纳税人资格证、开户许可证，以及客户所获得的其他各类证书和企业运营所必需的各类证照）、客户的主要人员（主要投资者、技术、采购、财务和仓管）、固定资产、厂房、品牌、产品结构、销售合同、联络人员的异动记录、付款条件、财务资讯、异常事项及重大事件、其他供应商等情况及在行业中的口碑等。业务部在创建新客户资料时，必须确保客户提供上述资料盖章后的扫描件，如有利用系统对客户资料进行存储的，则把资料上传系统用于存档，且对资料的创建核实无误。

对于不易掌握客户资料的国外客户，应让第三方出具其年度财务报告、公司注册资料等其他能证明客户合法性与实力的相关资料。同样，此类资料也按客户资料存档要求进行操作。

根据客户的每年营业额或在市场上对企业产品的使用量所占的比例，可以对企业进行等级区分，针对不同的客户制定出相对应的服务策略。业务员和信管部应实时掌握客户的动态，及时更新客户的基本资料；信用管理部获取的征信调查资料应共享给业务部。

（2）**客户信用调查。**

客户信用调查是通过对客户信用状况进行调查分析，从而判断应收款项成为坏账的可能性，为防范坏账提供决策依据。几乎所有成功的企业都非常重视客户信用调查，调查完成后，编写客户信用调查报告。特别是遇到与企业首次做交易的客户、交易期间有异常征兆或重大变动的客户和信用发生变化时，都需要对客户进行及时的信用调查。

它一般包含自行征信和委外征信两种方式。自行征信是指：企业内部信管人员或业务员通对客户的走访观察、实地查看经营场所和经营设施状况，调查了解客户经营管理情况和财务情况，收集财务报表和资料信息，通过其他渠道征询客户资信状况，收集客户产品、市场、经营信息，整理归纳分析资料数据等。而委外征信是指，企业委托第三方有资质的征信公司对客户的信用进行全面的调查去核实客户的"实力"。自行征信在整个征信过程中可能会存在征信者或其他人员的主观意识，容易对客户的信用评估造成影响。因此，在进行自行征信的时候，需要根据公司的程序及征信的过程对客户的信用公平、公正地做出调查并出具相应的调查结果，让企业在选择客户上保持良好的势头。而委外征信，首先，需要确保所采用的第三方征信途径或手段是有资质的并不受客户的影响。其次，所授权征信的第三方公司能给企业出具详细的征信调查报告并向企业提出客户的问题与缺陷，可以通过金融机构或银行对客户进行信用调查，也可以通过专业的资信调查机构进行调查，还可以通过行业组织进行调查。

无论是自行征信还是委外征信，它所调查的内容都应该涵盖以下几个方面。

对客户经营状况的调查。

客户总体经营如何？客户的声誉、形象如何？公司的内部管理如何？经营者本人的素质如何？各层级管理人员的素质如何？公司整体的士气如何？是否具有公司战略或者竞争战略？

对客户财务现状的调查。

客户手中的现金是否充足？是否持票据贴现？是否出现预收融资票据的情况？是否有延期支付债务？是否有为融资而低价抛售的情况？是否开始利用高息贷款？与银行的关系是否变得紧张？是否有其他债权人无法收回其货款？其票据是否曾经被银行拒付？银行账户是否已被冻结？

对客户支付情况的调查。

是否已不能如期付款？是否有推迟现金支付日？是否有推迟签发支票？是否有提出要求票据延期？是否有要求延长全部票据或货款的支付日期？

对客户内部运营环境变动的调查。

一个稳定的组织运营环境才是企业制度平稳和运营持续的载体，因此，在对客户进行风险评估时，除了要了解客户的自身基本信息外，还需要时刻关注企业内部的变动信息。同时留意行业方面的动态，包括行业环境风险、行业经营风险、行业财务风险等。行业环境风险因素主要包括宏观经济周期、财政货币政策、产业政策、法律法规及外部冲击等方面。行业经营风险因素主要包括市场供求、产业成熟度、行业垄断程度、行业依赖度、产品替代性、行业竞争主体的经营情况、行业整体财务状况等。行业财务风险因素包括净资产收益率、行业盈亏系数、资本积累率、销售利润率、产品销售率及全员劳动生产率等关键指标。企业内部变动信息，如高管人员有没有出现经常的异动？内部是否有行业认可的体系在运行？企业公开的投资项目是否顺利进行？企业是否有持续发展的目标与能力？是否经常出现劳资纠纷……

2. 事中——客户授信管理

企业应根据客户的分类和客户的实际情况，制定出相应的信用额度。信用额度是指企业规定的客户在一定时期可以赊购商品的最大限额。它从信用评级开始，通过与客户之间的交易额制定相对应的信用额度。信用额度代表企业对客户承担的可容忍的赊销和坏账风险。信用额度过低将影响企业的销售规模，增加交易频率及交易费用；信用额度过高又将会加大企业的收账费用和坏账风险。因此，对于不同的信用额度，在企业内部设定不同的审批权限。同时，关注客户的信用动态，做到客户信用调整与信用调查结果的同步化。

（1）客户信用评级。

客户信用评级是指企业为有效控制客户信用风险，实现交易资金的安全性、流动性和收益性，从客户经营能力、盈利能力、偿债能力、发展能力，以及客户素质和信用状况等方面，对客户进行综合评价和信用等级的确定。它的目的是按客户财务的征信结果和提供的资讯进行风险分类，根据客户的信用评级进行差异化信用管理。信用评级一般如表10-1所示的内容进行。

表 10-1 信用评级表

级别	描述	分数	定义	等级系数
A	信用优秀	85~100 分	企业的信用程度高、债务风险小。该类企业具有优秀的信用记录，经营状况佳，盈利能力强，发展前景广阔，不确定性因素对其经营与发展的影响极小	1.2

级别	描述	分数	定义	等级系数
B	信用良好	75~85分	企业的信用程度良好，在正常情况下偿还债务没有问题。该类企业具有良好的信用记录，经营处于良性循环状态，但是可能存在一些影响其未来经营与发展的不确定因素，进而削弱其盈利能力和偿还能力	1.0
C	信用及格	60~75分	企业的信用程度一般，偿还债务的能力一般。该类企业的信用记录正常，但其经营状况、盈利水平及未来发展易受不确定因素的影响，偿债能力有波动	0.8
D	信用不及格	50~60分	企业信用程度较差，偿还能力不足。该类企业有较多不良信用记录，未来前景不明朗，含有投机性因素	0
E	信用极差	50分以下	企业信用极差，没有偿债能力	0

当客户出现失信记录或可能失信的迹象时，信管有权即时调减或取消对客户的信用支持。该变动须即时知会业务部和业务员。失信记录或可能的失信迹象包含但不限于以下表现。

多次逾期付款；

支票/商业承兑汇票跳票；

老板有不良嗜好；

有资产转移趋势或现象；

进入高风险行业或有高风险投资；

进入各级政府或行业的信用黑名单；

出现其他影响客户信用风险的迹象。

（2）**客户信用期限及额度管理。**

信用额度的制定及其依据一般与销售基准、企业授予的信用期限和上面的信用评估等级有关系。它们之间的关系用下面的公式表示。

信用额度＝一个月销售基准×授予信用期限×等级系数

一个月销售基准：指客户近6个月的平均销售额或可以预期的月均销售额。

授予信用期限。指授予客户的信用期限，以月为单位。

评估等级。指根据上面的"客户信用评级表"评估划分客户等级，分 A、B、C、D、E 五个等级。

等级系数。A 级为 1.2、B 级为 1.0、C 级为 0.8、D 和 E 级为 0。

业务部通过对信用额度与信用期限的核算所得出的结果，根据企业的流程还需要进行确认与审批。对于新客户，应以预付款交易为原则，交易 6 个月（按企业能承担的财务风险来定）且信用记录良好方可申请信用期限和额度。战略客户及特殊客户可以不受此限制，有特殊授权的以特殊授权为准。其他正常合作的客户的审批权限按企业的规模，及财务政策来制定，制定逻辑如表 10－2 和表 10－3 所示，审批额度视企业的规模大小及承受财务风险的能力而定。

表 10－2　信用额度审批权限表

营销部	信用额度	业务员	信用部负责人	业务部负责人	财务部负责人
A	100 万元以内（含）	申请	审核	批准	
A	100 万元以上	申请	审核	审核	批准
B	200 万元以内（含）	申请	审核	批准	
B	200 万元以上	申请	审核	审核	批准

表 10－3　信用期限审批权限表

营销部	信用期限	业务员	信用部负责人	业务部负责人	财务部负责人
A	60 天以内（含）	申请	审核	批准	
A	60 天以上	申请	审核	审核	批准
B	90 天以内（含）	申请	审核	批准	
B	90 天以上	申请	审核	审核	批准

案例 10－1

生产计划人员"好心办坏事"

2015 年 12 月 23 日，生产计划人员接到一个日常表现良好的业务员电话："我接到了一个大客户的订单，需要产品 A 共 50 吨，预计 10 天后发货。订单我已经下到系统了，你能先帮我生产吗？"

生产计划人员查看订单、安排生产时发现，订单还处于未审核状态，随即给业务员打电话："你的订单未审核，我不能安排生产。"业务员说："这个客户好不容易开发的，现在只差款项未确认，他现在正在休圣诞假，休完假大概1月3日就会收到款，一收到款就要马上发货。这个客户的信用度很好的，你就先帮忙安排生产吧，一定会发货的。"

此时，生产计划人员感受到业务员诚恳的态度及承诺，再加上马上过春节就要停产了，于是安排了此订单的生产。如此大量的产品生产出来了，车间人员向生产计划人员投诉："我向质保部要产品标签时，人家说他们没有在系统上找到订单，标签打不出来。"生产计划人员跟车间人员解释完后，车间人员暂时同意储放在车间等标签出来后马上进仓发货。

1月4日，生产计划人员再次上系统查询订单时，发现订单处理还未被审核。生产计划人员不得不向业务员催促订单及发货，此时业务员沉默了，因为他正在为怎么联系上客户发愁。

就这样，50吨的产品A就在订单未审核状态下生产出来了，问题出在哪里？

（3）客户信用期限及额度调整。

从企业资金流转的角度来看，对外的账期越长、信用额度越高，掌握在企业手中用于日常运营的资金就越多。对于客户来讲，想从供应商身上争取最大的信用额度及账期，从而优化自己的资金流转。对于客户的信用额度与账期，不是从制定那一刻起就一成不变的，它应该根据客户的发展态势、销售策略、市场动态及企业的财务能力而发生变化。只有这样，客户才愿意与企业共同成长，形成长期的合作关系，企业的资金流才能得到正常的运转和保障。

企业自身根据财务政策与制度，设定一个周期（如每年进行一次）定期对所有的客户进行一次全面的审核，重新做出调整。如接收客户的信用调整申请的，业务部人员和信管人员可依据客户情况变化对其进行全面的征信与调查后，通过相应的审批权限及流程后可做相应的调减。在实际操作过程中，可能会遇到不同的客户，符合下列条件之一的可以申请信用额度及信用期限。

对于新客户，如果每月交易金额在一定额度的（如××万元以上，由企业根据自身的业务量来定），且连续×个月无不良信用记录的客户。

没有信用额度及信用期限导致不能成交而需要建立临时信用许可的特殊客户。

重点的目标客户（已列入年度预算且在上一年度平均月销售额中排名前50的客户）。

建立信用会明显促进销售，导致总体收益增加的客户。

策略性新客户（需由业务部负责人、财务部负责人、总经理共同商定判断）。

（4）超信用订单审批。

在与客户的实际合作中，客户会因为自身的资金周转、财务管理、双方对接上出现问题等，导致货款未及时交付，引发超信用期限或信用额度的订单出现。对于这种超信用的订单，业务员要第一时间了解客户超信用的原因，针对不同的原因及时做出回复与调整，可让企业在明了原因后做出相对应的解决措施。通常情况下，企业会根据自身的财务承受风险的能力及结合客户的发展态势，对这种超信用额度的订单进行审批。为此，企业会制定一个它能承受的欠款总额（如客户欠款额度在10万元以内）和欠款日期（逾期不超过30天），伴随发生的是制定这些超信用额度的审批权限（如业务部总经理审批）如表10-4和表10-5所示。

表 10-4　超信用额度的销售订单审批权限表

超信用额度	业务员	信用部负责人	业务部负责人	财务部负责人
100万元以内（含）	申请	审核	批准	
100万元以上	申请	审核	审核	批准

表 10 - 5　超信用期限的销售订单审批权限表

事业部	超信用期限	业务员	信用部负责人	业务部负责人	财务部负责人
A	60 天以内（含）	申请	审核	批准	
A	60 天以上	申请	审核	审核	批准
B	30 天以内（含）	申请	审核	批准	
B	30 天以上	申请	审核	审核	批准

对于超过企业所能承受的信用条件的，企业可以通过立即调整客户账期为款到发货，但有特殊原因的除外。如果客户要恢复原来账期和额度，需重新通过审批。在此过程中需要留意客户是否取得特殊授权，如有则以特殊授权为准。

3. 事后——应收账款管理

企业在与客户的日常交易过程中，由于各种原因总是出现超信用的情况。为了提高资金的保障率及提高业务的操作效率，企业应该就自身的财务能力与销售策略制定相对应的政策，解决超信用的问题。对于不同类别的超信用客户，采取不一样的操作方法。以最有效、最高效率、最安全的操作方式解决，具体操作可参考表 10 - 6。

表 10 - 6　应收账款逾期处理表

		到期应付	逾期 1 个月及以内	逾期 1 ~ 2 个月	逾期 2 ~ 3 个月	逾期 3 ~ 6 个月	逾期 6 个月及以上	
							逾期 6 个月以上，且账龄在 12 个月以内，未收回货款	账龄超过 12 个月，仍未收回货款的
对外	追收方式	提示函（温馨提示）	催收函（提醒，了解问题和原因）	催收函（严肃通知，要求付款或回复回款计划）	由财务信管向业务部发出黄色收款预警财务催收函（施压，表达不满，催账升级）	由法务以法务的名义发出催收函，并通过快递取得回执	发出律师函，总经理催收，视情况由总经理决定是否采取诉讼等其他措施	直接转入诉讼

续表

		到期应付	逾期 1 个月及以内	逾期 1~2 个月	逾期 2~3 个月	逾期 3~6 个月	逾期 6 个月及以上	
							逾期 6 个月以上，且账龄在 12 个月以内，未收回货款	账龄超过 12 个月，仍未收回货款的
	联系方式	传真、电话	传真、电话	传真、电话、拜访	传真、电话、拜访、快递	快递、电话、拜访	律师函、法院传票等起诉资料	法院传票等起诉资料
	执行人员	责任业务员	销售助理、责任业务员	业务部负责人	业务部负责人、财务	法务、财务、业务部	总经理、法务、财务	法务
对外	可继续发货的情况及其他	责任业务员根据客户的实际经营状况，判断是否继续交易	1. 无账期客户（款到发货、货到付款客户），需收款后继续交易 2. 有账期客户，承诺在发货日后一周内付清逾期货款 3. 其他特殊原因，按照相关权限特批申请发货	1. 有效的付款承诺 2. 款到发货，发货金额不超过收款金额的 60% 3. 现款现货，老款按一定比率、金额、时间付清（需签订书面承诺书） 4. 其他特殊原因，按照相关权限特批申请发货	1. 已收到回款计划且承诺兑现，或者正在执行中的，按相关权限特批申请发货经过 2. 其他特殊原因，按照相关权限特批申请发货	根据前期追踪结果、客户付款意愿及付款能力，由业务员申请事业部总经理、财务总监审核并报总经理批准执行，总经理、事业部负责人与客户主要负责人面谈（会议纪要）	无	无
对内		责任业务员关注	业务员向业务部负责人汇报	责任业务员向财务总监汇报逾期原因及应对措施	责任业务员向总经理汇报逾期原因 财务向总经理汇报催收情况	业务部负责人向总经理汇报 法务向总经理汇报催收情况	逾期 6 个月且金额超过 ×× 万元的，业务员和业务部负责人同时向董事长汇报 逾期 6 个月且金额超过 ×× 万元，总经理向董事长汇报	

第十一章

Chapter 11

预算的管理

1. 预算实施的意义

财务预算反映的是企业在计划期内有关现金收支、经营成果和财务状况的活动,是一系列专门反映企业未来一定期限内预计财务状况和经营成果,以及现金收支等价值指标的各种预算的总称。财务预算是企业全面预算体系中的组成部分,它在全面预算体系中有以下三个重要作用。

(1) 财务预算使决策目标具体化、系统化和定量化。

财务预算在财务管理中能全面、综合地协调、规划企业内部各部门、各层级的经济关系与职能,使之统一服务于未来经营总体目标的要求。企业要盈利,首先要有具体的利润目标,通过其转化成销售目标进而要求生产做出保障。每一年度企业都需要根据其自身的发展目标,制定年度销售目标、毛利目标、净利润等。这样可以有效地使企业在制定初步的发展目标上不偏离主线。

从目标实现的结果来看,它的实现依靠生产及其他支持性管理部门针对目标进行自身的利润目标转化。此时,生产按照销售目标对各产品的生产进行生产预算,全面评估生产能否达成销售的要求。生产系统按各产品线的生产量进行各种能源性预测需求,从而制定一系列的跟生产产品相关的因素预算。

案例 11-1

与企业目标"相匹配"的策略

某企业为了做到持续性发展，在进入发展轨道时，便开始沿用每一年的利润增长目标必须比上一年度增加20%为"保底数"。同样，企业在制定2018年利润目标时，把利润增长目标定为上一年度的125%。

根据企业所定的目标，业务制定了销售策略，基于市场需求及产品价格的考虑后，确定产品的销量应比上一年度增长30%才能达成企业的利润目标，各个产品的销量因此而制定。

生产经理在接收此销量预测后，首先想到的是工厂的产能能否满足？其次，是生产人员能否实现生产的需求？最后，是生产保障的支持性部门能否提供足够的支持？能否提供足够的能源？原材料的采购是否需要重新开发？配品备件能否及时补充到位？仓储、检测等部门对生产部门的需求增加是否有其应对策略……

经过生产经理的一番了解和评估后得出：所销售的产品均在产能的±10%以内，此波动的幅度在可承受范围内，均可通过生产效率的提升与工艺的优化来解决。当前开一个白班就能满足销售的生产需求，但按新一年度的销售预测量来评估此生产模式，无法满足生产的需求，需开两个班才能满足。生产部门从人员上提出了增员的需求；对于支持性部门（调度、公用工程、机电仪、仓储、采购、质保等）则是一一确认所有信息，确定需求的匹配度和相对应的解决方案后，生产经理才能安定下来。

生产经理的做法等同于生产目标确定后，生产部门自上而下、自下而上从各个方面进行评估确认，并制定一系列配套产品生产的策略，才能保障生产的顺利完成。

财务预算是从企业的利润目标出发，各部门根据企业目标的实现而制定与部门职能相关的一系列目标与行动计划，根据此目标的实现需要开展的活动而产生的费用预算。通过各部门的目标与行动计划及财务预算，可以清晰地了解各部门之间的经济关系与职能，都服从于企业目标的实现需求，如表 11－1 所示。

表 11－1 目标与行动计划分解表

部门目标	衡量标准	实施策略/行动计划	责任人	月份											
				1月	2月	3月	4月	5月	6月	7月	8月	9月	10月	11月	12月
生产	产能水平	××车间投入生产	A												
		解决××产品质量问题													
		对产品线 A 进行扩产													
	生产计划完成率	专人跟进原材料供应计划	B												
		上线生产计划系统													
		车间增设工单准时完成率考核指标													
	主要设备完好率	建立设备台账，设立管理制度	C												
		各车间统计设备运转率与完好率													
		全厂开展实施 TPM													

财务预算能够明确规定企业有关生产经营人员各自职责及相应的目标，做到人人事先胸中有数。各部门的目标都是根据公司的整体目标，以及公司的日常运营来制定的，因此，各部门所制定的预算必须有具体的目标，以及能清晰表明实现目标的预算的具体条目与方向。

对于企业来讲，除了从整体发展需求制定目标外，还会结合各部门所制定的目标反映的预算情况去总体评估企业的成本与利润。从每个部门的每一个费用预算制定的原因去评估其合理性与必要性，统一规整部门行为与费用预算的调整。然而，财务预算的调整不仅是从费用上进行，还会通过生产的产能去推动销售的需求。因此，预算不仅是企业各

部门根据自身的目标而开展行动计划而产生的费用，还是通过其他部门
（特别是生产）向企业目标、利润实现的前端部门（销售）实施推动作
用而制定的。财务预算的制定必须根据财务的一系列预算名录进行匹配
的，因此，它一定是通过一个具体的财务数字来显示，而又是通过企业
的目标来制定，具有一定的目标性。

财务预算制定后不仅是一个数字用于事先评估企业的运营费用，还
是通过企业各部门在实际运行过程中所产生的费用进行管控与分析的。
对于预算执行者，预算的实际执行率是部门行动计划实施的一个"准
则"，可以通过预算执行率有效地控制企业内部各部门的行为与实际的
费用支出，让每位员工在实际工作中做到心中有一把尺，从每一笔费用
的支出都要考虑是否合理与是否有依据，是否会偏离企业的目标等多个
方面考量费用的支出。

（2）财务预算有助于财务目标的顺利实现。

通过财务预算，可以建立评价企业财务状况的标准。将实际数与
预算数对比，可及时发现问题和调整偏差，使企业的经济活动按预定
的目标进行，从而实现企业的财务目标。企业的财务目标，是保障企
业持续发展的方向标，是全面评估各方面的费用支出而得出的一个有
指导性意义的数字。企业上下一心，务必为此目标的实现做出相适应
的行动。

财务作为管控财务指标的重要部门，必须在预算执行准确率上做
出监控。定期通过各部门的费用报销进行不同条目的汇总，对费用的
支出或项目的费用支出做出相对应的归类原则，以清晰的、详细的费
用支出与预算进行对比。让各部门能清晰地了解费用支出是否与目标
一致，是否与之前根据部门目标与行动计划所制定的费用一致。对于
偏差较大的项目，做出相对应的分析与说明。如在分析过程中得出该
费用支出为实际费用支出，则做出相对应的财务说明，并做出预算外
申请，确保财务部门能及时、准确地掌握各部门的费用预算情况及执
行状况，使企业的经济活动按实际需求与目标进行，企业能准确地掌

握其财务目标，使得企业能持续性发展。

案例 11 - 2

预算执行偏差率高低的思考

某企业在 2010 年刚开始实施财务预算管理时，上下各部门人员都不懂得预算到底怎么做。为此，企业的财务部针对预算的制定与管理开展了专门的培训课程。但在 2010 年一整年，预算的执行情况非常糟糕。部门实际发生的费用与预算费用完全不符，导致企业在做资金规划时出现了困难。财务部在分析了此情况后，发现问题的所在是各部门所使用的费用完全没有计划性和约束性。

而在 2011 年制定新一年度预算时，为了提高各部门所制定的预算的准确性，财务部负责人提出：对各部门的年度 KPI 都设置了一个"预算执行偏差率±10% 以内"的指标。让各部门都能做到在制定预算时都有行动计划作为依据，以及按实际的业务需求而制定。

对此指标的推行，在实际预算的执行过程中，发生了很多意想不到的问题。

（1）2012 年制定预算时，发现很多部门都根据 2011 年预算来比对而不是对照标准。

（2）A 部门的预算偏差率是 -20%，A 部门很开心，认为自己部门节约了 20% 成本，这合理吗？

（3）B 部门的预算偏差率是 +20%，在 B 部门一筹莫展的时候却得到了上级的表扬，为什么？

在实际预算过程中，问题远不止这些，预算做得是否合理？预算做多了花不掉怎么办？预算做少了不够花怎么办？快速发展，突发项目来了无预算怎么办？

（3）财务预算是总预算。

财务预算可以从价值方面反映经营期特种决策预算与业务预算的

结果，使预算执行一目了然，它是财务预算的最终目的，也是对前面两个作用的延伸，**等同于企业的一切为目标而开展的行动计划与行为，都会以价值的形式进行转换。**一个企业要开展一个项目，从目标的实现与项目需要的资金进行评估约需 100 万元，这个项目在前期调研与决策中所考虑的因素，除了企业的发展需求外，还从财务的角度考虑此项目的实施是否在合适的时机。如果从财务预算角度评估企业的年利润与费用支出之间的关系可以得出，年利润只有 300 万元左右，而项目需求资金就已经是 100 万元，且从项目收益上评估只能在第三年才开始收益。这个财务上的利润收益预算足以让领导层面决策此项目是否实施。

同样，一旦项目的需求开始运作，就意味着项目已进入企业的规划中，而什么时候是项目合适的开展时间，则是从后面的项目实施收益年份及规律，再结合企业的发展与年度利润目标的需求共同决策。此外，一个项目的实施，除了从其最直接的价值体现来考量外，还需从它所带来的间接价值收益评估。如是否简化了流程，提升了工作效益？项目的开展是否增加了与大客户合作的机会？项目的开展是否降低了与之相关的费用成本，如运输成本、包装成本等。

2. 预算的制定方式

如图 11-1 所示，企业财务预算是预测和决策的，围绕企业战略目标，对一定时期内企业资金做出具体安排。通过财务预算对企业内部各部门、各单位和各种财务及非财务资源进行分配、考核、控制，以便有效地组织和协调企业的生产经营活动，完成既定的经营目标。从预算的目标可以看出，预算的制定方式是按目的开展的，它的整个预算思路及各预算之间的关系如图 11-2 所示。

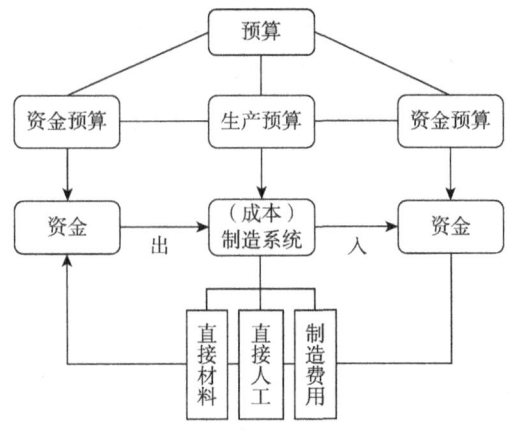

图 11 - 1　供应链预算内容概况图

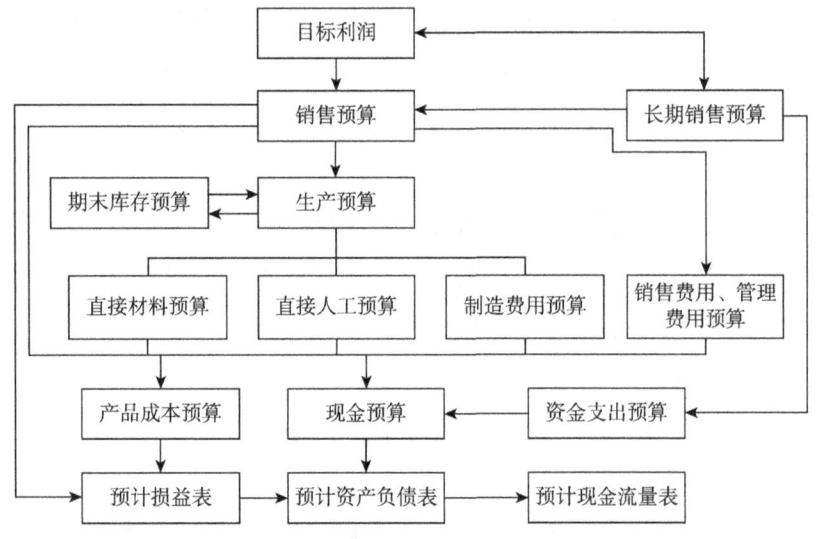

图 11 - 2　全面预算体系中各项预算之间的关系结构

（1）销售预算的制定。

销售预算是指：为销售活动编制的预算，是总预算的基础，同其他各项预算之间，在不同程度上有着直接或间接的相互关系。销售预算一经确定，就成为生产预算及各项生产成本预算等的编制依据。它的制定依据源于企业的目标利润，通过利润反推企业各产品的销售预算（销售额、销量）和销售管理费用。业务部所制定的销售预算，除了根据自身的销售策略及企业内部重点推广的产品来制定外，还需要考虑企业发展的一些自主研发的战略性产品。这样既可以让生产有保障供应的能力，也能促使企业的研发能力得到提升，加快新产品的投入，保持企业的市场活力。

在整个销售预算的制定过程中，经过多次的调整才能最终达成与企业的目标利润相匹配的销售预算。因为它不但会考虑业务部的业务推广与销售能力，还会考虑企业的发展计划，以及企业所能提供的支持性资源。在落实与实现销售预算的过程中所产生的一切费用，如销售人员的工资、提成、津贴、差旅费、销售会议费、展会费、通信费等，都属于销售管理费用。总的来说，一方面，销售预算为其他预算提供了基础；另一方面，销售预算本身就可以有对企业销售活动进行约束和控制的功能。销售预算的编制有利于公司目标及销售任务的实现；销售预算是为公司战略目标的实现而设置的，公司的战略目标会根据环境变化而调整。所以，预算不是一成不变的，应随市场变化，预算并不是一项约束条件，而是一个应对挑战的武器。产品销售预算制定如表 11 - 2 所示。

表 11 - 2 产品销售预算制定表

类别	产品线	产品牌号	客户名称	1 月 (t)	2 月 (t)	3 月 (t)	4 月 (t)	5 月 (t)	6 月 (t)	7 月 (t)	8 月 (t)	9 月 (t)	10 月 (t)	11 月 (t)	12 月 (t)
战略性产品	××产品线	P1	A	20	15	30	25	50	35	40	20	15	25	30	40
		P2	B	50	62	80	40	60	45	10	60	30	25	30	50
		P3	C	15	30	20	50	35	25	20	40	15	30	25	40

（2）生产预算的制定。

生产预算是为满足预算期的销量所需的资源而制定的。计划期间，除必须有足够的产品以供销售外，还必须考虑计划期期初、期末存货的预计水平，避免存货太多形成积压，或存货太少影响下期销售。生产预算制定后，生产部门及与其相关的一些支持性部门，还需要根据各自的能力去评估能否达成生产预算目标。

首先，生产部门根据自身所生产的所有产品的生产预算与生产产能做对比，对于不能满足的生产预算量确定是通过调整销售预算来解决，还是通过扩产或寻求外加工的方式解决。

其次，生产支持性部门对生产预算量再进行一次确认，依据部门自身的能力考量能否保证生产的正常进行，促使产能得到保障。若无法保障，生产部门人员可以向预算小组提出修订销售预算，或内部通过考虑提高生产能力解决。如若生产能力超过需要量，则可以考虑把生产能力用于其他方面，生产预算涵盖生产过程。企业由销售预算中得出生产总额和总产量，以满足预算期内预计的销售需要和为下一期准备的存货需要。

（3）附属生产预算的制定。

生产总量的需要制定后，企业就可以制定附属生产预算，附属生产预算主要涵盖直接材料预算、人工成本预算、制造费用预算。

直接材料预算的制定。直接材料的预算是一项采购预算，预计采购量取决于生产材料的耗用量和原材料存货的需要量。

直接材料预计采购量 = 预计生产量 × 单位产品材料用量 + 预期期末直接材料存货 − 预期期初直接材料存货

直接材料预计采购量 = 预计生产需用量 + 预期期末直接材料存货 − 预期期初直接材料存货

直接材料预计采购金额 = 预计材料采购量 × 预计材料单价

为便于编制现金预算，在直接材料预算中，预计材料单价是指该材料的平均价格，可从采购部门获得。通常还包括材料方面预期的现金支出的计算，包括上期采购的材料将于本期支付的现金和本期采购的材料中应由本期支付的现金。

直接人工预算的制定。直接人工预算是根据预计产量进行生产所需的直接人工小时及相应的成本。直接人工成本可以从人力资源部获得，根据生产预算确定的每单位产出所需直接人工及生产量，就可编制直接人工预算。对于制造业来说，直接人工更多的是指跟产品生产直接关联的人员，比如工人、产线主管。对于生产经理、为之服务的公用工程人员、厂长、仓储人员等人工预算，都需要按照产线进行分摊。

制造费用的预算的制定。制造费用是在直接材料和直接人工以外，为生产产品而发生的间接费用。制造费用项目不存在易于辨认的投入产出关系，其预算需要根据生产水平、长期生产能力、企业财务政策、生产车间的特点和国家的税收政策等外部因素进行编制。考虑到制造费用的复杂性，为简化预算的编制，通常按成本性态将制造费用分为变动性制造费用和固定性制造费用。变动性制造费用通常包括维修费、直接维修材料、间接维修材料、间接制造人工等，计算变动性制造费用的关键在于确认哪些是可变的具体项目，并选择成本分配的基础。固定性制造费用通常包括厂房和机器设备的折旧、租金、财产税及一些车间的管理费用，它们支撑企业总体的生产经营能力，一旦形成，短期内不会改变。生产费用预算如表 11 - 3 所示。

表 11 - 3　生产费用预算表

费用项目	二级科目	三级科目	1月	2月	3月	4月	5月	6月	7月	8月	9月	10月	11月	12月
与业务直接相关费用	机物料消耗	机物料消耗												
	水费	水费												
	电费	电费												
	蒸汽费	蒸汽费												
与人相关费用	工资	工资												
		年终奖												
	福利费	福利费												
	住房公积金	住房公积金												
	培训费	培训费												
	社会保险费	养老、失业、工伤、医疗、生育												

费用项目	二级科目	三级科目	1月	2月	3月	4月	5月	6月	7月	8月	9月	10月	11月	12月
日常行政费用	办公费	办公用品费												
与资产相关费用	修理费	修理费												
	低值易耗品	低值易耗品												
	租赁费	租赁费												
与安全环保相关费用	劳动保护费	劳动保护费												
	环境保护费	排污费												

（4）产品成本预算、现金预算、资金支出预算的制定。

根据前面三项的预算制定，从而核算出用于指导企业运营的一系列财务数据报表。预计损益表、预计资产负债表和预计现金流量表。根据不同的资金预测量制定不同的资金周转方式及投资方向，一切需要支出的资金均有预算做铺垫，让企业时刻处于资金"健康"状态。

通过上面各预算之间的关系及其制定方式，加上预算制定的特点，各部分预算在制定过程中都需要按照自身的目标，通过针对目标的实施所制定的措施来开展预算的制定工作。企业内部有其制定预算的一套规则与流程，如图 11 – 3 所示。

在整个预算制定的过程中，还需要注意以下事项。

预算编制总的指导方针。符合公司战略目标，通过不断提高研发水平、劳动生产率取得长期竞争优势，通过核心业务增长和改善成本结构实现公司和员工的双赢。预算的编制要遵照客观、合理和真实性、前瞻性的原则，"自上而下"和"自下而上"相结合的方式进行。

预算年度的设定，每个企业有自己的需求，比如很多企业以公历 1 月 1 日～12 月 31 日为一个预算年度，并逐步实施季度滚动预算和月度滚动预算。年度预算编制时间一般为新的预算年度开启前的四个月开始，预算年度开启前审批下发给各部门执行。

预算内容。包括销售预算、生产预算、采购预算、资金预算、费用预算、固定资产预算、技术研发预算、财务指标预算等。预算既包含货

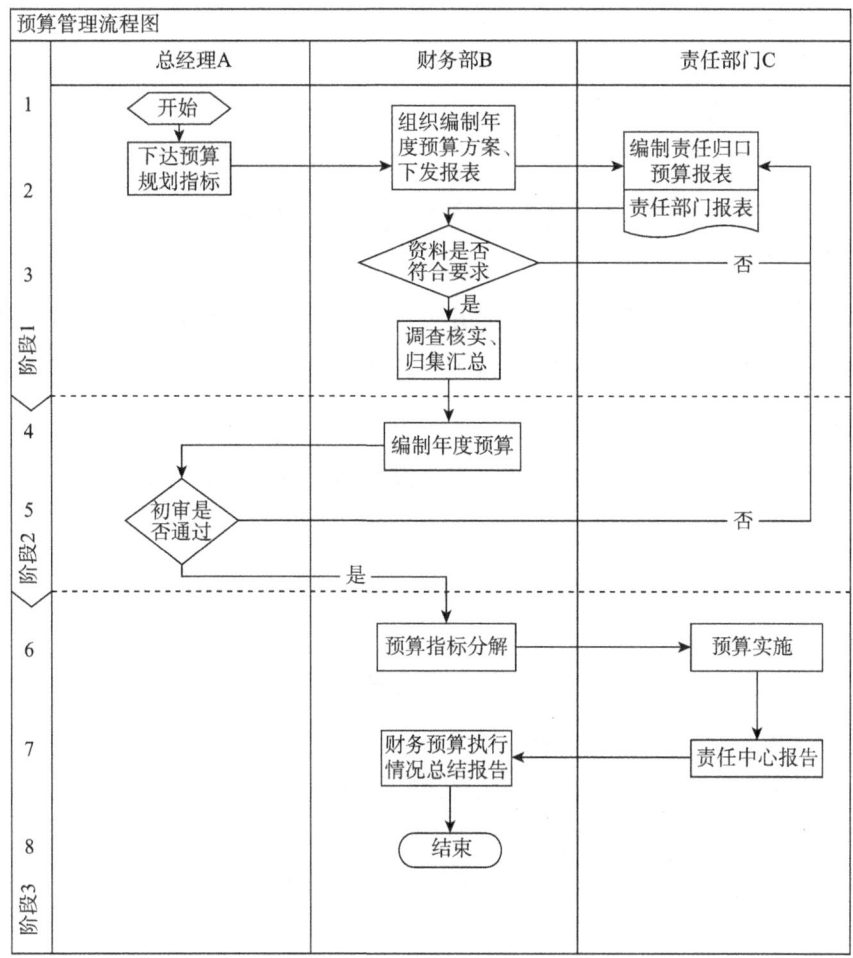

图 11-3　预算管理流程图

币量或实物量指标的预算，又包含预算分析、预算实施方案等。

对于费用预算，如核心业务没有取得显著增长，管理费用和固定费用增长仅限于固定工资由于物价指数和人才竞争的上涨部分，或经过专门批准的战略性策略的增加（如进入新领域、建立新的销售队伍、准备发动营销运动而产生的费用等）。

预算编制方法：综合运用固定预算、弹性预算、零基预算、概率预算等方法，分级编制、逐级汇总、综合平衡。

预算评审及审议批准：对于各部门编制的预算，财务部应组织预算咨询机构和相应责任中心进行评审。预算评审内容包括各责任中心预算是否符合企业经营目标、对预算可行性分析是否有力和透彻、保障预算完成的实施方案是否合适等。

3. 供应链预算管理与控制

预算是为了实现企业目标而开展一系列活动而制定的，是实现企业目标的行动计划上的一个财务体现。在预算管理工作中，常常遇到以下情形。

预算是财务部的事情，部门内部都有自己的工作任务，整天忙着销售、采购、生产等事情。

每年的预算目标管理层作了决定，各个部门就是分解目标、配合编制。

预算是讨价还价的过程，目标总会被砍上一刀。所以产出目标尽可能留余地，费用成本尽可能宽松点。

预算执行与实际的差距到底是怎样产生的？是预算编制的问题，还是实际执行有了偏差？到底如何调整？

预算有什么价值？是不是就是管控成本费用？

案例 11 - 3

预算到底为啥？

每年的 9 月份，某企业都会启动新一年度预算的时间。2016 年 12 月，2017 年度的财务预算把生产部门经理彻底惹火了。

预算在企业内部 9 月份就已经开始了，按年度预算的进度，2017 年年度销售预算应该在 11 月初提供到生产部门。生产部门根据销售预算进行 2017 年的目标制定与分解生产计划。

到了 11 月底，生产经理主动向财务预算组负责人索取销售预算时被告知："业务部的销售预算前两稿都未被高层领导审核通过，现在数据还在调整中，预计销售预算要在 12 月 10 日才能提供。"当时生产经理已经很无奈了，后来一想：还有 21 天，2016 年才过完，21 天年度预算还是勉强可以做出来的。就这样，生产经理无奈地接受了此安排。

到了 12 月 10 日，生产经理还是没有如期收到 2017 年的销售预算，生产经理就负责任地去跟踪进度，但依然被告知："2017 年销售预算还需 5 天，做最后的调整和评审。"此时，生产经理火了："前面的销售预算完全不按进度进行，把生产预算留那么一点时间。而且根据经验，每次销售预算一提供，一个星期后就要提交生产预算和费用预算。这么短的时间，我们怎么能好好地制定和分解目标呢？这样的预算怎么能做得准呢？如果是这样，我们也随便提供一个计划。但是随便提供一个计划，在做预算评审时又说要控制费用，要我们降这个、降那个，到时候我们只能说'随便'了。反正到最后预算不够了，难道还不给用吗？"

就这样，生产经理摔门而去，到最后实际轮到生产部门做预算时，生产经理只能在财务的催促下草草了事。

思考：预算与年度目标、策略的关系是什么样的？

而在实施过程中，往往会因为一些异常情况或对一些费用的支出把控不到位，导致预算在实施过程中偏差率较大。因此，企业内部会定期在每个月对费用进行汇总，并与预算进行对比，核算出部门或项目的"预算执行偏差率"。各部门通过定期的数据汇总与分析，可以及时调整预算情况来让企业调整自身的资金运作方式，或各部门根据预算的执行情况调整费用的实际使用，让预算真正起到"预知"的作用，让企业的资金运转得到保障。企业利用"预算执行情况"与"预算执行偏差率"对各预算进行管理与管控，而各部门通过自身管理手段对预算进行控制。供应链的预算管理与控制，从预算的下达到预算的执行，再到预算的调整，都必须一一做出规定。

（1）**预算的制定。**

高层管理部门的支持，所有管理者的参与。在预算通过组织的审核、批准后，高层管理部门应采取行动维护预算的权威性。比如，制定计划以执行预算，要求下属部门制定本部门预算，进行预算审查等。这样，预算就会使整个组织的管理工作完善起来。而在进行预算编制时，最高层管理者应动员组织中所有管理者参与这项工作。因为无数的管理实践表明，包括基层、中层管理者在内的所有管理者真正地参与编制工作，是保证预算成功的必要条件。同时，为了避免预算方案过细、无弹性而导致无法实现真正的授权，高层管理部门应允许下属部门拥有一定程度的修改、调整预算的权力。

（2）**预算执行中的预算分解。**

企业根据评审通过（指总经理及各责任中心负责人共同会议评审）的年度预算，把预算关键指标分解到生产责任部门，生产责任部门认真组织实施，将预算指标在责任中心层层分解，从横向和纵向落实到跟生产相关的各部门、各环节和各岗位。如以销量的达成为目标，向生产部门分解的目标及行动计划而做出预算，这里的重点是必须要有一个目标作为起点，把达成目标的实现而采取的行动所需的支持性资源与其支出为预算的依据，让预算的制定做到有据可依，如表 11－4 所示。

表 11－4　预算目标分解表

企业目标	生产部门分解目标	行动计划	预算
销量同期增长 20%，制造费用增长≤20%	生产能力提升 20%	增加一台生产设备	20W
	水电汽同期增长 10%	更换管道与阀门，减少"跑冒滴漏"	10W

（3）**预算实施。**

对于分解到供应链各部门的预算，各部门应当认真执行，实时监控，密切跟踪实施进度和完成情况，对于预算执行发生的不利偏差应当及时采取必要措施纠正。**生产各部门根据制定预算时所开展的一系列目标与行动计划的分解结果，定期回顾计划的实施情况，以及评估项目的实施计划表与进度表，对于已确定开展并实施预算的及时做出计划与行动，落实必要预算支出的行动计划的执行。**在整个行动计划的实施过程中，根据期间产生的费用，以及进度对预算的执行情况进行评估，减少不利偏差的产生并对其做出及时的纠正，使行动的落实既能达成目标的实现，又能保证预算执行到位。

（4）**预算内支出。**

生产部门的支出应本着"先算后花，先算后干，朴素但高标准"的原则，一般情况下不得突破预算指标（包括项目、数量、金额），同时有预算也不表示一定要用或用完，杜绝突击花费。对预算内支出应分别按照企业内部的《费用报销制度》等有关文件规定进行审批，对于支付手续不齐全、凭证不合格的货币资金支出项目，即使已纳入供应链预算，也不得办理支付。对于预算内支出结余的可以跨月使用，季度进行平衡，但不能跨年使用。同时，为保证预算能得到有效执行，管理者应制定出相应的、可操作的标准，并按标准进行衡量、分析，将各项计划与任务转化为对人员、经营费用、资金支出及其他资源的具体需要量，这是预算工作的关键步骤之一。事实上，许多预算就是因为缺乏诸如此类的标准而失效的。

（5）**预算的日常管理与监控。**

企业内部除了通过设定预算管控小组，定期对各部门的预算实际执行情况做出汇总分析外，还需要设定不同额度的审批权限。

首先，生产各部门每一项费用的支出，都必须确保有预算作为支持才能开展相关工作。

其次，每一次费用的支出，都必须有相对应额度的领导审核。这样既可以保证费用的支出与所预算的项目相匹配，又可以使部门领导从整体出发考量费用支出的合理性，并对预算的使用做到"心中有数"，使预算在实施过程中得到监控。

最后，通过数据的收集与分析，得出每个费用的成本结构及其基础数据，用于做年度预算时的参考或日常实际使用数据的对比，以使预算更加准确。

（6）**预算外支出**。

生产部门如有因客观环境、内部条件、公司经营计划发生变化需要突破预算的支出，需要专项报告。除履行预算内支出相应审批程序外，还必须经财务部预算管理部门审核、总经理批准后方可支出。生产部门在制定每一个项目的预算外支出申请时，应根据实际情况及所带来的效益等进行分析，并做出申请。

（7）**预算执行预警**。

在预算执行过程中，生产部门的管理者需要及时收集、分析相关的各种信息，明确工作当前的进展情况，并据此采取适当的行动。为了避免信息反馈过程中的堵塞、失真现象，财务部应当逐步建立和完善预算执行情况预警机制，及时发出预算执行预警信号，积极采取应对措施。生产部门在接收预算执行预警信号后，应自觉在第一时间对其进行分析并制定后续的纠正措施。对于一些费用支出偏离方向或支出较大的进行必要性和合理性分析，评估是否有不必要和不合理的费用产生，同时对一些与第三方合作的费用再做进一步审批与管控。

（8）**预算调整**。

为确保预算的严肃性，预算一经批准，正式下达执行后，不得随意调整。对于预算执行过程中发生的不利差异，应当首先采用内部挖潜或其他措施加以弥补。但是预算执行过程中，若外部环境和内部条件发生重大变化，应当由总经理或财务部提议调整预算，并报经原预算审批机构批准。预算调整，每年只能调整一次。

当存在下列情形时，可以提议调整年度预算。董事会调整公司发展战略，重新制定经营计划。

客观环境和内部条件发生重大变化，导致连续三个月销售和净利润平均偏差均达到20％以上，或半年度累计偏差达到20％，或月度偏差达到50%。

董事会认为必须调整预算的其他事项。

总之，预算调整重点应放在预算执行中出现的重要的或非正常的关键性差异方面，调整的预算也必须按照企业的相关规定进行评审方可正式执行，以此确保预算调整事项符合企业发展战略和实际生产经营状况。

第十二章

Chapter 12

成本管理

人们要进行生产经营活动或达到一定的目的，就必须耗费一定的资源，其所费资源的货币表现称之为成本。对于制造供应链来说，关注成本就是关注效益，有效益才能贡献利润。生产经理要在日常的供应链管理中关注与成本有关的活动。

供应链成本管理包括：在采购、生产、储运、销售过程中为支撑供应链运行所发生的一切材料成本、人工成本、运输成本、设备成本、能耗成本等。当前市场竞争日益加剧，为客户提供持续降本的能力是企业获胜的因素之一。

为了缓解不断的降价压力，保证一定的利润水平，企业必须寻求降低成本的方法，以度过降价的危机。由于企业已经实施了许多降低成本的方法与策略，所以找到新的成本降低方法将是一个很大的挑战。企业为了生存，运营会越来越"精益化"，降低成本最后的机会就存在于供应链运作环节中。因此，加强供应链成本管理，降低包括物流成本在内的供应链总成本，已经成为企业提高效益的重要途径。

1. 供应链制造成本分析

生产制造过程中的成本，即生产的构成成本，亦称制造成本。生产成本是生产过程中各种资源利用情况的货币表现，是衡量企业技术和管理水平的重要指标。生产制造成本由直接材料、直接人工和制造费用三大部分组成。

直接材料是指在生产过程中的劳动对象，通过加工使之成为半成品或成品，它们的使用价值随之变成了另一种使用价值。直接人工是指，生产过程中所耗费的人力资源，可用工资额和福利费等计算。制造费用则是指：生产过程中使用的厂房、机器、车辆及设备等设施及机物料和辅料，它们的耗用一部分是通过折旧方式计入成本，另一部分是通过维修、定额费用、机物料耗用和辅料耗用等方式计入成本。它在生产过程中不能直接归入直接材料、直接人工的各种费用。

（1）**直接材料费用**。

直接材料费用指企业在生产产品过程中所消耗的，直接用于产品生产，构成产品实体的原料、主要材料、外购半成品及有助于产品形成的辅助材料（如助剂、催化剂等）和其他材料费用（如包装物）。简单地说，就是生产所用到的一切实物材料，从原材料到包装材料。

（2）**直接人工费用**。

直接人工费用指企业在生产产品过程中，直接参加产品生产的工人工资以及按生产工人工资总额和规定的比例计算提取的职工福利费等。在生产过程中，除了直接参与整个产品的生产车间的人员外，还包含生产的间接参与者。它指的是参与生产管理的管理人员或与生产管理有关的人员，如生产计划人员、仓储人员、检测人员等。这部分人员的范围如何界定和费用应该按什么比例对产品进行成本分摊，企业根据自身的特点去做分配，或按照统一数量原则进行分配。

（3）**制造费用**。

制造费用指应有生产成本负担的，不能直接计入各产品成本的有关费用。主要是指企业各生产部门为组织和管理生产而发生的各项间接费用，包括折旧费、修理费、办公费、水电汽费、低值易耗、劳动保护费及其他制造费用。所有的间接费用应当按一定的程序和方法进行分配，计入相关产品的生产成本。最简单的方法是结合工艺直接按生产数量进行分配。

折旧费用指企业所拥有的或控制的固定资产，按照使用情况计提的折旧费用。对于生产任务不足的设备来说，它所体现的折旧成本明显。税法规定固定资产折旧年限，房屋、建筑物为 20 年；火车、飞机、轮船、机器、机械和其他生产设备为 10 年；与生产经营活动有关的器具、工具、家具为 5 年；飞机、火车、轮船以外的运输工具为 4 年；电子设备为 3 年。企业的生产车间为了保障生产的持续性和自身所拥有的资产，在设备维护与保养到位的情况下，设备一般的使用年限都会在折旧期以外。对于这种情况，在构成制造成本里面，此时的折旧费可以不作为成本项目之一来核算。在设备因无法使用或没有使用价值而评定为报废时，即为残值，残值率一般为 5%（内资企业 5%，外资企业 10%）。

修理费指维修固定资产、低值易耗品等资产发生的维修费、维修备件费等（资本化的维修费不在此范围）。除此之外，还包含车间生产设备维修费、行政办公用固定资产维修费、办公楼和宿舍装修费等，不包括车辆维修发生的费用和耗用的备件。这些费用可以直接在领用维修材料时做费用对象的登记与归集，这是可以明确修理费用的一个方面。而另一个则需根据企业按一定的分配比例进行分摊的是维修人员的工资及福利部分。

水电汽费用作为生产支持性资源，一般通过共同管线向不同的使用车间做出分支。在当前成本核算越来越精细的情况下，所有的水电汽在不同的生产车间都设置了统计工具。只有这样，才能清晰地统计和分析各车间各产品的水电汽使用情况，才能有针对性地提出降低成本的方案，降低能耗。

低值易耗品指的是单位使用价值较高或使用年限较长的存货，不包括用于维修的五金备件，不包括纳入办公用品管理的部分。它一般是指单位价值在 10 元以上、2000 元以下，或者使用年限在一年以内，不能作为固定资产的劳动资料。它跟固定资产有相似的地方，在生产过程中可以多次使用，不改变其实物形态，在使用时也需维修，报废时可能也有残值。由于它价值低、使用期限短，所以采用简便的方法，将其价值摊入产品成本。一般的分摊方法有：一次摊销法、分期摊销法、五五摊销法和净值摊销法。任何方法的使用都是附有条件的，企业可以自主选择低值易耗品的摊销方法，但所用的方法不能随意变动。

办公用品是为了维持日常的生产活动，作为信息传播与记录的一些介质，如打印工单所使用的 A4 纸等。对于哪些办公用品可以列入制造费用里，还需要与固定资产有所区分。办公用品的特点是一般金额不大，如文具、纸张、文件夹等。对于金额较大的办公用品，应该作为"低值易耗品"或"固定资产"核算，如打印机、计算机、保险柜等。

劳动保护费指，公司提供的员工工作服（含保安工作服等）、帽、鞋、手套、眼镜等用于员工劳动保护的，无论是生产人员还是其他管理人员的劳动保护费，均纳入制造费用的成本核算中。对于企业的劳动保护费，除了在物质上体现外，还包含了一系列的安全环保体系审核费用及宣传活动费用。对外的，还包含参与一些政府举办的安全环保知识讲座与培训等费用。在企业自身，对于劳动保护费的范围应该按实际的生产劳动所需的劳保用量而提前预算，它是保护员工的最基本的设施。在当前安全环保压力不断加剧的环境下，劳动保护费用不仅是上面所谈到的，其范围还应该更加广阔，如定期向员工提供清凉饮料等防暑降温用品、设置高温假期、改善高温作业环境等。

生产成本统计如表 12-1 所示。

表 12-1　生产成本统计表

序号	成本类别	特点	备注
1	直接材料成本	生产所用到的一切实物材料，从原材料到包装材料	
2	直接人工成本	直接参加产品生产的工人工资，以及按生产工人工资总额和规定的比例计算提取的职工福利费等	

序号	成本类别		特点	备注
3	制造成本	折旧费	企业所拥有的或控制的固定资产，按照使用情况计提的折旧费用	
		修理费	维修固定资产、低值易耗品等资产发生的维修费，维修备件费等（资本化的维修费不在此范围），除此之外，还包含车间生产设备维修费	
		水电汽费	在不同的生产车间设置了统计工具，以实际每月读表数字为使用量	
		低值易耗品	它一般是指单位价值在10元以上、2000元以下，或者使用年限在一年以内，不能作为固定资产的劳动资料	
		办公用品	为了维持日常的生产活动，作为信息传播与记录的一些介质	
		劳动防护用品	公司提供的员工工作服（含保安工作服等）、帽、鞋、手套、眼镜等方面的用于员工劳动保护的，无论是生产人员还是其他管理人员的劳动保护费，均纳入制造费用的成本核算中	

2. 物流成本的核算与控制

物流成本占据着企业成本核算一个比较大的部分，但容易被忽略。企业除了从生产成本中详细地对产品的构成成本做出统计与分析外，还需要把物流运输和配送成本纳入考虑的范畴。只有这样，整个产品的价格核算才会清晰，才能让企业盈利，如图12-1所示。

物流成本按不同的标准有不同的分类，按产生物流成本主体的不同，可以分为企业自身物流成本和委托第三方从事物流业务所发生的费用，即委托物流费。在第九章介绍了企业的物流配送特点，即自有车辆+第三方物流的配送模式。因此，在物流成本的核算与控制里面，也会从自有车辆与第三方物流两个配送模式，通过物流费用的构成、产生的原因、操作过程中出现的成本费用的增加等问题，做出分析与有针对性提出一些控制方法。

对于自有车辆的成本核算，要了解自有车辆的日常费用组成部分。

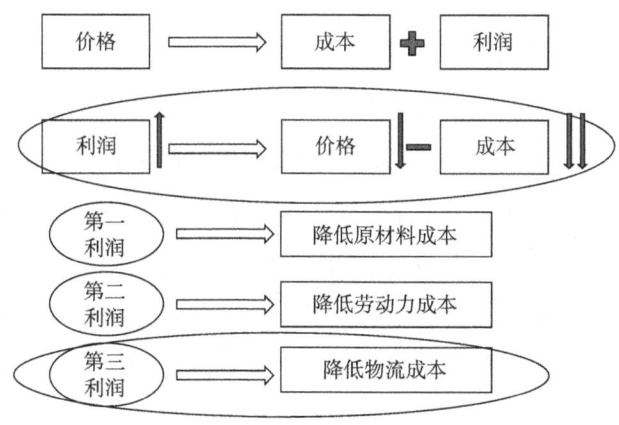

图 12-1　物流成本"地位"图

自有车辆的费用由固定部分费用和变动费用两部分组成。固定部分费用包含车船税、运管费、营运税、年审费、营运证年审、车辆定级费、保险费和与车辆部件相关的一些费用（如更换车厢或行车所需配备的灭火器等辅助性材料），以及车辆的折旧费。对于拥有危险品运输车辆的企业，还会有车检费。如果是采用挂靠形式拥有车辆的，还会存在挂靠停车费、挂靠费。这些费用都是每月或每年定期产生的。变动费用则是车辆根据自身的配送次数和配送任务而产生的能源性消耗和车辆备件的损坏等费用。一般包含路桥费、燃油费、配件费、轮胎费、机油费、维修/修理费、电池费、润滑油等费用，甚至还包含司机在配送过程中所产生的餐费、通信费等。这部分费用的多少与车辆的行程及保养有直接的关系。

自有车辆所承载配送的产品数量或路程千米数。对于单一物流配送模式的企业，当月所销售出库的数量即配送的数量。而对于自有车辆＋第三方物流两种方式共同存在的企业，在做数据统计时，就应该制定统计的原则，让日常仓储操作的人员有针对性地对相对应的数据进行记录，或利用系统对日常的操作数据进行标识记录。只有这样，才能更清晰地对不同物流方式的成本进行核算。

不仅从数量上衡量费用，还可以从多个维度考量运输费用成本。如从所运输的里程数，即元/千米。这里则需要自有车队每辆车对每次行走的路程千米数进行记录，或利用 GPS 工具对行程进行监控与统计。只有这样，才能获取成本核算所需要的数据。用于成本核算的费用，必须是实时产生的费用，不能以计提费用为核算的内容，这会导致所核算的数据不真实，存在一个月多一个月少的情况。另外，要沿用统一的核算原则。由于车辆费用里包含了固定费用，而有些固定费用不是每个月产生的，是有季节性或有特定时间的。因此，是否把这部分不是每个月都产生的费用纳入核算范围里，还是把其剔除后按一定的规则再平摊到运输费用里，企业根据自身对成本核算的方式来选择。但前提是必须标成本核算的内容或条款，以便弄清核算运输成本，最终用于产品的成本核算与定价。自有车辆费用分析如表 12-2 所示。

表 12-2　自有车辆费用分析表

区域	里程 （千米）	吨位 （吨）	费用 （元）	单价 （元/吨）	单价 （元/千米）
A	10000.00	140000.00	25000.00	178.57	2.50
B	28000.00	1160000.00	70000.00	60.34	2.50
C	2350.00	110000.00	6000.00	54.55	2.55
D	30000.00	240000.00	80000.00	333.33	2.67
合计总里程数	70350.00				
合计送货总量		1650000.00			
合计总运费			181000.00	109.69	2.57

对于第三方物流的成本核算，也是需要从其成本结构做出统计与分析。

（1）明确企业所合作的第三方物流商。

一般情况下，企业采用物流商的原因是所运输的路径已经超越了企业本身所能运输的能力，或经过运输成本核算，物流商的成本比自有车辆的运输成本要低。因此，根据企业的业务范围，拥有的使用物流商包含海运、陆运、空运、铁路运或管道运输等模式。

（2）**确认各物流商的物流费用核算方式。**

如海运物流商，即使是同一个目的地港，但在不同的港口起运与不同的航线也存在不同的价格。它一般是以整个集装箱的包干运费＋拖车费用＋滞港费用来核算的；一些目的地港为国外的，还会存在有报关费和货代费用；而陆运又称汽运，是反应最快的物流运输方式之一，通常情况下按吨位来计算运输费用。而对于一些陆运物流运输商，它还会对上门提货的数量做出规定，此时也需要把运输出去的一部分运输费用或上门提货的费用包含在里面做成本核算。总之，就是需要了解清楚每一个物流运输方式的特点及其产生费用的部分。

（3）**不同物流商的发货统计分析。**

对不同的物流运输商所承运的产品数量做记录，或利用系统工具做好发货数据的收集，并且对不同的物流运输商在承运商品的过程中产生的一些异常费用做好登记。只有这样，才能对所核算的物流成本归集为最准确的数据进行分析。总的来说，无论企业运用多少种物流运输方式，在成本核算与分析里，最重要的是把每一种物流运输方式所产生的费用和承运的数量做好记录。只有这样，才能真正与筛选物流供应商时的价格做出对比，物流成本是否合理与达到最优状态。第三方物流的成本费用统计与分析如表 12 - 3 所示。

表 12 - 3　第三方物流的成本费用统计与分析表

物流商名称	票数（柜）	承运重量（吨）	柜货海运费（美元）	柜货本地费（元）	异常费用（元）	单价（元/吨）	备注
A	100	2000	96000	170000	18200	142	签证费
B	10	200	20000	20000	84000	620	电放费
C	40	720	35000	69000	5500	152	电放费改单费
D	15	300	20000	25000	0	150	
E	60	1080	60000	35000	800	89	改单费
F	7	105	7000	7000	1000	143	电放费
总费用	232	4405	238000	326000	109500		

在物流费用的控制上，按不同的物流运输方式所产生的费用或费用的组成，可以有针对性地采取措施对其进行控制和节约。

在自有车辆上，所产生的物流运输费用比较大的部分为路桥费、燃油费，这两个方面的费用均为变动费用。路桥费随着不同路线的选择会出现不同的金额。因此，合理规划物流路线是物流费用控制与节约的首要条件。与业务约定订单的配送的达成周期，这个目的是为了让不在一条路线上的产品配送有一个"凑单"的反应周期，提高车辆的满载率，减少小货量的单独配送业务。因为物流费用成本的规律是货量越多，所走的线路越专一，它的单位物流成本是最低的。

如果企业的配送在某一区域范围内出现频繁送货但货量不多的情况，考虑在此区域内设置外仓做配送是一个不错的选择。对于路桥费，如在珠三角区域的企业，自有车辆在做产品配送的，如果既要提高物流运输效率和车辆的使用率，又要降低路费的，可采取产品配送时走高速，回程时走国道的策略。这样的模式可以使车辆在单天做二次配送，提高了车辆的使用效率；选择一程走国道，能减少一程的路桥费支出。车辆不需要做二次配送时，可以在回程时再次利用货车投入到承运的物流行业中，即利用路线，顺便提取企业生产所需的一些原材料或包装物，还可以在当前流行的"货拉拉"渠道承接回程运输业务。这样不仅可以加大车辆的使用效率，也可以降低企业的原料采购成本，或利用运输市场弥补车辆"只消费不创收"的费用支出缺陷。

另外，车辆的修理费及配件费用也是物流费用里面占据比例大的费用之一。车辆维修频率高，不仅导致运输配送成本高，还影响整个配送业务，导致客户满意度下降。因此，日常应制定定期的车辆维护与保养计划，利用运输配送空闲全面审查与维护车辆的配件，延长车辆的使用寿命，降低配件的更换频率，减少车辆的紧急维修，提高配送服务效率。

从第三方物流的费用结构看，它的运输配送价格主要由物流供应商的承运价格决定。因此，它的费用控制与节约首先是在对物流运输商的选择上，由采购部门、仓储物流部门、业务部一并对供应商的服务与价格进行筛选，并按共同的标准确定性价比高的物流供应商承运企业的产品，或通过招标的形式选择供应商，并与物流供应商共商确定服务条款。同时制定一系列与物流供应商对接相关的操作规范，并对整个物流配送过程的操作做好操作服务约定，双方按标准作业操作，减少异常情况而产生的异常费用。另外，规范企业内部人员对第三方物流运输商所承运的产品的操作行为。

第一，如果企业内部拥有分厂，两地之间物料一定会频繁来往，因此，在企业内部要依据不同工厂的配送价格规划好不同工厂所覆盖的运输配送区域。如果两地确实需要物料来往，物料的发运务必与订单一致，并需要双方共同审核跟进，否则将出现一方要货并安排了发货时间，而另一方未发货，导致不能及时发货产生异常费用。

第二，一般企业都设置外仓，外仓的设定就意味着企业想通过外仓的库存来达到订单交付响应度高的目的。此库存需要根据所覆盖的区域的销售计划来设定，如果业务部对它的销售计划把握不准确，将会导致库存过高，造成企业在压资金大，或库存过低，不能及时满足订单交付，最终失去外仓的作用。因此，企业在设定外仓库存时，需要以库存补充周期为一个周期来与客户确定接下来的需求计划，及时、准确地补充库存至外仓，达到既不过大地压库存，又能及时满足客户需求的目的。

第三，对于第三方物流的运输模式，还有一种比较特殊的且在正常的运输模式下，物流成本比正常的低的情况——包车。企业的仓储物流部应根据订单的需求或业务部提供的订单预测，按最大量进行凑货约物流运输车辆，这样既可以减少分散走货带来的问题，又可以提高整个产品配送效率，降低物流成本。

对于物流费用的控制与节约，一切都是从数据的统计与分析开始的。不同的成本费用通过日常数据的收集后，分析其合理的费用范围。日常操作中通过对成本核算的结果对物流成本进行管控，对于异常问题制定解决措施，一步步通过优化操作的方法规范物流配送服务，以最优的方案与相对应的物流运输商合作，提高运输配送效率与降低运输成本。对于企业来说，大数据的统计与核算表明：一个企业的物流费用一般占据销售额的4%～30%。

案例12-1

业务员的要求合理吗

某企业拥有自有货车，用于日常的送货业务。2017年9月30日，业务员A气哄哄地打电话给物流经理投诉："为什么××客户的货总是不送？是不是嫌弃货量太少了？现在客户处于开发状态，今天的200千克成功，意味着未来100吨/月的业务量，你们是故意不配合的吗？"物流经理平复了业务员A的火气后，向物流主管了解情况。

物流主管解释："明天所有车辆都排满了，并且每条路线上都是满负荷运载配送的，没有去××方向的路线与其他货了，只有200千克这个方向的，所以就没安排这条线上的客户送货。"对于影响了业务员的开发问题，物流主管也气乎乎地说："这个客户都开发3年了，每次都是200千克，而且是3个月才来一次订单。这么多年都上不了量，还说我们不送货会影响客户的使用和上量，简直就是胡说。"

物流经理了解情况后，到业务部找到了业务部负责人，想解释这件事情并对此类配送做一次沟通。在物流经理说了他的目的后，业务部负责人也气呼呼地说："我已经来公司5年了，5年来你们物流部都是这个样子，完全没有改变，也没有为我们业务部着想。我们开发和维持一个客户多不容易啊？每次都被你们物流配送拖后腿。没什么好谈的，以后遇到这些我们认为重要的客户，只要我们业务总监同意，你们即使不计成本，也要协助送货。"

面对这种情况，物流经理表示，业务员想尽快发货可以理解，令客户满意是企业所有人的责任。但这些都与成本/费用相关，如果仅仅是由物流部管控物流配送成本，是无法完成的。

面对"公说公有理，婆说婆有理"的情况，大家该如何是好？

3. 生产成本的控制分析与节约

在整个供应链活动中，生产制造是主要内容。从订单接收那一刻起，即代表着生产制造的开始。它经历了生产计划过程、原料的采购过程、到料与存储过程、物料运输过程、生产制造过程、产品的进仓与存储过程、产品配送过程，每一个过程都会有其自身的成本费用。利用VSM工具，能把每个过程中的操作细节提取出来，并显示它的成本空间。

（1）生产计划过程成本。

第三章里，我们重点讲述了生产计划的制定流程。而在实际的生产计划过程中，通常会因为业务部对交付的施压，导致订单的响应度要求高，不存在"订单封冻期"。"订单封冻期"的存在不代表订单响应度低，它是要求订单的交付时间提前与客户做好约定，遇到紧急订单时按紧急订单流程执行。而这个"订单封冻期"对于生产计划来讲，有稳定生产计划的作用。因为生产计划的计划周期与回顾周期与"订单封冻期"一致，这样能有效地使生产计划在这个周期内保持计划的准确性和执行度，不让生产计划因为订单的新增和交付时间的频繁变更导致频繁变动。频繁变动的生产计划不仅对计划本身的执行度不利，还会对后续的原料计划，生产制造乃至配送物流的规划造成影响。如果企业本身是利用ERP系统进行MRPⅡ运算的，没有"订单封冻期"将无法运行MPS和MRP。

另外，在生产计划中，生产计划人员本身所掌握的信息也会对生产计划的制定造成成本影响。如生产计划人员对订单信息掌握不全，没有对所交付的产品的类别与时间做出分析，进而采用部分的订单做生产计划。所制定的生产计划的特点将是：产品类别较多，同一条生产线所生产的产品每天都不一样。这样最直接导致的成本浪费将是换线成本较高。总的来说，在生产计划制定过程一定要结合计划的实际特点与分析所掌握的信息量，在计划的执行度高和稳定性高两个方面出发制定和改善生产计划，配合生产车间对计划的可操作性与效益性进行评估。只有这样，生产计划才能在成本效益上发挥它的作用。

(2) 原料的采购过程成本。

生产计划确定后，接下来就是从生产计划推导出的原料采购计划。在整个原料采购过程中，最直接的影响成本的环节在于原材料的价格。而采购部自身的最大运营目标也是所采购物料的价格问题，通过供应商的开发、审核、询价、比价、确定供应商等环节，以最低的价格采购性价比最高的材料。而且还要时刻关注市场动态，重点关注市场供应波动较大的原材料，在市场价格低时提出是否囤料的申请，对于价格高时提前做出预警。这样既有利于财务对产成品价格的控制，也有利于生产计划按原料的价格波动实施生产量的调整，使生产的产品在原料的价格上占据市场优势。总的来说，原料的采购过程必须按生产计划所推导的物料计划进行，采购市场上性价比最高的原材料。同时关注市场动态，及时向财务及生产计划人员反馈市场信息，以财务的角度和订单的趋势审视原材料的采购问题。

案例 12 – 2

囤料的困惑

2016 年，是某企业生产计划人员对于原料计划最困惑的一年，因为 2016 年原料市场波动实在是太大了，原料市场一会儿缺货严重，一会儿货源充足，而且每次缺货的时间长达一个月。

在当年的 9 月份，生产计划人员再一次接到采购员的电话："我收到贸易商的消息，原料 A 市场即将又迎来供应紧张的局面。他们现在手头上还有货，而且价格还可以，如果购买量大，还可以打折。你们现在看看生产计划、仓库的库存量和存储位置，告诉我大概可以在未来 1 周内接收多少 A 物料？"

生产计划人员挂电话后就开始了解情况，但在了解情况的过程中，他脑子里不停地出现几个问题：物料该囤还是不该囤，是我说了算吗？之前囤过那么多次物料，从成本上看，我是囤对了还是囤错了？万一囤料给企业造成资金周转的困难，我岂不是要负很大责任？

面对这些问题，生产计划人员完全没心思处理采购提出的囤料事情。因此，他根据囤料会产生资金成本的原理推导，找到财务的成本会计。与成本会计及采购员共同组成一个小组，综合评估原料市场的走势、原料的采购成本、囤料成本、在压资金、资金周转成本等多个方面，一起确定原料是否该囤？

思考：结合本书的内容，生产计划人员是文员吗？生产计划人员的职责是什么？

（3）到料与存储过程成本。

拉式生产里，JIT 是代表。对于原材料来讲，能实现 JIT 到料等于企业做到了零库存，这是效益最高的成本节约方法。但在实际操作过程中，JIT 到料是企业追求的一个目标，在这个目标实现前，整个到料操作与存储过程的不断优化才是成本节约的实际操作方法。到料后涉及物料的卸货与转运过程，企业在此过程中尽量发挥 IT 系统的辅助作用，使整个到料信息实现系统平台的共享，减少因为信息沟通不畅带来的沟通成本与劳动成本。另外，在物料的存储上，定期盘点与回顾物料的存储时长，利用系统对库存状态进行监控，对于所存储的物料设定回顾与重点监控时间点，提前对物料进行滚动关注与分析，以减少呆滞物料的存在。对于过期的物料，通过与技术人员确认的方式，确定原料能否被使用或走报废渠道。总的来说，在到料与存储过程中，要善于利用系统对物料库存状态实施定期回顾与监控，不能让品质状态处于无人管控的状态。只有这样，原材料才会被最大限度地使用，减少因物料呆滞而造成的成本浪费。

（4）物料运输过程成本。

这是一个纯粹的物料空间转移的过程，这个过程本身不产生增值服务。在这个过程中，如何使物料运输更加顺畅、如何能有效地使用运输设施，将是它在成本上的重点。如何使物料运输更加顺畅？

首先，确保仓库取货顺畅，整个仓库的布局及库位的分布符合"人流"和"物流"的规划，存放货按"先进先出"的原则设置与操作。另一个更有利于物料运输的是尽可能把物料状态提前做出变更，或使用液态化、储罐式进行存储，这样可通过管道与阀门实现物料运输。

其次，工厂内部整个物流运输路线的规划，使用工厂与仓库的分布和工厂内部其他物流的方向来设置配送路线，让配送过程更加顺畅，提高配送效率。在如何有效地使用运输设施上：

一要对所使用的设备进行"承运量"的评估，对每次的配送量做出调整，最大限度地利用设备资源。同时，为了加大设备的使用效率，日常的设备维护按要求执行并做好日常的维护与保养，确保设备以最高效的状态运行。

二要有效地利用设备运输的"回程资源"，即设备的使用不仅是从单个方向考虑它的使用，还可以考虑与规划设备在回程上所能操作的事项。如物料运输到车间，可顺带把车间当天所需要进仓的产品运送回仓库，或辅助车间对物料进行位置调整，以减少车间对设备的占用时间，提高设备的利用率。

（5）生产制造成本。

生产制造过程中的成本，从构成制造成本的各个要素，在它实现生产制造过程中的作用与产品之间的关系中，寻找节约的方式。

材料费用。对于用于直接生产的材料费用，除了从价格上最直接降低成本外，还有另一个成本架构，即包装物。结合产品自身的特点，在市场上选择合适的包装物并不断地开发新的包装形式或规格，再考虑产品在转运过程中会遇到的问题，最终做出选择。企业在根据产品特性和成本做出的最终包装形式的变更，是需要业务部尽最大努力推行和实施的。在整个产品的包装物的筛选过程中，还要特别注意的是尽量选择一些大包装的、外包装能循环使用的，如吨箱（内包装一次性使用、外包装由包装物提供商回收并循环使用），这样可以减少搬运的频率及减少人员管理的费用。

人工费用。人工费用是由直接的生产使用人员决定的。因此，提高生产效率是最有效的降低成本的方法。生产效率是衡量一个企业的生产要素（资源）使用效率的重要尺度，即在材料、劳动力和生产设施等方面花费相同的成本，能够生产更多的产品。

第一，优化生产工艺，解除瓶颈生产工序。在 10 个生产环节里面，只要 1 个环节效率低下，其他 9 个环节的努力都可能解决不了进度落后的问题。因此，根据整个生产工艺及生产工序，对每一个工序进行操作分析，抽取其中的核心部分，对其他辅助操作进行优化。抓住瓶颈工序不断改善，是提升效率最重要的法宝。在这个过程中，旧的瓶颈解决了，可能又会产生新的瓶颈，生产车间人员应该配合工艺技术人员不断消除瓶颈，持续推动工艺优化，实现生产效率大幅度提升。

第二，根据生产任务的轻重，合理安排生产班组人员，以降低员工的加班工时、提高单位加班工时的工资和合适产线的生产分布等，确定生产所采用的是三班两倒、三班三倒、四班三倒等排班方式。目的是提高员工的生产积极性的同时，让员工的技术有提升的空间。

第三，结合企业自身的排班特点及产品的生产方式，制定相对应的激励政策。对于追求生产数量的，计件是否可以加快生产速度？对于大吨位的产品生产，制定超产奖是否有利于生产量的提升？同时，在整个生产操作过程中，还需要制定一系列的奖惩措施和设定主要的考核指标，让不同岗位上的人最大限度地发挥能力，正所谓术业有专攻。通过技能库的建立，让员工参与生产过程，注重自身技能的提升。定期组织团建活动，提高员工队伍的凝聚力和士气，最终作用于生产效率的提高。

第四，提高设备的使用效率，尽可能多地采用机械或智能化设备代替人为操作。对于企业的现有设备，除了通过日常的维护与保养提升设备的使用寿命与效率外，还要多接触先进的设备，引进适合企业生产发展的设备来满足生产的需求，提高生产效率。在引进新设备或对生产车间进行设计时，以生产工艺流程对生产车间的内部布局进行规划，从物流的方向结合操作的便捷性考虑设备的投放点。这样能提高现场的操作效率，进而提高生产率。

能源费用。对于生产制造过程中使用到的一些能源性材料，如水电汽，生产经理只有清楚了解各生产车间所用到的水电汽的实际数据后，才能从标准的工艺技术角度分析数据是否合理。因此，生产车间应该想办法对车间所使用的能源性材料进行数据的读取，只有这样，才能有更详细的数据分析与支撑生产成本的核算，寻找问题点并加以解决。另外，能源性材料最大的特点是容易"跑冒滴漏"，因此在日常生产过程中应加大对设备管网的巡检，杜绝"跑冒滴漏"，减少浪费等同于降低生产成本。在能源性材料的使用过程中，注意统计与分析其使用的高峰，让生产计划结合波峰波谷的时间段制定，有效利用能源，减少因为波峰期能源的调度问题导致的生产性停顿，进而影响生产效率。生产能源费用使用分析如表12-4所示。

表12-4　生产能源费用使用分析表

序号	生产能源	标准单耗	实际单耗	差异量	差异分析	备注
1	水					
2	电					
3	汽					

系统的开发。开发和使用IT系统，如ERP。利用它的数据高效处理能力和所拥有的信息共享平台，既可以减少辅助性的生产系统人员，提升操作的效率，又可以充分利用系统的特点，减少信息沟通的成本，如办公用品A4纸的使用等。同时，可以利用系统发挥监控的功能，对于生产上的任何异常都可以第一时间向不同的责任人员提出预警，让相关的技术人员第一时间知晓问题点并做出相对应的处理，减少不合格品

或呆滞品的产生。

低值易耗品是企业里消耗得最快、使用得最多的生产备件。因此，对于此类物品，首先考虑的是质量，减少因为质量问题导致的设备损坏，进而影响生产进度。同时，利用各生产车间对低值易耗品领用类别的分析，统计出使用频率较高的类别，有针对性地改善其质量，或分析造成使用频率高的原因，对整个设备和操作工序做优化处理。

（6）产品的进仓与存储过程成本。

这个过程跟物料运输过程一样，也不产生任何增值服务，并且整个成本过程与节约过程也与其一致。唯一不同的，也是成本控制最大的一个方面，就是库存。

首先，库存量的多少，直接影响企业的在压资金，它会使企业的资金处于静止状态，使资金价值得不到充分的利用。

其次，与之相关的库存周转率。库存周转率对于企业的库存管理具有非常重要的意义。比如，制造型企业，它的利益是在资金→原材料→产品→销售→资金的循环活动中产生的，如果这种循环很快，也就是周转快时，同额资金下的利益率也越高。因此，在整个产品的存储过程中，要注重库存产品的"健康度"。尽量做到按订单安排生产和定期回顾安全库存；定期统计已备货但未发货的产品清单并推动发货；定期对库存产品的库龄进行统计，分析库龄较高的产品产生的原因，同时推动销售；根据对呆滞品的跟踪，结合生产计划与销售计划推动它的处理。

（7）产品配送过程成本。

按订单要求，企业根据自身的物流特点和所规划的路线，把产品按要求送达客户手中的过程。它所涉及的整个操作成本是《销售出库单》的物流分配、产品的装车搬运过程、物流信息的跟踪及物流运输费用的核算。同一路线的客户在同一天进行前后送货，减少二次运输造成的浪费。但此过程一定会因为资源的问题导致不能满足所有的送货需求，此时需要业务员提供支持，对于不在同一方向或路线的配送客户，做延迟送货的沟通处理。而在产品的装运过程中，设置一定的装运平台及使用合适的工具，能有效地提升整个装卸效率。利于同一个物流信息跟踪系统或平台，能有效地降低因反复沟通所带来的人员成本。

［1］刘宝红．采购与供应链管理［M］．北京：机械工业出版社，2017．

［2］刘宝红．供应链管理［M］．北京：机械工业出版社，2017．

［3］Ronald H Ballou．企业物流管理［M］．王晓东，胡瑞娟，等译．北京：机械工业出版社，2006．

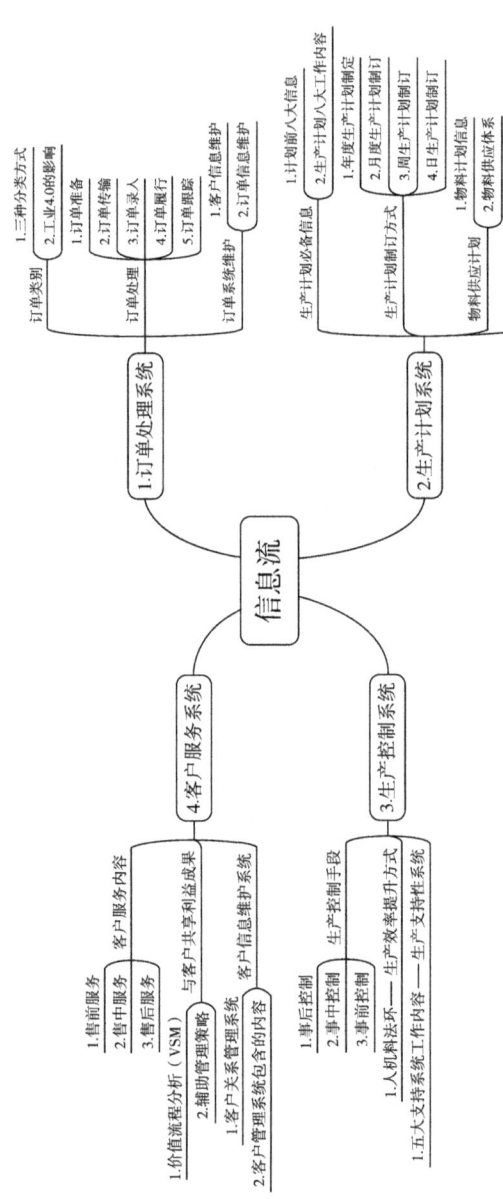

附图一　信息流思维导图

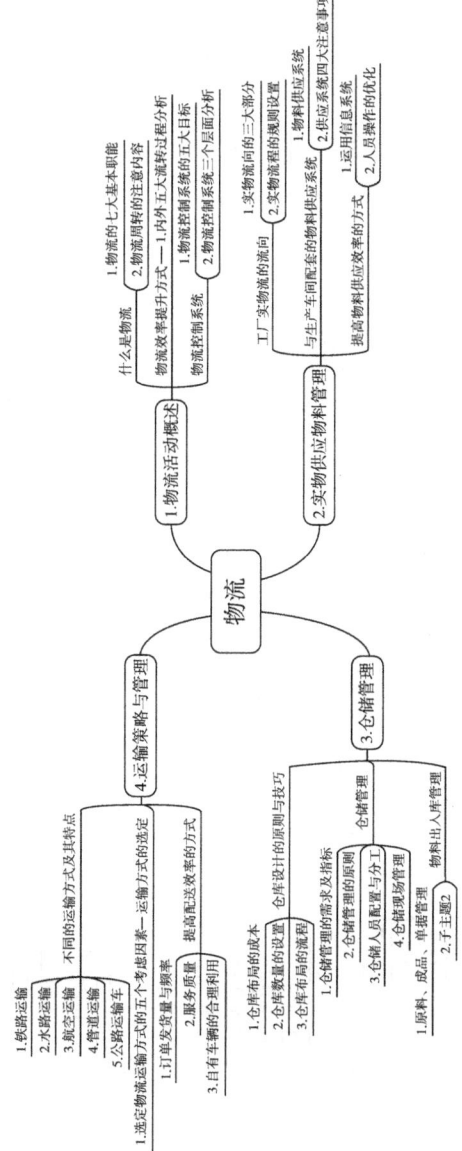

附图二　物流思维导图

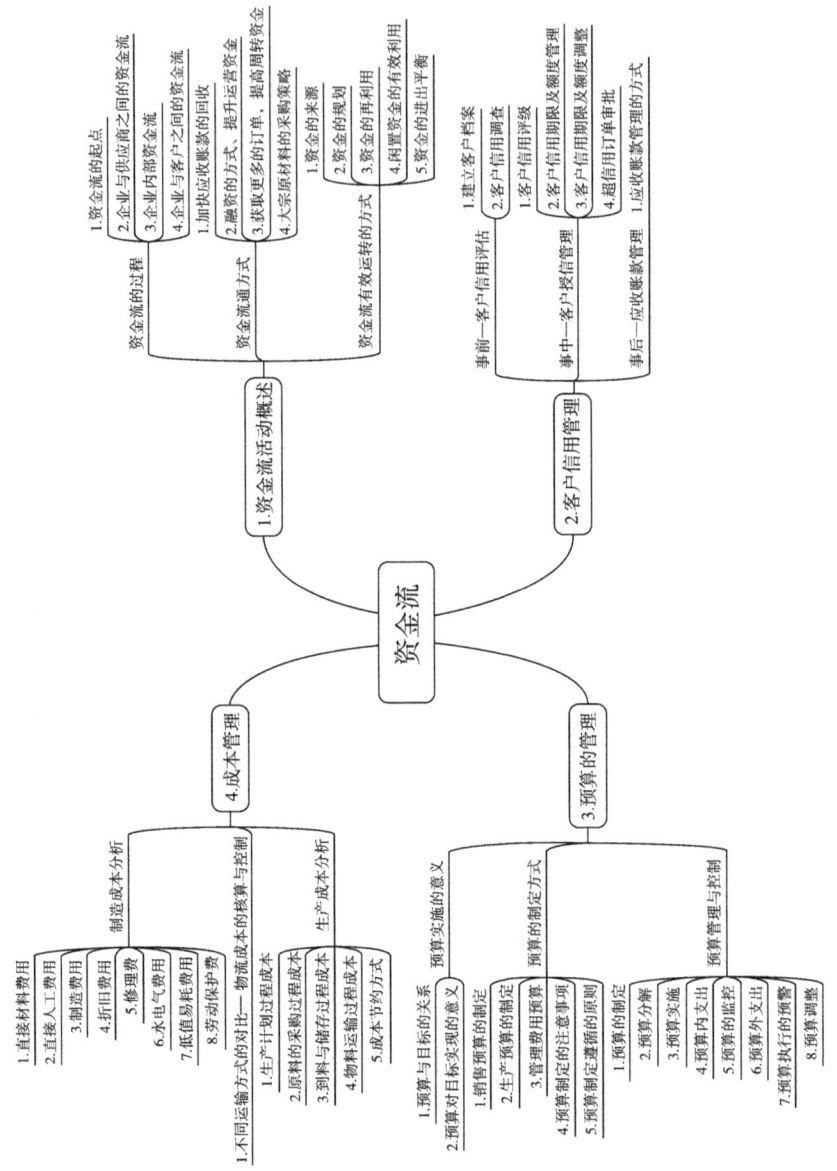

附图三 资金流思维导图

英文缩写词汇解释列表

序号	英文缩写	英文全称	中文全称	备注
1	DCS	Distributed Control System	分布式控制系统	
2	ERP	Enterprise Resource Planning	企业资源计划	
3	MRP Ⅱ	Manufacture Resource Plan	制造资源计划	
4	IT	Information Technology	信息科技	
5	BOM	Bill of Material	物料清单	
6	MTO	Make To Order	按单生产	
7	TPM	Total Productive Maintenance	生产维护	
8	QCC	Quality Control Circles	品管圈	
9	GPS	Global Positioning System	全球定位系统	
10	QC	Quality Control	质量控制	
11	PMC	Production Material Control	生产计划与物料控制	
12	PHA	Process Hazard Analysis	工艺危害分析	
13	6σ	6 Sigma	六西格玛	
14	SPC	Statistical Process Control	统计过程控制	
15	MSA	MeasurementSystemAnalysis	测量系统分析	
16	FMEA	Failure Mode and Effect Analysis	潜在失效模式及后果分析	
17	MPS	Master Production Schedule	主生产计划	
18	6S	6S	整理、整顿、清洁、清扫、安全、素养	

序号	英文缩写	英文全称	中文全称	备注
19	CRM	Customer Relationship Management	客户关系管理	
20	MSDS	Material Safety Data Sheet	化学品安全技术说明书	
21	AGV	Automated Guided Vehicle	自动导引运输车	
22	PDA	Personal Digital Assistant	掌上电脑	

推荐作者得新书！

博瑞森征稿启事

亲爱的读者朋友：

感谢您选择了博瑞森图书！希望您手中的这本书能给您带来实实在在的帮助！

博瑞森一直致力于发掘好作者、好内容，希望能把您最需要的思想、方法，一字一句地交到您手中，成为管理知识与管理实践的桥梁。

但是我们也知道，有很多深入企业一线、经验丰富、乐于分享的优秀专家，或者忙于实战没时间，或者缺少专业的写作指导和便捷的出版途径，只能茫然以待……

还有很多在竞争大潮中坚守的企业，有着异常宝贵的实践经验和独特的洞察，但缺少专业的记录和整理者，无法让企业的经验和故事被更多的人了解、学习……

对读者而言，这些都太遗憾了！

博瑞森非常希望能将这些埋藏的"宝藏"发掘出来，贡献给广大读者，让更多的人从中受益。

所以，我们真心地邀请您，我们的老读者，帮我们搜寻：

推荐作者

可以是您自己或您的朋友，只要对本土管理有实践、有思考；可以是您通过网络、杂志、书籍或其他途径了解的某位专家，不管名气大小，只要他的思想和方法曾让您深受启发。

可以是管理类作品，也可以超出管理，各类优秀的社科作品或学术作品。

推荐企业

可以是您自己所在的企业，或者是您熟悉的某家企业，其创业过程、运营经历、产品研发、机制创新，等等。无论企业大小，只要乐于分享、有值得借鉴书写之处。

总之，好内容就是一切！

博瑞森绝非"自费出书"，出版费用完全由我们承担。您推荐的作者或企业案例一经采用，我们会立刻向您赠送书币 1000 元，可直接换取任何博瑞森图书的纸书或电子书。

感谢您对本土管理原创、博瑞森图书的支持！

推荐投稿邮箱：bookgood@126.com　　推荐手机：13611149991

1120 本土管理实践与创新论坛

这是由 100 多位本土管理专家联合创立的企业管理实践学术交流组织,旨在孵化本土管理思想、促进企业管理实践、加强专家间交流与协作。

论坛每年集中力量办好两件大事:第一,"出一本书",汇聚一年的思考和实践,把最原创、最前沿、最实战的内容集结成册,贡献给读者;第二,"办一次会",每年 11 月 20 日本土管理专家们汇聚一堂,碰撞思想、研讨案例、交流切磋、回馈社会。

论坛理事名单(以年龄为序,以示传承之意)

企业案例·老板传记

	书名．作者	内容/特色	读者价值
企业案例·老板传记	你不知道的加多宝：原市场部高管讲述 曲宗恺　牛玮娜　著	前加多宝高管解读加多宝	全景式解读，原汁原味
	借力咨询：德邦成长背后的秘密 官同良　王祥伍　著	讲述德邦是如何借助咨询公司的力量进行自身与发展的	来自德邦内部的第一线资料，真实、珍贵，令人受益匪浅
	娃哈哈区域标杆：豫北市场营销实录 罗宏文　赵晓萌　等著	本书从区域的角度来写娃哈哈河南分公司豫北市场是怎么进行区域市场营销，成为娃哈哈全国第一大市场、全国增量第一高市场的一些操作方法	参考性、指导性，一线真实资料
	六个核桃凭什么：从0过100亿 张学军　著	首部全面揭秘养元六个核桃裂变式成长的巨著	学习优秀企业的成长路径，了解其背后的理论体系
	像六个核桃一样：打造畅销品的36个简明法则 王　超　范萍　著	本书分上下两篇：包括"六个核桃"的营销战略历程和36条畅销法则	知名企业的战略历程极具参考价值，36条法则提供操作方法
	解决方案营销实战案例 刘祖轲　著	用10个真案例讲明白什么是工业品的解决方案式营销，实战、实用	有干货、真正操作过的才能写得出来
	招招见销量的营销常识 刘文新　著	如何让每一个营销动作都直指销量	适合中小企业，看了就能用
	我们的营销真案例 联纵智达研究院　著	五芳斋粽子从区域到全国/诺贝尔瓷砖门店销量提升/利豪家具出口转内销/汤臣倍健的营销模式	选择的案例都很有代表性，实在、实操！
	中国营销战实录：令人拍案叫绝的营销真案例 联纵智达　著	51个案例，42家企业，38万字，18年，累计2000余人次参与……	最真实的营销案例，全是一线记录，开阔眼界
	双剑破局：沈坤营销策划案例集 沈　坤　著	双剑公司多年来的精选案例解析集，阐述了项目策划中每一个营销策略的诞生过程，策划角度和方法	一线真实案例，与众不同的策划角度令人拍案叫绝、受益匪浅
	宗：一位制造业企业家的思考 杨　涛　著	1993年创业，引领企业平稳发展20多年，分享独到的心得体会	难得的一本老板分享经验的书
	简单思考：AMT咨询创始人自述 孔祥云　著	著名咨询公司（AMT）的CEO创业历程中点点滴滴的经验与思考	每一位咨询人，每一位创业者和管理经营者，都值得一读
	边干边学做老板 黄中强　著	创业20多年的老板，有经验、能写、又愿意分享，这样的书很少	处处共鸣，帮助中小企业老板少走弯路
	三四线城市超市如何快速成长：解密甘雨亭 IBMG国际商业管理集团　著	国内外标杆企业的经验＋本土实践量化数据＋操作步骤、方法	通俗易懂，行业经验丰富，宝贵的行业量化数据，关键思路和步骤
	中国首家未来超市：解密安徽乐城 IBMG国际商业管理集团　著	本书深入挖掘了安徽乐城超市的试验案例，为零售企业未来的发展提供了一条可借鉴之路	通俗易懂，行业经验丰富，宝贵的行业量化数据，关键思路和步骤

互联网＋

	书名．作者	内容/特色	读者价值
互联网＋	新营销 刘春雄　著	新营销的新框架体系是场景是产品逻辑，IP是品牌逻辑，社群是连接逻辑，传播是营销逻辑	助力品牌商实现由传统营销到新营销的理念和行动的跨越，助力企业打赢升级转型之仗
	企业微信营销全指导 孙　巍　著	专门给企业看到的微信营销书，手把手教企业从小白到微信营销专家	企业想学微信营销现在还不晚，两眼一抹黑也不怕，有这本书就够

	书名/作者	内容简介	推荐语
互联网+	**企业网络营销这样做才对:B2B大宗B2C** 张 进 著	简单直白拿来就用,各种窍门信手拈来,企业网络营销不麻烦也不用再头疼,一般人不告诉他	B2B、大宗B2C企业有福了,看了就能学会网络营销
	互联网时代的银行转型 韩友诚 著	以大量案例形式为读者全面展示和分析了银行的互联网金融转型应对之道	结合本土银行转型发展案例的书籍
	正在发生的转型升级·实践 本土管理实践与创新论坛 著	企业在快速变革期所展现出的管理变革新成果,新方法、新案例	重点突出对于未来企业管理相关领域的趋势研判
	触发需求:互联网新营销样本·水产 何足奇 著	传统产业都在苦闷中挣扎前行,本书通过鲜活的案例告诉你如何以需求链整合供应链,从而把大家熟知的传统行业打碎了重构、重做一遍	全是干货,值得细读学习,并且作者的理论已经经过了他亲自操刀的实践检验,效果惊人,就在书中全景展示
	移动互联新玩法:未来商业的格局和趋势 史贤龙 著	传统商业、电商、移动互联,三个世界并存,这种新格局的玩法一定要懂	看清热点的本质,把握行业先机,一本书搞定移动互联网
	微商生意经:真实再现33个成功案例操作全程 伏泓霖 罗晓慧 著	本书为33个真实案例,分享案例主人公在做微商过程中的经验教训	案例真实,有借鉴意义
	阿里巴巴实战运营——14招玩转诚信通 聂志新 著	本书主要介绍阿里巴巴诚信通的十四个基本推广操作,从而帮助使用诚信通的用户及企业更好地提升业绩	基本操作,很多可以边学边用,简单易学
	阿里巴巴实战运营2:诚信通热卖技巧 聂嵘海 著	诚信通TOP商家赚钱的密码箱,手把手教你操作,拿来就用	图文并茂,内容齐全,直接可以对照使用
	抖音营销如何做:未来抖商 刘大贺 著	解密从0到1亿粉丝的实操路径,深度剖析抖音营销全系统策略	企业做抖音营销的第一书
	微商团队长:从入门到精通 罗品牌 著	由浅入深,涵盖微商团队长必学技能的方方面面	只要照着做,就能当好微商团队长
	互联网精准营销 蒋 军 著	怎么在互联网时代整体策划、包装品牌和产品,并在此基础上为企业设计商业模式,技术实现并运营落地	为有基础的小微企业(大企业的新项目)1年实现销售额过亿,2年对接资本,3年左右准IPO
	今后这样做品牌:移动互联时代的品牌营销策略 蒋 军 著	与移动互联紧密结合,告诉你老方法还能不能用,新方法怎么用	今后这样做品牌就对了
	互联网+"变"与"不变":本土管理实践与创新论坛集萃·2016 本土管理实践与创新论坛 著	本土管理领域正在产生自己独特的理论和模式,尤其在移动互联时代,有很多新课题需要本土专家们一起研究	帮助读者拓宽眼界、突破思维
	创造增量市场:传统企业互联网转型之道 刘红明 著	传统企业需要用互联网思维去创造增量,而不是用电子商务去转移传统业务的存量	教你怎么在"互联网+"的海洋中创造实实在在的增量
	重生战略:移动互联网和大数据时代的转型法则 沈 拓 著	在移动互联网和大数据时代,传统企业转型如同生命体打算与再造,称之为"重生战略"	帮助企业认清移动互联网环境下的变化和应对之道
	画出公司的互联网进化路线图:用互联网思维重塑产品、客户和价值 李 蓓 著	18个问题帮助企业一步步梳理出互联网转型思路	思路清晰、案例丰富,非常有启发性
	7个转变,让公司3年胜出 李 蓓 著	消费者主权时代,企业该怎么办	这就是互联网思维,老板有能这样想,肯定倒不了
	跳出同质思维,从跟随到领先 郭 剑 著	66个精彩案例剖析,帮助老板突破行业长期思维惯性	做企业竟然有这么多玩法,开眼界

行业类：零售、白酒、食品/快消品、农业、医药、建材家居等

	书名．作者	内容/特色	读者价值
零售·超市·餐饮·服装	**总部有多强大，门店就能走多远** IBMG 国际商业管理集团 著	如何把总部做强，成为门店的坚实后盾	了解总部建设的方法与经验
	超市卖场定价策略与品类管理 IBMG 国际商业管理集团 著	超市定价策略与品类管理实操案例和方法	拿来就能用的理论和工具
	连锁零售企业招聘与培训破解之道 IBMG 国际商业管理集团 著	围绕零售企业组织架构、培训体系建设等内容进行深刻探讨	破解人才发现和培养瓶颈的关键点
	中国首家未来超市：解密安徽乐城 IBMG 国际商业管理集团 著	介绍了乐城作为中国首家未来超市从无到有的传奇经历	了解新型零售超市的运作方式及管理特色
	三四线城市超市如何快速成长：解密甘雨亭 IBMG 国际商业管理集团 著	揭秘一家三四线连锁超市的经验策略	不但可以欣赏它的优点，而且可以学会它成功的方法
	新零售 新终端 迪智成咨询团队 著	梳理和提炼新零售的系统打法，将之落地在新终端建设上	让新零售这一看似形而上的商业概念有了可以落地的立足点
	新零售动作分解：建材 家居家具 盛斌子 著	第一本锁定在家居建材、家电、家装等耐消费品领域谈新零售的书	第一本谈新零售的具体动作、策略、方法、招术的书，拿来就用
	新零售进化趋势与未来格局 李政权 著	通过业态、品类、体验、场景等，逐一呈现新零售的未来进化	就新零售未来的发展方向与进化趋势给出一个确定性的未来
	涨价也能卖到翻 村松达夫 【日】	提升客单价的 15 种实用、有效的方法	日本企业在这方面非常值得学习和借鉴
	移动互联下的超市升级 联商网专栏频道 著	深度解析超市转型升级重点	帮助零售企业把握全局、看清方向
	手把手教你做专业督导：专卖店、连锁店 熊亚柱 著	从督导的职能、作用，在工作中需要的专业技能、方法，都提供了详细的解读和训练办法，同时附有大量的表单工具	无论是店铺需要统一培训，还是个人想成为优秀的督导，有这一本就够了
	百货零售全渠道营销策略 陈继展 著	没有照本宣科、说教式的絮叨，只有笔者对行业的认知与理解，庖丁解牛式的逐项解析、展开	通俗易懂，花极少的时间快速掌握该领域的知识及趋势
	零售：把客流变成购买力 丁昀 著	如何通过不断升级产品和体验式服务来经营客流	如何进行体验营销，国外的好经营，这方面有启发
	餐饮企业经营策略第一书 吴坚 著	分别从产品、顾客、市场、盈利模式等几个方面，对现阶段餐饮企业的发展提出策略和思路	第一本专业的、高端的餐饮企业经营指导书
	餐饮新营销 杨勇 程绍珊 著	在新环境下，对餐饮营销管理进行了全面深入的解读，提供了方式方法	全面性、系统性，区别于市面上的纯操作类作品
	电影院的下一个黄金十年：开发·差异化·案例 李保煜 著	对目前电影院市场存大的问题及如何解决进行了探讨与解读	多角度了解电影院运营方式及代表性案例
	赚不赚钱靠店长：从懂管理到会经营 孙彩军 著	通过生动的案例来进行剖析，注重门店管理细节方面的能力提升	帮助终端门店店长在管理门店的过程中实现经营思路的拓展与突破
耐消品	**商用车经销商运营实战** 杜建君 王朝阳 章晓青 等著	从管理到经营，从销售到服务，系统化运作全指导	为经销商经营开阔思路，掌握方法
	汽车配件这样卖：汽车后市场销售秘诀 100 条 俞士耀 著	汽配销售业务员必读，手把手教授最实用的方法，轻松得来好业绩	快速上岗，专业实效，业绩无忧

类别	书名/作者	内容	说明
耐消品	润滑油销售：这样说这样做更有效 张金荣　著	针对渠道、经销商、终端的超实用话术	上车看，下车用，3分钟就能学会。
	新经销：新零售时代，教你做大商 黄润霖　著	从选址、产品、促销、团队、规模阐述新经销变与不变的市场手法和操作思路	实地拜访近100位经销商在传统营销手法上的创新、新营销工具的发现
	珠宝黄金新营销 崔德乾　著	营销、品牌、产品、连接、场景、社群、服务、传播、管理及产业价值链	新营销在珠宝行业的实战应用，业内必备第一书
	跟行业老手学经销商开发与管理：家电、耐消品、建材家居 黄润霖　著	全部来源于经销商管理的一线问题，作者用丰富的经验将每一个问题落实到最便捷快速的操作方法上去	书中每一个问题都是普通营销人亲口提出的，这些问题你也会遇到，作者进行的解答则精彩实用
白酒	酒水饮料快消品餐饮渠道营销手册 朱伟杰　著	主要针对快消品(酒水、饮料)的餐饮渠道，提供了区域、商圈、不同业态的规划和促销安排等多种工具，并提出了经销商、批发商等相关人员的管理方法	一本酒水饮料如何在餐饮渠道销售的全能手册，内容深入翔实，可以直接照搬套用，这样的便利简直千金不换
	白酒到底如何卖 赵海永　著	以市场实战为主，多层次、全方位、多角度地阐释了白酒一线市场操作的最新模式和方法，接地气	实操性强，37个方法、6大案例帮你成功卖酒
	变局下的白酒企业重构 杨永华　著	帮助白酒企业从产业视角看清趋势，找准位置，实现弯道超车的书	行业内企业要减少90%，自己在什么位置，怎么做，都清楚了
	1. 白酒营销的第一本书(升级版) 2. 白酒经销商的第一本书 唐江华　著	华泽集团湖南开口笑公司品牌部长，擅长酒类新品推广、新市场拓展	扎根一线，实战
	区域型白酒企业营销必胜法则 朱志明　著	为区域型白酒企业提供35条必胜法则，在竞争中赢销的葵花宝典	丰富的一线经验和深厚积累，实操实用
	10步成功运作白酒区域市场 朱志明　著	白酒区域操盘者必备，掌握区域市场运作的战略、战术、兵法	在区域市场的攻伐防守中运筹帷幄，立于不败之地
	酒业转型大时代：微酒精选2014－2015 微酒　主编	本书分为五个部分：当年大事件、那些酒业营销工具、微酒独立策划、业内大调查和十大经典案例	了解行业新动态、新观点，学习营销方法
快消品·食品	中国快消品营销的这些年 史贤龙　著	作者精华文章的合集，一本书浓缩了过去十五年，中国营销的实战历程与前沿思考	快消品营销行业的案例和方法都原汁原味呈现，在反映当时风貌的同时，展望与反思
	营销中国茶：2小时读懂茶叶营销 史贤龙　著	从不同视角对中国的茶营销进行了思考，内容涉及中国茶产业战略困境、茶企规模化、茶品牌崛起、茶文化、茶营销、茶消费、茶零售、茶道等	内容丰富扎实，文字流畅，浓缩的都是精华，让你2小时读懂茶叶营销
	这样打造快消品标杆市场 罗宏文　著	帮助你解决如何成功打造标杆市场和进行持续增量管理两大问题	一套系统的方法论，通俗易懂，可以直接套用
	5小时读懂快消品营销：中国快消品案例观察 陈海超　著	多年营销经验的一线老手把案例掰开了、揉碎了，从中得出的各种手段和方法给读者以帮助和启发	营销那些事儿的个中秘辛，求人还不一定告诉你，这本书里就有
	快消品招商的第一本书：从入门到精通 刘雷　著	深入浅出，不说废话，有工具方法，通俗易懂	让零基础的招商新人快速学习书中最实用的招商技能，成长为骨干人才
	乳业营销第一书 侯军伟　著	对区域乳品企业生存发展关键性问题的梳理	唯一的区域乳业营销书，区域乳品企业一定要看

快消品·食品	金龙鱼背后的粮油帝国 余 盛 著	讲述金龙鱼品牌及母公司丰益国际的商业冒险故事	在精彩的阅读体验中学到营销管理的方法
	食用油营销第一书 余 盛 著	10多年油脂企业工作经验,从行业到具体实操	食用油行业第一书,当之无愧
	中国茶叶营销第一书 柏 巍 著	如何跳出茶行业"大文化小产业"的困境,作者给出了自己的观察和思考	不是传统做茶的思路,而是现在商业做茶的思路
	调味品企业八大必胜法则 张 戟 著	八大规律性的关键成功要素,背后都有本土调味品企业的成功实践	"观点阐述+案例描述",行业必读
	调味品营销第一书 陈小龙 著	国内唯一一本调味品营销的书	唯一的调味品营销的书,调味品的从业者一定要看
	快消品营销人的第一本书:从入门到精通 刘 雷 伯建新 著	快消行业必读书,从入门到专业	深入细致,易学易懂
	变局下的快消品营销实战策略 杨永华 著	通胀了,成本增加,如何从被动应战变成主动的"系统战"	作者对快消品行业非常熟悉、非常实战
	快消品经销商如何快速做大 杨永华 著	本书完全从实战的角度,评述现象,解析误区,揭示原理,传授方法	为转型期的经销商提供了解决思路,指出了发展方向
	快消品营销:一位销售经理的工作心得2 蒋 军 著	快消品、食品饮料营销的经验之谈,重点图书	来源与实战的精华总结
	快消品营销与渠道管理 谭长春 著	将快消品标杆企业渠道管理的经验和方法分享出来	可口可乐、华润的一些具体的渠道管理经验,实战
	成为优秀的快消品区域经理(升级版) 伯建新 著	用"怎么办"分析区域经理的工作关键点,增加30%全新内容,更贴近环境变化	可以作为区域经理的"速成催化剂"
	销售轨迹:一位快消品营销总监的拼搏之路 秦国伟 著	本书讲述了一个普通销售员打拼成为跨国企业营销总监的真实奋斗历程	激励人心,给广大销售员以力量和鼓舞
	快消老手都在这样做:区域经理操盘锦囊 方 刚 著	非常接地气,全是多年沉淀下来的干货,丰富的一线经验和实操方法不可多得	在市场摸爬滚打的"老油条",那些独家绝招妙招一般你都是问不来的
	动销四维:全程辅导与新品上市 高继中 著	从产品、渠道、促销和新品上市详细讲解提高动销的具体方法,总结作者18年的快消品行业经验,方法实操	内容全面系统,方法实操
农业	饲料营销有方法:策略 案例 工具 陈石平 著	跳出饲料看饲料,根据饲料营销的关键成功要素(KSF)提出7大核心命题	紧跟农牧产业发展大势,提高饲料企业营销竞争力
	新农资如何换道超车 刘祖轲 等著	从农业产业化、互联网转型、行业营销与经营突破四个方面阐述如何让农资企业占领先机、提前布局	南方略专家告诉你如何应对资源浪费、生产效率低下、产能严重过剩、价格与价值严重扭曲等
	中国牧场管理实战:畜牧业、乳业必读 黄剑黎 著	本书不仅提供了来自一线的实际经验,还收入了丰富的工具文档与表单	填补空白的行业必读作品
	中小农业企业品牌战法 韩 旭 著	将中小农业企业品牌建设的方法,从理论讲到实践,具有指导性	全面把握品牌规划,传播推广,落地执行的具体措施
	农资营销实战全指导 张 博 著	农资如何向"深度营销"转型,从理论到实践进行系统剖析,经验资深	朴实、使用! 不可多得的农资营销实战指导
	农产品营销第一书 胡浪球 著	从农业企业战略到市场开拓、营销、品牌、模式等	来源于实践中的思考,有启发
	变局下的农牧企业9大成长策略 彭志雄 著	食品安全、纵向延伸、横向联合、品牌建设……	唯一的农牧企业经营实操的书,农牧企业一定要看

医药	在中国,医药营销这样做:时代方略精选文集 段继东 主编	专注于医药营销咨询 15 年,将医药营销方法的精华文章合编,深入全面	可谓医药营销领域的顶尖著作,医药界读者的必读书
	医药新营销:制药企业、医药商业企业营销模式转型 史立臣 著	医药生产企业和商业企业在新环境下如何做营销?老方法还有没有用?如何寻找新方法?新方法怎么用?本书给你答案	内容非常现实接地气,踏实谈问题说方法
	医药企业转型升级战略 史立臣 著	药企转型升级有 5 大途径,并给出落地步骤及风险控制方法	实操性强,有作者个人经验总结及分析
	新医改下的医药营销与团队管理 史立臣 著	探讨新医改对医药行业的系列影响和医药团队管理	帮助理清思路,有一个框架
	医药营销与处方药学术推广 马宝琳 著	如何用医学策划把"平民产品"变成"明星产品"	有真货、讲真话的作者,堪称处方药营销的经典!
	医药行业大洗牌与药企创新 林延君 沈 斌 著	一方面,围绕着变革,多角度阐述药企的应对之道;另一方面,紧扣实践,介绍近百家医药企业创新实践案例	医改变革 10 年,医药企业如何应对大洗牌?重磅出击的药企人必读书
	新医改了,药店就要这样开 尚 锋 著	药店经营、管理、营销全攻略	有很强的实战性和可操作性
	电商来了,实体药店如何突围 尚 锋 著	电商崛起,药店该如何突围?本书从促销、会员服务、专业性、客单价等多重角度给出了指导方向	实战攻略,拿来就能用
	OTC 医药代表药店销售 36 计 鄢圣安 著	以《三十六计》为线,写 OTC 医药代表向药店销售的一些技巧与策略	案例丰富,生动真实,实操性强
	OTC 医药代表药店开发与维护 鄢圣安 著	要做到一名专业的医药代表,需要做什么、准备什么、知识储备、操作技巧等	医药代表药店拜访的指导手册,手把手教你快速上手
	引爆药店成交率1:店员导购实战 范月明 著	一本书解决药店导购所有难题	情景化、真实化、实战化
	引爆药店成交率2:经营落地实战 范月明 著	最接地气的经营方法全指导	揭示了药店经营的几类关键问题
	引爆药店成交率:专业化销售解决方案 范月明 著	药品搭配分析与关联销售	为药店人专业化助力
	处方药合规推广实战宝典 赵佳震 著	推广体系搭建、推广人员岗位工作内容、推广服务外包商管理等六个方面	解决"医药代表转型"和"推广服务外包商管理"的困惑
	医药代理商实操全指导:新环境 新战法 戴文杰 著	结合医药市场政策环境解读新环境下医药招商的战法,着重分析药品产业链的盈利机会	医药销售业务人员的必备读物
	攻略基层诊所:医药营销这样做 张江民 著	对基层诊所的开发、维护和动销,拿来就用的方式方法	实战是本书的主旨,只要用心去看,就能在基层诊所市场中运用
	互联网医药的未来 动脉网 编著	介绍了互联网医药发展的现状与趋势	帮助创业者和投资人看清未来,把握当下
	处方药零售这样做 田 军 著	阐述了处方药零售的重要性,以及做处方药零售市场的具体措施和方法	系统性了解和掌握处方药零售方法
建材家居	成为最赚钱的家具建材经销商 李治江 著	从销售模式、产品、门店等老板们最关注和最需要的方面解决问题、提供方法	只要你是建材、家具、家居用品的经销商老板,这就是一本必读的书
	定制家居黄金十年 韩 锋 翁长华 著	梳理了定制家居的商业模式和发展情况	帮助定制家居看清方向,把握当下
	家具建材促销与引流 薛 亮 李永峰 著	十大促销模式的详细方法和工具	让你天天签大单

建材家居	**家具行业操盘手** 王献永　著	家具行业问题的终结者	解决了干家具还有没有前途？为什么同城多店的家具经销商很难做大做强等问题
	建材家居营销:除了促销还能做什么 孙嘉晖　著	一线老手的深度思考,告诉你在建材家居营销模式基本停滞的今天,除了促销,营销还能怎么做	给你的想法一场革命
	建材家居营销实务 程绍珊　杨鸿贵　主编	价值营销运用到建材家居,每一步都让客户增值	有自己的系统、实战
	家居建材门店6力爆破 贾同领　著	合盘道出一线品牌销量秘籍	6力招招见血,既有招数,又有策略
	建材家居门店销量提升 贾同领　著	店面选址、广告投放、推广助销、空间布局、生动展示、店面运营等	门店销量提升是一个系统工程,非常系统、实战
	10步成为最棒的建材家居门店长 徐伟泽　著	实际方法易学易用,让员工能够迅速成长,成为独当一面的好店长	只要坚持这样干,一定能成为好店长
	手把手帮建材家居导购业绩倍增:成为顶尖的门店店员 熊亚柱　著	生动的表现形式,让普通人也能成为优秀的导购员,让门店业绩长红	读着有趣,用着简单,一本在手、业绩无忧
	建材家居经销商实战42章经 王庆云　著	告诉经销商:老板怎么当、团队怎么带、生意怎么做	忠言逆耳,看着不舒服就对了,实战总结,用一招半式就值了
工业品	**销售是门专业活:B2B、工业品** 陆和平　著	销售流程就应该跟着客户的采购流程和关注点的变化向前推进,将一个完整的销售过程分成十个阶段,提供具体方法	销售不是请客吃饭拉关系,是个专业的活计!方法在手,走遍天下不愁
	解决方案营销实战案例 刘祖轲　著	用10个真案例讲明白什么是工业品的解决方案式营销,实战、实用	有干货,真正操作过的才能写得出来
	变局下的工业品企业7大机遇 叶敦明　著	产业链条的整合机会、盈利模式的复制机会、营销红利的机会、工业服务商转型机会……	工业品企业还可以这样做,思维大突破
	工业品市场部实战全指导 杜忠　著	工业品市场部经理工作内容全指导	系统、全面、有理论、有方法,帮助工业品市场部经理更快提升专业能力
	工业品营销管理实务 李洪道　著	中国特色工业品营销体系的全面深化、工业品营销管理体系优化升级	工具更实战,案例更鲜活,内容更深化
	工业品企业如何做品牌 张东利　著	为工业品企业提供最全面的品牌建设思路	有策略、有方法、有思路、有工具
	丁兴良讲工业4.0 丁兴良　著	没有枯燥的理论和说教,用朴实直白的语言告诉你工业4.0的全貌	工业4.0是什么?本书告诉你答案
	资深大客户经理:策略准,执行狠 叶敦明　著	从业务开发、发起攻势、关系培育、职业成长四个方面,详述了大客户营销的精髓	满满的全是干货
	两化融合管理系统贯标流程与方法 戴勇　张华杰　张百荣　编著	全面梳理贯标流程和方法	帮助企业成功贯标
	一切都为了订单:订单驱动下的工业品营销实战 唐道明　著	其实,所有的企业都在围绕着两个字在开展全部的经营和管理工作,那就是"订单"	开发订单、满足订单、扩大订单。本书全是实操方法,字字珠玑、句句干货,教你获得营销的胜利
金融	**交易心理分析** (美)马克·道格拉斯　著 刘真如　译	作者一语道破赢家的思考方式,并提供了具体的训练方法	不愧是投资心理的第一书,绝对经典
	精品银行管理之道 崔海鹏　何屹　主编	中小银行转型的实战经验总结	中小银行的教材很多,实战类的书很少,可以看看

	书名·作者	内容/特色	读者价值
金融	支付战争 Eric M. Jackson 著 徐 彬 王 晓 译	PayPal 创业期营销官，亲身讲述 PayPal 从诞生到壮大到成功出售的整个历史	激烈、有趣的内幕商战故事！了解美国支付市场的风云巨变
	中外并购名著专业阅读指南 叶兴平 等著	在 5000 多本并购类图书中精选的 200 著作，在阅读的基础上写的读书评价	精挑细选 200 本并一一评介，省去读者挑选的烦恼，快捷、高效
	新三板信息披露全流程：操作与工具 和珩科技 著	详细拆解董秘日常工作过程中所需的信息披露流程	董秘案头必备用书
	成功并购 300 本：一本书搞定并购难题 浩德军师并购联盟 著	从财务，税务，法律等角度详细解答疑问	能解决 80% 的并购问题
	互联网时代的银行转型 韩友诚 著	以大量案例形式为读者全面展示和分析了银行的互联网金融转型应对之道	结合本土银行转型发展案例的书籍
房地产	产业园区/产业地产规划、招商、运营实战 阎立忠 著	目前中国第一本系统解读产业园区和产业地产建设运营的实战宝典	从认知、策划、招商到运营全面了解地产策划
	人文商业地产策划 戴欣明 著	城市与商业地产战略定位的关键是不可复制性，要发现独一无二的"味道"	突破千城一面的策划困局
	中国城市群房地产投资策略 吕俊博 著	全方位、多角度分析城市群房地产现状是趋势	让亿元资产投资更理性、更安全
	电影院的下一个黄金十年：开发·差异化·案例 李保煜 著	对目前电影院市场存大的问题及如何解决进行了探讨与解读	多角度了解电影院运营方式及代表性案例
能源	全能型班组：城市能源互联网与电力班组升级 国网天津市电力公司 编著	借鉴国内外优秀企业的转型升级思路，通过对于新型班组组织模式和运行机制的大胆设想，力图构建充分适应内外环境变化的全能型班组	看看庞大的国企在新环境下是如何顺应时代的
	国网天津电力全能型班组建设实务 国网天津市电力公司 编著	本书聚焦于天津电力公司在探索全能型班组转型升级时的优秀实践	电力行业的班组实践，具体、可操作性强

经营类：企业如何赚钱，如何抓机会，如何突破，如何"开源"

	书名·作者	内容/特色	读者价值
抓方向	让经营回归简单·升级版 宋新宇 著	化繁为简抓住经营本质：战略、客户、产品、员工、成长	经典，做企业就这几个关键点！
	混沌与秩序Ⅰ：变革时代企业领先之道 混沌与秩序Ⅱ：变革时代管理新思维 彭剑锋 尚艳玲 主编	汇集华夏基石专家团队 10 年来研究成果，集中选择了其中的精华文章编纂成册	作者都是既有深厚理论积淀又有实践经验的重磅专家，为中国企业和企业家的未来提出了高屋建瓴的观点
	活系统：跟任正非学当老板 孙行健 尹 贤 著	以任正非的独到视角，教企业老板如何经营公司	看透公司经营本质，激活企业活力
	重构：快消品企业重生之道 杨永华 著	从 7 个角度，帮助企业实现系统性的改造	提供转型思想与方法，值得参考
	公司由小到大要过哪些坎 卢 强 著	老板手里的一张"企业成长路线图"	现在我在哪儿，未来还要走哪些路，都清楚了
	企业二次创业成功路线图 夏惊鸣 著	企业曾经抓住机会成功了，但下一步该怎么办？	企业怎样获得第二次成功，心里有个大框架了
	老板经理人双赢之道 陈 明 著	经理人怎养选平台、怎么开局，老板怎样选/育/用/留	老板生闷气，经理人牢骚大，这次知道该怎么办了

抓方向	简单思考：AMT 咨询创始人自述 孔祥云　著	著名咨询公司（AMT）的 CEO 创业历程中点点滴滴的经验与思考	每一位咨询人，每一位创业者和管理经营者，都值得一读
	企业文化的逻辑 王祥伍　黄健江　著	为什么企业绩效如此不同，解开绩效背后的文化密码	少有的深刻，有品质，读起来很流畅
	使命驱动企业成长 高可为　著	钱能让一个人今天努力，使命能让一群人长期努力	对于想做事业的人，'使命'是绕不过去的
思维突破	盈利原本就这么简单 高可为　著	从财务的角度揭示企业盈利的秘密	多方面解读商业模式与盈利的关系，通俗易懂，受益匪浅
	经营：打造你的盈利系统 高可为　著	从盈利角度梳理了系统化的经营方式	让企业掌舵者把控经营全局
	创模式：23 个行业创新案例 段传敏　著	23 位行业精英的创新对话	创业者、转型者的实战参考
	企业良性成长：用顶层设计突破瓶颈 刘建兆　著	全方位介绍企业顶层设计的方法和思路	帮助企业用顶层设计突破成长瓶颈
	移动互联新玩法：未来商业的格局和趋势 史贤龙　著	传统商业、电商、移动互联，三个世界并存，这种新格局的玩法一定要懂	看清热点的本质，把握行业先机，一本书搞定移动互联网
	画出公司的互联网进化路线图：用互联网思维重塑产品、客户和价值 李蓓　著	18 个问题帮助企业一步步梳理出互联网转型思路	思路清晰、案例丰富，非常有启发性
	重生战略：移动互联网和大数据时代的转型法则 沈拓　著	在移动互联网和大数据时代，传统企业转型如同生命体打算与再造，称之为"重生战略"	帮助企业认清移动互联网环境下的变化和应对之道
	创造增量市场：传统企业互联网转型之道 刘红明　著	传统企业需要用互联网思维去创造增量，而不是用电子商务去转移传统业务的存量	教你怎么在"互联网＋"的海洋中创造实实在在的增量
	7 个转变，让公司 3 年胜出 李蓓　著	消费者主权时代，企业该怎么办	这就是互联网思维，老板有能这样想，肯定倒不了
	跳出同质思维，从跟随到领先 郭剑　著	66 个精彩案例剖析，帮助老板突破行业长期思维惯性	做企业竟然有这么多玩法，开眼界
	互联网＋"变"与"不变"：本土管理实践与创新论坛集萃・2016 本土管理实践与创新论坛　著	加速本土管理思想的孕育诞生，促进本土管理创新成果更好地服务企业、贡献社会	各个作者本年度最新思想，帮助读者拓宽眼界、突破思维
	消费升级：实践　研究（文集） 本土管理实践与创新论坛　著	38 位管理专家及 7 位学者的精华思想，从经营、管理、行业及思想研究四个方面阐述中国企业在消费升级下的实践与研究	思想启发，行业借鉴
财务	写给企业家的公司与家庭财务规划——从创业成功到富足退休 周荣辉　著	本书以企业的发展周期为主线，写各阶段企业与企业主家庭的财务规划	为读者处理人生各阶段企业与家庭的财务问题提供建议及方法，让家庭成员真正享受财富带来的益处
	互联网时代的成本观 程翔　著	本书结合互联网时代提出了成本的多维观，揭示了多维组合成本的互联网精神和大数据特征，论述了其产生背景、实现思路和应用价值	在传统成本观下为盈利的业务，在新环境下也许就成为亏损业务。帮助管理者从新的角度来看待成本，进一步做好精益管理

	书名·作者	内容/特色	读者价值
财务	财报背后的投资机会 蒋 豹 著	以具体的公司案例分析,教你迅速看出财务报表与企业经营的关系、所反映的企业经营现状,从而找到投资机会	前四大会计所员工为读者解密财报,发现投资机会

管理类:效率如何提升,如何实现经营目标,如何"节流"

	书名·作者	内容/特色	读者价值
通用管理	让管理回归简单·升级版 宋新宇 著	从目标、组织、决策、授权、人才和老板自己层面教你怎样做管理	帮助管理抓住管理的要害,让管理变得简单
	让经营回归简单·升级版 宋新宇 著	从战略、客户、产品、员工、成长、经营者自身等七个方面,归纳总结出简单有效的经营法则	总结出的真正优秀企业的成功之道:简单
	让用人回归简单 宋新宇 著	从用人的原则、用人的难题与误区、用人的方法和用人者的修炼四大方面,总结出适合中小企业做好人才管理工作的法则	帮助管理者抓住用人的要害,让用人变得简单
	历史深处的管理智慧1:组织建设与用人之道 刘文瑞 著	对历史之典故、政事、人事、政制进行管理解析,鉴照企业人才的选用育留	推动理论与实践的对接,实现理性与情感的渗透,用中国话语说明管理智慧
	历史深处的管理智慧2:战略决策与经营运作 刘文瑞 著	对历史之典故、政事、人事、政制进行管理解析,鉴照企业战略设计与经营实践	推动理论与实践的对接,实现理性与情感的渗透,用中国话语说明管理智慧
	历史深处的管理智慧3:领导修炼与文化素养 刘文瑞 著	对历史之典故、政事、人事、政制进行管理解析,鉴照企业领导职业能力提升与文化修养	推动理论与实践的对接,实现理性与情感的渗透,用中国话语说明管理智慧
	管理的尺度 刘文瑞 著	对管理中的种种普遍性问题进行了批评	提高把握管理尺度的能力
	管理学在中国 刘文瑞 著	系统性介绍了管理学在中国的发展和演变	了解管理学在中国的发展脉络,更清晰理解管理学的本质
	看电影,懂管理 刘文瑞 著	16部经典电影,带你感悟管理智慧	能够帮助读者放松身心,驰骋想象,在不知不觉中增长智慧
	管理:以规则驾取人性 王春强 著	详细解读企业规则的制定方法	从人与人博弈角度提升管理的有效性
	打造集成供应链:走出挂一漏十的改善困境 王春强 著	详解集成供应链全过程	帮助企业优化供应链管理
	用好骨干员工:关键人才培养与激励 王 敏 著	系统化分享关键人才打造与激励方法	企业能实在用人的最大化价值
	改变世界的管理学大师1:管理学的前世今生 刘文瑞 编著	介绍了古典管理学时期的大师事迹和思想	深入了解管理大师们的思想和智慧
	成为企业欢迎的咨询师 张国祥 著	从调研到落地,手把手教你咨询流程	不走弯路,方便直接的学到老咨询师的套路
	员工心理学超级漫画版 邢雷 著	以漫画的形式深度剖析员工心理	帮助管理者更了解员工,从而更轻松地管理员工
	老板有想法,高层有干法:企业中的将帅之道 王清华 著	深入剖析老板与高管的异同	各司其职,各行其是,相辅相成
	分股合心:股权激励这样做 段磊 周剑 著	通过丰富的案例,详细介绍了股权激励的知识和实行方法	内容丰富全面、易读易懂,了解股权激励,有这一本就够了
	边干边学做老板 黄中强 著	创业20多年的老板,有经验、能写、又愿意分享,这样的书很少	处处共鸣,帮助中小企业老板少走弯路

通用管理	成为敏感而体贴的公司 王　涛　著	本书为作者对企业的观察和冥想的随笔记录。从生活中的一个现象入手,进而探索现象背后的本质	从全新角度认识公司
	中国企业的觉醒:正直　善良　成长 王　涛　著	围绕着企业人如何发生转化展开,对中国人、中国文化及由此导致的企业现状的观察和思考	企业除了要利润,还需要道德
	有意识的思考:轻松化解问题的7个思考习惯 王　涛　著	本书是对思想、思考过程、思考方式进行的细致观察	养成好的思考习惯,更深刻地看问题
	中国式阿米巴落地实践之从交付到交易 胡八一　著	本书主要讲述阿米巴经营会计,"从交付到交易",这是成功实施了阿米巴的标志	阿米巴经营会计的工作是有逻辑关联的,一本书就能搞定
	中国式阿米巴落地实践之激活组织 胡八一　著	重点讲解如何科学划分阿米巴单元,阐述划分的实操要领、思路、方法、技术与工具	最大限度减少"推行风险"和"摸索成本",利于公司成功搭建适合自身的个性化阿米巴经营体系
	中国式阿米巴落地实践之持续盈利 胡八一　著	把企业做成平台,企业才能做大(格局);把平台做成阿米巴,企业才能做强(专业);把阿米巴做成合伙制,企业才能做久(机制)	中国式阿米巴落地实践三部曲的最后一部,告诉你企业如何做大做强做久
	集团化企业阿米巴实战案例 初勇钢　著	一家集团化企业阿米巴实施案例	指导集团化企业系统实施阿米巴
	阿米巴经营的中国模式 李志华　著	让员工从"要我干"到"我要干",价值量化出来	阿米巴在企业如何落地,明白思路了
	欧博心法:好管理靠修行 曾　伟　著	用佛家的智慧,深刻剖析管理问题,见解独到	如果真的有'中国式管理',曾老师是其中标志性人物
	领导这样点燃你的下属 孟广桥　著	领导者如何才能让员工积极主动地工作?如何让你的员工和下属保持工作的热情,自动自发?看了这本书就知道	只要你希望手下的"兵将"永远充满工作的斗志,这本书将使你获益良多
流程管理	1. 用流程解放管理者 2. 用流程解放管理者2 张国祥　著	中小企业阅读的流程管理、企业规范化的书	通俗易懂,理论和实践的结合恰到好处
	跟我们学建流程体系 陈立云　著	畅销书《跟我们学做流程管理》系列,更实操,更极致,更深入	更多地分享实践,分享感悟,从实践总结出来的方法论
	人人都要懂流程 金国华　余雅丽　著	当前各企业流程管理方面最为典型的痛点现象及问题案例	通俗易懂,适合企业全员阅读
质量管理	IATF16949质量管理体系详解与案例文件汇编:TS16949转版IATF16949:2016 谭洪华　著	针对IATF的新标准做了详细的解说,同时指出了一些推行中容易犯的错误,提供了大量的表单、案例	案例、表单丰富,拿来就用
	五大质量工具详解及运用案例:APQP/FMEA/PPAP/MSA/SPC 谭洪华　著	对制造业必备的五大质量工具中每个文件的制作要求、注意事项、制作流程、成功案例等进行了解读	通俗易懂、简便易行,能真正实现学以致用
	ISO9001:2015新版质量管理体系详解与案例文件汇编 谭洪华　著	紧密围绕2015年新版质量管理体系文件逐条详细解读,并提供可以直接套用的案例工具,易学易上手	企业质量管理认证、内审必备
	ISO14001:2015新版环境管理体系详解与案例文件汇编 谭洪华　著	紧密围绕2015年新版环境管理体系文件逐条详细解读,并提供可以直接套用的案例工具,易学易上手	企业环境管理认证、内审必备

质量管理	ISO9001:2015 完整文件汇编:制造业 贺红喜 著	按照 ISO9001 标准并超出标准的要求,提供了一套完整的制造业的质量管理体系文件	原汁原味完整收入,直接可以拿来就用
	SA8000:2014 社会责任管理体系认证实战 吕 林 著	作者根据自己的操作经验,按认证的流程,以相关案例进行说明 SA8000 认证体系	简单,实操性强,拿来就能用
	精益质量管理实战工具 贺小林 著	制造类企业日常工作中所需要的精益管理工具的归纳整理,并进行案例操作的细致分析	可以直接参考,实际解决生产中的具体问题
战略落地	重生——中国企业的战略转型 施 炜 著	从前瞻和适用的角度,对中国企业战略转型的方向、路径及策略性举措提出了一些概要性的建议和意见	对企业有战略指导意义
	公司大了怎么管:从靠英雄到靠组织 AMT 金国华 著	第一次详尽阐释中国快速成长型企业的特点、问题及解决之道	帮助快速成长型企业领导及管理团队理清思路,突破瓶颈
	低效会议怎么改:每年节省一半会议成本的秘密 AMT 王玉荣 著	教你如何系统规划公司的各级会议,一本工具书	教会你科学管理会议的办法
	年初订计划,年尾有结果:战略落地七步成诗 AMT 郭晓 著	7 个步骤教会你怎么让公司制定的战略转变为行动	系统规划,有效指导计划实现
人力资源	HRBP 是这样炼成的之"菜鸟起飞" 新 海 著	以小说的形式,具体解析 HRBP 的职责,应该如何操作,如何为业务服务	实践者的经验分享,内容实务具体,形式有趣
	HRBP 是这样炼成的之中级修炼 新 海 著	本书以案例故事的方式,介绍了 HRBP 在实际工作中碰到的问题和挑战	书中的 HR 解决方案讲究因时因地制宜、简单有效的原则,重在启发读者思路,可供各类企业 HRBP 借鉴
	HRBP 是这样炼成的之高级修炼 新 海 著	以故事的形式,展现了 HRBP 工作者在职业发展路上的层层深入和递进	为读者提供 HRBP 在实际工作中遇到种种问题的解决方案
	新任 HR 高管如何从 0 到 1 黄渊明 著	全景式展现新任高管华丽转身全过程	助力新任高管安全着陆
	HR 的劳动法内参 李皓楠 著	100 个劳动法案例和分析	轻松掌握劳动法知识,方便运用
	把面试做到极致:首席面试官的人才甄选法 孟广桥 著	作者用自己几十年的人力资源经验总结出的一套实用的确定岗位招聘标准、提升面试官技能素质的简便方法	面试官必备,没有空泛理论,只有巧妙的实操技能
	人力资源体系与 e-HR 信息化建设 刘书生 陈 莹 王美佳 著	将作者经历的人力资源管理变革、人力资源管理信息化咨询项目方法论、工具和成果全面展现给读者,使大家能够将其快速应用到管理实践中	系统性非常强,没有废话,全部是浓缩的干货
	回归本源看绩效 孙 波 著	让绩效回顾"改进工具"的本源,真正为企业所用	确实是来源于实践的思考,有共鸣
	世界 500 强资深培训经理人教你做培训管理 陈 锐 著	从 7 大角度具体细致地讲解了培训管理的核心内容	专业、实用、接地气

人力资源	**曹子祥教你做激励性薪酬设计** 曹子祥 著	以激励性为指导,系统性地介绍了薪酬体系及关键岗位的薪酬设计模式	深入浅出,一本书学会薪酬设计
	曹子祥教你做绩效管理 曹子祥 著	复杂的理论通俗化,专业的知识简单化,企业绩效管理共性问题的解决方案	轻松掌握绩效管理
	把招聘做到极致 远 鸣 著	作为世界 500 强高级招聘经理,作者数十年招聘经验的总结分享	带来职场思考境界的提升和具体招聘方法的学习
	人才评价中心·超级漫画版 邢 雷 著	专业的主题,漫画的形式,只此一本	没想到一本专业的书,能写成这效果
	走出薪酬管理误区 全怀周 著	剖析薪酬管理的 8 大误区,真正发挥好枢纽作用	值得企业深读的实用教案
	集团化人力资源管理实践 李小勇 著	对搭建集团化的企业很有帮助,务实,实用	最大的亮点不是理论,而是结合实际的深入剖析
	我的人力资源咨询笔记 张 伟 著	管理咨询师的视角,思考企业的 HR 管理	通过咨询师的眼睛对比很多企业,有启发
	本土化人力资源管理 8 大思维 周 剑 著	成熟 HR 理论,在本土中小企业实践中的探索和思考	对企业的现实困境有真切体会,有启发
企业文化	**36 个拿来就用的企业文化建设工具** 海融心胜 主编	数十个工具,为了方便拿来就用,每一个工具都严格按照工具属性、操作方法、案例解读划分、实用、好用	企业文化工作者的案头必备书,方法都在里面,简单易操作
	企业文化建设超级漫画版 邢 雷 著	以漫画的形式系统教你企业文化建设方法	轻松易懂好操作
	华夏基石方法:企业文化落地本土实践 王祥伍 谭俊峰 著	十年积累、原创方法、一线资料,和盘托出	在文化落地方面真正有洞察,有实操价值的书
	企业文化的逻辑 王祥伍 著	为什么企业之间如此不同,解开绩效背后的文化密码	少有的深刻,有品质,读起来很流畅
	企业文化激活沟通 宋杼宸 安 琪 著	透过新任 HR 总经理的眼睛,揭示出沟通与企业文化的关系	有实际指导作用的文化落地读本
	在组织中绽放自我:从专业化到职业化 朱仁健 王祥伍 著	个人如何融入组织,组织如何助力个人成长	帮助企业员工快速认同并投入到组织中去,为企业发展贡献力量
	企业文化定位·落地一本通 王明胤 著	把高深枯燥的专业理论创建成一套系统化、实操化、简单化的企业文化缔造方法	对企业文化不了解,不会做?有这一本从概念到实操,就够了
生产管理	**精益思维:中国精益如何落地** 刘承元 著	笔者二十余年企业经营和咨询管理的经验总结	中国企业需要灵活运用精益思维,推动经营要素与管理机制的有机结合,推动企业管理向前发展
	300 张现场图看懂精益 5S 管理 乐 涛 编著	5S 现场实操详解	案例图解,易懂易学
	高员工流失率下的精益生产 余伟辉 著	中国的精益生产必须面对和解决高员工流失率问题	确实来源于本土的工厂车间,很务实
	车间人员管理那些事儿 岑立聪 著	车间人员管理中处理各种"疑难杂症"的经验和方法	基层车间管理者最闹心、头疼的事,'打包'解决

生产管理	1. 欧博心法:好管理靠修行 2. 欧博心法:好工厂这样管 曾 伟 著	他是本土最大的制造业管理咨询机构创始人,他从400多个项目、上万家企业实践中锤炼出的欧博心法	中小制造型企业,一定会有很强的共鸣
	欧博工厂案例1:生产计划管控对话录 欧博工厂案例2:品质技术改善对话录 欧博工厂案例3:员工执行力提升对话录 曾 伟 著	最典型的问题、最详尽的解析,工厂管理9大问题27个经典案例	没想到说得这么细,超出想象,案例很典型,照搬都可以了
	工厂管理实战工具 欧博企管 编著	以传统文化为核心的管理工具	适合中国工厂
	苦中得乐:管理者的第一堂必修课 曾 伟 编著	曾伟与师傅大愿法师的对话,佛学与管理实践的碰撞,管理禅的修行之道	用佛学最高智慧看透管理
	比日本工厂更高效1:管理提升无极限 刘承元 著	指出制造型企业管理的六大积弊;颠覆流行的错误认知;掌握精益管理的精髓	每一个企业都有自己不同的问题,管理没有一剑封喉的秘笈,要从现场、现物、现实出发
	比日本工厂更高效2:超强经营力 刘承元 著	企业要获得持续盈利,就要开源和节流,即实现销售最大化,费用最小化	掌握提升工厂效率的全新方法
	比日本工厂更高效3:精益改善力的成功实践 刘承元 著	工厂全面改善系统有其独特的目的取向特征,着眼于企业经营体质(持续竞争力)的建设与提升	用持续改善力来飞速提升工厂的效率,高效率能够带来意想不到的高效益
	3A顾问精益实践1:IE与效率提升 党新民 苏迎斌 蓝旭日 著	系统的阐述了IE技术的来龙去脉以及操作方法	使员工与企业持续获利
	3A顾问精益实践2:JIT与精益改善 肖志军 党新民 著	只在需要的时候,按需要的量,生产所需的产品	提升工厂效率
	化工企业工艺安全管理实操 黄 娜 编著	化工企业工艺安全管理全指导	帮助企业树立安全意识,强化安全管理方法
	手把手教你做专业的生产经理 黄 娜 著	物流、信息流、资金流,让生产经理管理有抓手	从菜鸟到能把控全局
员工素质提升	TTT培训师精进三部曲(上):深度改善现场培训效果 廖信琳 著	现场把控不用慌,这里有妙招一用就灵	课程现场无论遇到什么样的情况都能游刃有余
	TTT培训师精进三部曲(中):构建最有价值的课程内容 廖信琳 著	这样做课程内容,学员有收获培训师也有收获	优质的课程内容是树立个人品牌的保证
	TTT培训师精进三部曲(下):职业功力沉淀与修为提升 廖信琳 著	从内而外提升自己,职业的道路一帆风顺	走上职业TTT内训师的康庄大道
	培训师,如何让你的事业长青:自我管理的10项法则 廖信琳 著	建立了一套完整的培训师自我管理体系,为培训师的职业成长与发展提供有益的指引	培训师如何在自己的职业道路上越走越高,事业长青,一直有所收获与成长?本书将给你答案
	管理咨询师的第一本书:百万年薪 千万身价 熊亚柱 著	从问题出发,发现问题、分析问题、解决问题,让两眼一抹黑的新人快速成长	管理咨询师初入职场,让这本书开启百万年薪之路

	书名·作者	内容/特色	读者价值
员工素质提升	手把手教你做专业督导:专卖店、连锁店 熊亚柱 著	从督导的职能、作用,在工作中需要的专业技能、方法,都提供了详细的解读和训练办法,同时附有大量的表单工具	无论是店铺需要统一培训,还是个人想成为优秀的督导,有这一本就够了
	跟老板"偷师"学创业 吴江萍 余晓雷 著	边学边干,边观察边成长,你也可以当老板	不同于其他类型的创业书,让你在工作中积累创业经验,一举成功
	销售轨迹:一位快消品营销总监的拼搏之路 秦国伟 著	本书讲述了一个普通销售员打拼成为跨国企业营销总监的真实奋斗历程	激励人心,给广大销售员以力量和鼓舞
	在组织中绽放自我:从专业化到职业化 朱仁健 王祥伍 著	个人如何融入组织,组织如何助力个人成长	帮助企业员工快速认同并投入到组织中去,为企业发展贡献力量
	企业员工弟子规:用心做小事,成就大事业 贾同领 著	从传统文化《弟子规》中学习企业中为人处事的办法,从自身做起	点滴小事,修养自身,从自身的改善得到事业的提升
	手把手教你做顶尖企业内训师:TTT培训师宝典 熊亚柱 著	从课程研发到现场把控、个人提升都有涉及,易读易懂,内容丰富全面	想要做企业内训师的员工有福了,本书教你如何抓住关键,从入门到精通
	28天速成文案高手 秦士 安丽 著	解构优秀品牌和出彩文案背后的逻辑,28天循序渐进成为文案高手	让优质文案变成"智慧工厂"般的工序管理与稳定出品
	让投诉顾客满意离开:客户投诉应对与管理 孟广桥 著	立足于投诉处理的实践,剖析了不同投诉者投诉的特点和应对措施,并提供各种技巧方法、赢得客户信赖所需培养的品质修炼、处理投诉应掌握的法律法规等工具	是投诉处理人员适应岗位职能需要、提升工作技能的良师益友,是企业变诉为金、培养业务骨干的法宝

营销类:把客户需求融入企业各环节,提供"客户认为"有价值的东西

	书名·作者	内容/特色	读者价值
营销模式	精品营销战略 杜建君 著	以精品理念为核心的精益战略和营销策略	用精品思维赢得高端市场
	变局下的营销模式升级 程绍珊 叶宁 著	客户驱动模式、技术驱动模式、资源驱动模式	很多行业的营销模式被颠覆,调整的思路有了!
	动销操盘:节奏掌控与社群时代新战法 朱志明 著	在社群时代把握好产品生产销售的节奏,解析动销的症结,寻找动销的规律与方法	都是易读易懂的干货!对动销方法的全面解析和操盘
	弱势品牌如何做营销 李政权 著	中小企业虽有品牌但没名气,营销照样能做的有声有色	没有丰富的实操经验,写不出这么具体、详实的案例和步骤,很有启发
	老板如何管营销 史贤龙 著	高段位营销16招,好学好用	老板能看,营销人也能看
	洞察人性的营销战术:沈坤教你28式 沈坤 著	28个匪夷所思的营销怪招令人拍案叫绝,涉及商业竞争的方方面面,大部分战术可以直接应用到企业营销中	各种谋略得益于作者的横向思维方式,将其操作过的案例结合其中,提供的战术对读者有参考价值
	动销:产品是如何畅销起来的 吴江萍 余晓雷 著	真真切切告诉你,产品究竟怎么才能卖出去	击中痛点,提供方法,你值得拥有
	1000铁杆女粉丝 张兵武 著	连接是女性与生俱来的特质。能善用连接的营销人员,就像拿到打开女性荷包的钥匙	重新认识女性的传播力量
	360°谈营销:一位营销咨询师20年实战洞察 王清华 古怀亮 著	各个角度,全方位,多视点剥营销	思路单一,此书帮你破

营销模式	营销按钮:扣动一触即发的力量 老 苗 著	提供各种奇形怪状的营销武器	一定会带给你不一样的思维震撼
	孙子兵法营销战 刘文新 著	逐句解读孙子兵法,以及在营销方面的感悟	帮助营销人用智慧打营销仗
销售	资深大客户经理:策略准,执行狠 叶敦明 著	从业务开发、发起攻势、关系培育、职业成长四个方面,详述了大客户营销的精髓	满满的全是干货
	大客户销售这样说这样做 陆和平 著	大客户销售十大模块 68 个典型销售场景应对策略和话术,直接拿来就用	从"为什么要这么干"到"干什么、怎么干"
	成为资深的销售经理:B2B、工业品 陆和平 著	围绕"销售管理的六个关键控制点"——展开,提供销售管理的专业、高效方法	方法和技术接地气,拿来就用,从销售员成长为经理不再犯难
	销售是门专业活:B2B、工业品 陆和平 著	销售流程就应该跟着客户的采购流程和关注点的变化向前推进,将一个完整的销售过程分成十个阶段,提供具体方法	销售不是请客吃饭拉关系,是个专业的活计！方法在手,走遍天下不愁
	向高层销售:与决策者有效打交道 贺兵一 著	一套完整有效的销售策略	有工具,有方法,有案例,通俗易懂
	学话术 卖产品 张小虎 著	分析常见的顾客异议,将优秀的话术模块化	让普通导购员也能成为销售精英
组织和团队	升级你的营销组织 程绍珊 吴越舟 著	用"有机性"的营销组织替代"营销能人",营销团队变成"铁营盘"	营销队伍最难管,程老师不愧是营销第 1 操盘手,步骤方法都很成熟
	用数字解放营销人 黄润霖 著	通过量化帮助营销人员提高工作效率	作者很用心,很好的常备工具书
	成为优秀的快消品区域经理(升级版) 伯建新 著	用"怎么办"分析区域经理的工作关键点,增加30%全新内容,更贴近环境变化	可以作为区域经理的"速成催化器"
	成为资深的销售经理:B2B、工业品 陆和平 著	围绕"销售管理的六个关键控制点"——展开,提供销售管理的专业、高效方法	方法和技术接地气,拿来就用,从销售员成长为经理不再犯难
	一位销售经理的工作心得 蒋 军 著	一线营销管理人员想提升业绩却无从下手时,可以看看这本书	一线的真实感悟
	快消品营销:一位销售经理的工作心得 2 蒋 军 著	快消品、食品饮料营销的经验之谈,重点突出	来源于实战的精华总结
	销售轨迹:一位快消品营销总监的拼搏之路 秦国伟 著	本书讲述了一个普通销售员打拼成为跨国企业营销总监的真实奋斗历程	激励人心,给广大销售员以力量和鼓舞
	用营销计划锁定胜局:用数字解放营销人 2 黄润霖 著	全方位教你怎么做好营销计划,好学好用真简单	照搬套用就行,做营销计划再也不头痛
	快消品营销人的第一本书:从入门到精通 刘 雷 伯建新 著	快消行业必读书,从入门到专业	深入细致,易学易懂
产品	产品开发管理方法·流程·工具:从作坊式到规范化 任彭枞 著	产品研发管理体系全指导	既有工具,又能开拓思路
	新产品开发管理,就用 IPD(升级版) 郭富才 著	10 年 IPD 研发管理咨询总结,国内首部 IPD 专业著作	一本书掌握 IPD 管理精髓

	书名.作者	内容/特色	读者价值
产品	这样打造大单品:案例 策略 方法 迪智成咨询团队 著	囊括十三个不同行业、企业的实际案例,从不同角度详细剖析、总结了这些品牌厂家打造大单品的成功经验或者失败教训	厘清大单品打造的策划与路径,得出持续经营的思路与方法
	研发体系改进之道 靖爽 陈年根 马鸣明 著	提出一套系统性的方法与工具	指引企业少走弯路,提高成功率
	资深项目经理这样做新产品开发管理 秦海林 著	以 IPD 为思想,系统讲解新产品开管理的细节	提供管理思路和实用工具
	产品炼金术Ⅰ:如何打造畅销产品 史贤龙 著	满足不同阶段、不同体量、不同行业企业对产品的完整需求	必须具备的思维和方法,避免在产品问题上走弯路
	产品炼金术Ⅱ:如何用产品驱动企业成长 史贤龙 著	做好产品,关注产品的品质,就是企业成功的第一步	必须具备的思维和方法,避免在产品问题上走弯路
品牌	中小企业如何建品牌 梁小平 著	中小企业建品牌的入门读本,通俗、易懂	对建品牌有了一个整体框架
	采纳方法:破解本土营销8大难题 朱玉童 编著	全面、系统、案例丰富、图文并茂	希望在品牌营销方面有所突破的人,应该看看
	中国品牌营销十三战法 朱玉童 编著	采纳20年来的品牌策划方法,同时配有大量的案例	众包方式写作,丰富案例给人启发,极具价值
	今后这样做品牌:移动互联时代的品牌营销策略 蒋军 著	与移动互联紧密结合,告诉你老方法还能不能用,新方法怎么用	今后这样做品牌就对了
	中小企业如何打造区域强势品牌 吴之 著	帮助区域的中小企业打造自身品牌,如何在强壮自身的基础上往外拓展	梳理误区,系统思考品牌问题,切实符合中小区域品牌的自身特点进行阐述
渠道通路	深度分销:掌控渠道价值链 施炜 著	制造商通过掌控渠道价值链,将管理触角延伸至零售层面及顾客现场,对市场根部精耕细作,从而挖掘需求,构筑区域市场尤其是三四级市场的竞争壁垒	深度分销是中国企业对世界营销的独特贡献。实践证明,互联网时代深度分销仍有生命力
	快消品营销与渠道管理 谭长春 著	将快消品标杆企业渠道管理的经验和方法分享出来	可口可乐、华润的一些具体的渠道管理经验,实战
	传统行业如何用网络拿订单 张进 著	给老板看的第一本网络营销书	适合不懂网络技术的经营决策者看
	采纳方法:化解渠道冲突 朱玉童 编著	系统剖析渠道冲突,21个渠道冲突案例、情景式讲解,37篇讲义	系统、全面
	学话术 卖产品 张小虎 著	分析常见的顾客异议,将优秀的话术模块化	让普通导购员也能成为销售精英
	向高层销售:与决策者有效打交道 贺兵一 著	一套完整有效的销售策略	有工具,有方法,有案例,通俗易懂
	通路精耕操作全解:快消品20年实战精华 周俊 陈小龙 著	通路精耕的详细全解,每一步的具体操作方法和表单全部无保留提供	康师傅二十年的经验和精华,实践证明的最有效方法,教你如何主宰通路

管理者读的文史哲·生活

	书名.作者	内容/特色	读者价值
思想·文化	德鲁克管理思想解读 罗珉 著	用独特视角和研究方法,对德鲁克的管理理论进行了深度解读与剖析	不仅是摘引和粗浅分析,还是作者多年深入研究的成果,非常可贵
	德鲁克与他的论敌们:马斯洛、戴明、彼得斯 罗珉 著	几位大师之间的论战和思想碰撞令人受益匪浅	对大师们的观点和著作进行了大量的理论加工,去伪存真、去粗存精,同时有自己独特的体系深度

思想·文化	德鲁克管理学 张远凤　著	本书以德鲁克管理思想的发展为线索,从一个侧面展示了20世纪管理学的发展历程	通俗易懂,脉络清晰
	王阳明"万物一体"论:从"身-体"的立场看(修订版) 陈立胜　著	以身体哲学分析王阳明思想中的"仁"与"乐"	进一步了解传统文化,了解王阳明的思想
	自我与世界:以问题为中心的现象学运动研究 陈立胜　著	以问题为中心,对现象学运动中的"意向性""自我""他人""身体"及"世界"各核心议题之思想史背景与内在发展理路进行深入细致的分析	深入了解现象学中的几个主要问题
	作为身体哲学的中国古代哲学 张再林　著	上篇为中国古代身体哲学理论体系奠基性部分,下篇对由"上篇"所开出的中国身体哲学理论体系的进一步的阐发和拓展	了解什么是真正原生态意义上的中国哲学,把中国传统哲学与西方传统哲学加以严格区别
	中西哲学的歧异与会通 张再林　著	本书以一种现代解释学的方法,对中国传统哲学内在本质尝试一种全新的和全方位的解读	发掘出掩埋在古老传统形式下的现代特质和活的生命,在此基础上揭示中西哲学"你中有我,我中有你"之旨
	治论:中国古代管理思想 张再林　著	本书主要从儒、法墨三家阐述中国古代管理思想	看人本主义的管理理论如何不留斧痕地克服似乎无法调解的存在于人类社会行为与社会组织中的种种两难和对立
	车过麻城　再晤李贽 张再林　著	系统全面而又简明扼要地展示了李贽独到的学术眼力和超拔的理论建树	帮助读者重新认识李贽的思想
	中国古代政治制度(修订版)上:皇帝制度与中央政府 刘文瑞　著	全面论证了古代皇帝制度的形成和演变的历程	有助于读者从政治制度角度了解中国国情的历史渊源
	中国古代政治制度(修订版)下:地方体制与官僚制度 刘文瑞　著	全面论证了古代地方政府的发展演变过程	有助于读者从政治制度角度了解中国国情的历史渊源
	中国思想文化十八讲(修订版) 张茂泽　著	中国古代的宗教思想文化,如对祖先崇拜、儒家天命观、中国古代关于"神"的讨论等	宗教文化和人生信仰或信念紧密相联,在文化转型时期学习和研究中国宗教文化就有特别的现实意义
	史幼波《大学》讲记 史幼波　著	用儒释道的观点阐释大学的深刻思想	一本书读懂传统文化经典
	史幼波《周子通书》《太极图说》讲记 史幼波　著	把形而上的宇宙、天地,与形而下的社会、人生、经济、文化等融合在一起	将儒家的一整套学修系统融合起来
	史幼波《中庸》讲记(上下册) 史幼波　著	全面、深入浅出地揭示儒家中庸文化的真谛	儒释道三家思想融会贯通
	梁涛讲《孟子》之万章篇 梁涛　著	《万章》主要记录孟子与万章的对话,涉及孝道、亲情、友情、出仕为官等	作者的解读能帮助读者更好地理解孟子及儒学
	两晋南北朝十二讲(修订版) 李文才　著	作为一本普及性读物,作者尊重史实,运用"历史心理学"的叙事方法,分12个专题对两晋南北朝的历史进行阐述	让读者轻松了解两晋南北朝的历史
	每个中国人身上的春秋基因 史贤龙　著	春秋368年(公元前770-公元前403年),每一个中国人都可以在这段时期的历史找到自己的祖先,看到真实发生的事件,同时也看到自己	长情商、识人心
	与《老子》一起思考:德篇 与《老子》一起思考:道篇 史贤龙　著	打通文史,回归哲慧,纵贯古今,放眼中外,妙语迭出,在当今的老子读本中别具一格	深读有深读的回味,浅尝有浅尝的机敏,可给读者不同的启发